Der Ruf der Geistigen Welt

Bahar Yilmaz

Der Ruf der Geistigen Welt

Wie Sie Ihre medialen Fähigkeiten aktivieren und nutzen
Das große Praxisbuch des Channelns

Mitarbeit am Konzept und bei einigen Kapiteln:
Wulfing von Rohr

Ansata

Verlagsgruppe Random House FSC®N001967

Ansata Verlag
Ansata ist ein Verlag der Verlagsgruppe Random House GmbH.

ISBN 978-3-7787-7476-2

Vierte Auflage
Copyright © 2014 by Ansata Verlag, München,
in der Verlagsgruppe Random House GmbH,
Neumarkter Str. 28, 81673 München
Alle Rechte sind vorbehalten. Printed in Germany.
Illustrationen: © Jeffrey Kastenmüller
Redaktion: Dr. Diane Zilliges
Umschlaggestaltung: Guter Punkt, München
Umschlagmotiv: © Sergey Nivens / shutterstock
Satz: Satzwerk Huber, Germering
Druck und Bindung: GGP Media GmbH, Pößneck

www.ansata-verlag.de

Für Noah.

Inhalt

Vorwort

Gleich zu Beginn möchte ich mich bei dir bedanken, dass du mir deine Aufmerksamkeit schenkst. Das, was gerade in deinen Händen liegt, ist weit mehr als ein Buch. Es ist eine Reise, die dich in Welten und Ebenen tragen wird, die jenseits deines Denkens und des allgemein menschlichen Vorstellungsvermögens liegen. Es ist schön, dass wir uns als Weggefährten auf diese Reise machen wollen, im Wissen, dass wir beide auf dem gleichen Weg sind.

Vielleicht hat dich der Ruf aus der Geistigen Welt bereits erreicht. Du spürst, dass du begonnen hast, dich mit geistigen Ebenen zu verbinden und mit ihnen zu kommunizieren. Dieses Buch kann dir helfen, diese Kommunikation zu vertiefen und dir nach und nach immer mehr bewusst darüber zu werden.

Das Channeln ist zu einem wichtigen Teil meiner Arbeit als Medium und spiritueller Coach geworden. Heute bin ich hauptsächlich als Channel tätig und sehe es als eine Aufgabe meiner Seele an, Energien von höheren Ebenen ins Bewusstsein der Menschen zu übermitteln. Ich bringe diese Energien direkt durch mein Wesen hindurch und transformiere sie so, dass sie auf dem niedriger schwingenden, irdischen Level empfangen und genutzt werden können. Meine Klienten schätzen das sehr. Es ist aber nicht so, dass nur ich eine solche Gabe hätte. Ich möchte diese wundervolle Arbeit allen Menschen zugänglich machen. Diesbezüglich erhalte ich auch immer wieder Anfragen von meinen Klienten, ob es denn nicht auch für sie möglich sei zu channeln. Ja, das ist es. Es ist jedem möglich. Und wenn du dich für höhere Bewusstseinsebenen öffnen möchtest – mit Hingabe und Liebe –, dann ist das Channeln genau das Richtige für dich.

Am liebsten würde ich das, was ich anderen Menschen als Hilfestellung in gewissen Lebenssituationen anbiete, gar nicht Channeln nennen, denn dieser Begriff wurde sehr oft missverstanden. Für mich ist es auch nicht so einfach zu erklären, was in solch einer Session geschieht, denn mittlerweile ist diese Methode der Energie- und Botschaftenübermittlung regelrecht zu einem Teil von mir geworden. Ich werde in diesem Buch daher über meine Erfahrungen und Gedanken zum Channeln schreiben und auch über wesentliche Erkenntnisse, die Menschen auf diesem Weg erschlossen wurden. Ich habe in den letzten Jahren Hunderte von Channelings abgehalten und doch kein einziges auf der bewussten Ebene erlebt. Es ist einfach so, dass ich dabei in eine tiefe Trance gehe (du wirst aber auch in einer leichteren Trance arbeiten können). Wenn ich mir die Aufzeichnung im Nachhinein anhöre, ist es immer wieder ein seltsames Gefühl zu wissen, dass durch mich gesprochen wurde und geholfen werden konnte.

Darum ging es mir schon mein ganzes Leben lang – seit ich denken kann, wollte ich helfen. Ich wusste zwar anfangs noch nicht konkret wie, aber ich hatte die innere Gewissheit, dass es mir gezeigt werden würde. Als Kind hatte ich immer wieder Begegnungen mit der außersinnlichen Welt und war sehr gut im Astralwandern. Dass ich Jahre später aufs Channeln gestoßen würde, hätte ich nie absehen können und auch nicht den großen Beitrag, den es für das Leben anderer doch leisten sollte. Ich glaube dabei nicht, etwas Besonderes zu sein, ich bin nicht anders als du. Mein Vertrauen in das Göttliche in mir ließ mich die Fähigkeiten, die in uns allen verborgen liegen, schulen und erwecken. Und das kannst auch du tun.

Vielleicht stellst du dir die Frage, wieso heute so viele Lehrer das Thema Channeln aufgreifen. Channeln ist aber alles andere als ein modernes Phänomen der spirituellen Szene. Schon zu Zeiten von Atlantis, Lemuria und dem alten Ägypten wurden Menschen zu Channelmedien ausgebildet. Es kann sogar sein, dass in dir noch von damals ein altes Wissen und Können existiert, das du in kürzester Zeit wachrufen kannst. Ich kann deutlich spüren, dass es heute viele Menschen gibt, die mehr als bereit sind zu channeln. Viele haben bereits ihre Ausbildung dafür absolviert, und zwar in anderen Leben.

Ich möchte aufzeigen, dass es für jeden mit gewissen Übungen und Techniken möglich sein kann, zu channeln und die wunderbare Welt der geistigen Wesen für sich zu entdecken. Letztendlich haben wir genau aus diesem Grund einen physischen Körper, der es uns überhaupt erst möglich macht, höchste Ebenen von Energien auf die Erde zu lenken. Unser Körper kann ein Gefäß für göttliche Energien sein. Jeder Mensch ist ein Kanal der Seelenebene, der spirituelle Energie auf die Erde lenken soll. Energie, die die Erde wiederum für die Evolution und Entwicklung der Menschheit benötigt.

Bei all dem geht es mir vor allem darum, dir aufzuzeigen, dass das Channeln eine ganz leichte und beschwingte Methode sein kann, mit geistigen Wesenheiten in den Austausch zu treten. Oft wird es nämlich als etwas sehr Ernstes und Schweres dargestellt, was es aber überhaupt nicht sein muss. Es kann eine freudvolle und erfüllende Art sein, den Austausch herzustellen, und die geistigen Wesen können auf sehr humorvolle Weise mit uns kommunizieren. Dies konnte ich immer wieder in Channelings erfahren, und es soll uns sicher auch daran erinnern, dass geistige Wesen voller Liebe und Freude sind.

In diesem Buch geht es nicht so sehr darum, dir Botschaften zu übermitteln, die aus himmlischen Sphären stammen, sondern es will dich dazu zu ermutigen, deine Verbindung zu geistigen Ebenen selbst herzustellen. Ich möchte dir dabei helfen, das

Channeln auf eine strukturierte, achtsame und einfache Art und Weise durchzuführen, sodass du Vertrauen in deine medialen und übersinnlichen Fähigkeiten gewinnst. Vielleicht bist du bereits auf einem spirituellen Weg, vielleicht arbeitest du sogar als Heiler oder Medium. Aber auch als Neuling auf diesem Gebiet solltest du wissen: Channeln ist eine Art von geistigem Hochleistungssport, du solltest dir daher Zeit geben und mit viel Achtsamkeit üben.

Dieses Buch wird dir dabei helfen, deine übersinnlichen Fähigkeiten zu stärken, deine Spiritualität und Medialität zu erforschen, den Kontakt zu Verstorbenen herzustellen sowie für dich selbst und andere in deinem Umfeld eine Verbindung zur Geistigen Welt herzustellen, Energien von dort zu empfangen oder Botschaften und Führung aus diesen Ebenen zu erhalten.

Bevor wir unsere Reise antreten, möchte ich es dir ans Herz legen, die Übungen in der angegebenen Reihenfolge auszuführen. So wirst du am meisten von diesem Buch profitieren, und dein Bewusstsein wird sich leichter und schneller an die anderen Bewusstseinsebenen gewöhnen. Ich wünsche dir viele Erkenntnisse und vor allem viel Freude auf der Reise. Sie wird dich insbesondere zu dir selbst, zu deinem inneren göttlichen Kern führen.

Wir werden zusammenarbeiten – du, ich, unsere Seelen und unsere spirituellen Lehrer, viele Geistführer und Engel. Wir arbeiten für das Licht, für die spirituelle Entfaltung der Erde, für ihre Kinder, die Menschheit, die jetzt zu etwas Neuem erwacht.

WENN DIE GEISTIGE WELT
DICH RUFT

Unsere Reise beginnt vor langer, langer Zeit, an einem Ort, den wir Menschen noch heute bewohnen. Unsere Erde. Es war eine Ära von Freiheit, Frieden und absolutem Eins-Sein auf unserem Planeten, noch bevor die Wesenheiten von Lemuria und Atlantis eintrafen. Wir Menschen verfügten über außergewöhnliche Talente wie Telepathie und übersinnliche Wahrnehmung und konnten allein durch den Willen in Sekundenschnelle lange Strecken überbrücken. Wir beherrschten das Reisen auf unterschiedlichen Ebenen und schienen mit allem Lebendigen um uns herum vollkommen in Liebe verbunden zu sein. Es herrschte tiefer Frieden auf der Erde, und dies nicht nur unter den Menschen, sondern auch zwischen ihnen und anderen Wesenheiten, bis hin zu jenen fernab des Planeten. Wir waren in der Lage, zu jedem Zeitpunkt zu Engeln, Lichtwesen und kosmischen Wesenheiten Kontakt aufzunehmen, und viele von ihnen lebten unter uns. Es fand immerzu ein schöner, respektvoller und achtsamer Austausch statt. Wir Menschen lernten sehr viel von unseren Freunden aus der Geistigen Welt. Jedoch war die Erde schon von Anbeginn der Zeit geprägt von der Dualität. So wie es licht- und heilvolle Energien gab, gab es auch solche, die den kosmischen Plan von Licht und Liebe zu durchkreuzen suchten …

Erinnerungen wachrufen

Der Mensch war vom Anbeginn der Zeit ein göttliches Wesen, das in sich die ewige Liebe des Schöpfers trug und in einer Einheit mit allen Wesenheiten lebte. Alle Menschen sind ein Kanal für das göttliche Prinzip, das sich in unterschiedlichsten geistigen Wesen manifestieren und zeigen kann. Um diese Fähigkeit des Channelns wieder aktivieren zu können, braucht es einzig und allein die Erinnerung an dieses in jedem wirkende Urprinzip. In uns ist es angelegt, mit den unterschiedlichsten Ebenen der Schöpfung zu kommunizieren, und auf einer meist unbewussten Ebene tun wir das auch alle ständig. Nur schiebt sich leider viel zu oft der Riegel des Denkens und des Verstandes davor, sodass wir die Botschaften nicht oder nur sehr selten bewusst aufnehmen.

Hast du dich schon mal gefragt, wie viel du von deinem allumfassenden Bewusstsein ausschöpfst, wie viel du davon lebst? Wenn ich von allumfassendem Bewusstsein spreche, meine ich das, was wir mit »Gott« oder dem »letztendlichen Prinzip« gemeinsam haben: eine Allwissenheit und Allpräsenz durch die gesamte Schöpfung hindurch. Unsere physische Begrenztheit lässt uns leider viel zu oft denken und fühlen, dass wir im Getrennt-Sein leben. Das tun wir aber zu keinem Zeitpunkt in unserem Leben. Aber wir leben einen Großteil unserer Zeit in einem begrenzten Bewusstsein, das meist noch von einengenden Emotionen wie Angst und Unsicherheit dominiert wird.

Wenn wir unsere einst vorhandene Verbindung zu geistigen Wesenheiten wiederherstellen wollen, gilt es in erster Linie, die Erinnerungen an diese Zeit in uns wachzurufen. Dies kann nur geschehen, wenn wir unser Bewusstsein auf seine eigentliche Größe ausdehnen und blockierende Aspekte des irdischen Daseins ausblenden. Dabei bleiben wir noch immer Menschen, nur mit dem Unterschied, dass wir uns zu unserer wahren spirituellen Größe erheben. Lass uns gemeinsam gleich an dieser Stelle unserer Reise eine kleine Meditationsübung machen, die dein Bewusstsein auf effektive Weise erweitern und deine Erinnerung an dein geistiges Wissen und Können wachrufen wird.

Erinnere dich – die Erinnerungskugel

– Zieh dich an einen ruhigen, geschützten Ort zurück und stell sicher, dass potenzielle Störquellen wie Telefon oder Klingel ausgeschalten sind. Mach es dir in einer aufrechten Sitzhaltung auf einem Sitzkissen oder einem Stuhl bequem, leg die Hände entspannt auf den Beinen ab, und schließ deine Augen. Beobachte für zehn bis zwanzig Atemzüge, wie die Luft ein- und ausströmt. Du wirst merken, dass es dich entspannt, auf den Atem fokussiert zu sein.

– Nun stell dir vor, dass du unter einem wunderschönen sternenklaren Nachthimmel stehst, der übersät mit Tausenden von funkelnden Sternen und Lichtpunkten ist. Du blickst in die Weite des Universums hinein. Es erinnert dich daran, wie weit dein eigenes Bewusstsein, dein Geist ist. Grenzenlos, ewig und ohne Ende.

– Ein Stern dort am Nachthimmel lockt deine Aufmerksamkeit zu sich, und du richtest deinen Blick auf ihn. Der Stern beginnt sich auf dich zuzubewegen, er verlässt seine Position dort am Himmel. Er kommt immer näher und näher, bis er auf die Größe eines Golfballs angewachsen ist und vor der Mitte deines Herzens Halt macht. Er funkelt in strahlenden Farben. Du blickst direkt hinein in diesen Stern, der weitaus mehr ist als ein Stern. Er ist eine Erinnerungskugel. Du blickst immer tiefer in sie hinein und lässt die

Erinnerung an dich als Seele, an deine medialen und sensitiven Fähigkeiten in dir hochkommen.

– Es werden Bilder vor deinen inneren Augen aufkommen, die von einer lichtvollen Zeit der Liebe und Einheit aller Lebewesen künden, vielleicht aber auch Bilder aus früheren Inkarnationen und Daseinsformen. Lass es geschehen, und beobachte alles mit einer tiefen Ruhe und inneren Gelassenheit.

– Es mag auch sein, dass du keine konkreten Bilder erhältst, sondern Gefühle, Empfindungen und andere spürbare Phänomene. Auch das ist wunderbar und erinnert deinen Energie- und Astralkörper an die dir angeborenen medialen Fähigkeiten. Diese Gefühle rufen meist auch die Erinnerung daran wach, wie es ist, mit Geistigen Wesen verbunden zu sein. Du spürst in diesem Moment Wellen von übersprudelnder Liebe.

– Bleib so lange, wie es für dich angenehm ist, in diesem Zustand, und kehre dann wieder langsam ins Hier und Jetzt zurück, wenn die Bilder sich abschwächen und du merkst, dass dein Wachbewusstsein zurückkehrt.

Ich empfehle dir, diese Übung möglichst häufig zu praktizieren. Sie wirkt reinigend und öffnend auf dein Herzchakra und erweitert dein Bewusstsein auf seine natürliche Größe der Unendlichkeit. Ich liebe es, diese Übung in meinen Unterricht miteinzubinden, da sie sehr kraftvoll und effektiv ist. Viele meiner Schüler berichten von starken Empfindungen, Bildern und von einem Gefühl,»nach Hause zu kommen«. Du kannst dabei auch Hinweise bezüglich deiner seelischen Herkunft erhalten, was für das Channeln eine sehr hilfreiche Stütze sein kann.

Wie ich das Channeln für mich entdeckte

Für mich persönlich ist Channeln etwas, was ich als eine sehr enge Freundschaft mit der Geistigen Welt und anderen Ebenen empfinde. Sie begann, als ich mich in einer Ausbildung zum ganzheitlichen Lebenscoach bei Dr. Roy Martina befand. Sehr schnell fanden wir einen freundschaftlichen Zugang zueinander, sodass Roy mich eines Tages fragte, ob ich denn auf eine Trance-Session Lust hätte. Als spiritistisch ausgebildetes Trance-Medium verfügte ich zu diesem Zeitpunkt bereits über fundiertes Können in diesem Bereich, sodass ihn vielleicht auch dies dazu bewogen hatte, mich auszuwählen. Vorab schilderte er mir kaum etwas davon, was er denn nun konkret vorhabe. Ich vertraute ihm und fiel durch seine professionelle Induktion auch sehr schnell und leicht in eine tiefe Voll-Trance. Dies ist ein Zustand wie eine Art Tiefschlaf, in dem der bewusste Verstand so weit ausgeschaltet ist, dass man sich an das, was während der Trance geschieht, später nicht erinnern kann. Roy brachte mich nach meinem Gefühl innerhalb von kürzester Zeit wieder aus der Trance zurück und wollte wissen, ob ich mich an das Geschehene erinnern konnte. Aber ich hatte rein gar nichts bewusst mitbekommen, es kam mir wie eine Art Sekundenschlaf vor. Es gab aber einen spürbaren Unterschied in meinem Körperempfinden und meinem mentalen Zustand. Ich fühlte mich so erholt und energetisiert wie nie zuvor in meinem Leben. Gleichzeitig war da auch eine Leichtigkeit in meinem Körper zu spüren, die ich in dieser Form nicht kannte. Geistig war ich klar und konzentriert, ein Zustand, der mir von den Meditationen in einem buddhistischen Kloster bekannt war. Aber nun konnte ich diesen Zustand auch im normalen Wachbewusstsein mühelos halten.

Meine persönliche Reise in die Welt des Channelns hatte also begonnen, und Roy hatte mit Elohijm Bekanntschaft machen dürfen, während ich mich in tiefer Trance befunden hatte. Elohijm war mir selbst zu diesem Zeitpunkt noch nicht bekannt. Sie stellte sich als ein Engel vor, der zu einer Gruppe gehört, die sich selbst auch Elohijm nennt. Sie seien an der Schöpfung der Erde beteiligt gewesen und nun Erhalter des kosmischen Plans und unsere Beschützer. Erstaunlicherweise sprach Elohijm auf eine für uns Menschen sehr leicht verständliche und sympathische Weise, hatte Humor und lachte viel. Da Roy alles aufgezeichnet hatte, durfte ich im Nachhinein selbst auch auf bewusster Ebene die Botschaften empfangen. Für mich war das wohl einer der berührendsten Momente in meinem ganzen Leben. Ich war sowohl über Jenseitskontakte als auch Kontakte durch Geistführer immer wieder mit anderen Wesensarten in Berührung gekommen. Aber solche konkreten Durchsagen, die vollkommen jenseits meiner bewussten Wahrnehmung stattgefunden hatten, hatte es zuvor noch nie gegeben. Ich fühlte mich so gesegnet, dass ich diese direkte Verbindung herstellen durfte. Alle bisherige Zusammenarbeit mit der Geistigen Welt, sei es im Trance Healing oder in anderen spirituellen Sessions, geschah meist in einem bewussten oder halbbewussten Zustand. Was nun geschehen war, erfüllte mich mit solch einer Demut und Dankbarkeit, dass ich es kaum ausdrücken kann. Es zeigte mir, dass mein spirituelles Ich stärker war als mein Ego und dass ich wirklich gelernt hatte, der Geistigen Welt vollkommen zu vertrauen und mich fallen zu lassen. Sonst wäre diese starke Verbindung gar nicht zustande gekommen.

Elohijm sprach davon, dass sie ein Seelenaspekt von mir sei und eine Instanz, die über jegliche Informationen bezüglich meines Seelenplans und Lebensweges verfüge. Sie sei auch in der Lage, mich, die sie »der Körper« nannte, augenblicklich zu heilen, was sie auf Bitte von Roy Martina auch getan hatte. Meine Magenbeschwerden, die mir schon, seit ich denken kann, Sorgen bereiteten, waren nach der Heilung durch Elohijm komplett aufgelöst, so als wären sie nie existent gewesen. Ich hatte diesbezüglich schon an sehr vielen Orten Hilfe gesucht, letztendlich war es aber wohl nur ein Teil meiner Seele, der mich zu heilen vermochte, und das innerhalb eines Channelings. Ich verstand: Es ging also gar nicht nur um die Botschaften, die Elohijm an Roy zu vermitteln hatte, sondern Elohijm, als ein Teil meiner Seele, war gekommen, um mich zu heilen. Somit heilte eigentlich ich mich selbst, denn Elohijm gehört ja zu meiner Seele.

Mehr als Botschaften

An diesem Beispiel siehst du, dass Channeln weitaus mehr ist als die Übermittlung von Informationen. Es geht dabei vor allem darum, eine gewisse höher schwingende Energie zur Erde zu kanalisieren, die dem Wohle des Channelers, aber auch aller anderen, die mit dem Channeling in Berührung kommen, dient. Spontanheilungen können eintreten, Energien ins Fließen gebracht und heilvolle Impulse gesetzt werden. Für mich ist das Channeln heute das Wundervollste an meiner medialen Arbeit. Es eröffnen sich dabei so wertvolle neue Dimensionen der Spiritualität.

Aber wieso konnte es eigentlich sein, dass ich auf Anhieb channeln konnte und Elohijm einfach so durch mich sprach? Was war der Grund dafür, dass die Verbindung zu Elohijm so schnell hergestellt werden konnte? Wir gingen dem nach und suchten bei Elohijm selbst eine Auskunft. Was sie uns übermittelte, stellt die Basis für das Channeln dar, wie ich es heute lehre. Gestützt auf diese Informationen wollen wir unsere Reise fortsetzen, indem wir zunächst eine stabile Basis für deine Channel-Arbeit schaffen und uns erst einmal darüber klar werden, was Channeln überhaupt ist und auf welcher Tradition es basiert.

Channeln früher und heute

Botschaften aus der Geistigen Ebene gibt es seit Anbeginn der Zeit und vielerorts, ganz gleich, wie sie von Menschen genannt wurden und werden. Die Pythia von Delphi hat den Fragestellern Orakelsprüche mit auf den Weg gegeben. Vogelflug und Kaffeesatz, Tarotkarten und Horoskope, Engelorakel und vieles, vieles mehr haben Menschen eingesetzt, um Botschaften aus feinstofflichen Welten zu erhalten. Bis heute ist der Mensch auf der Suche nach einer Vereinigung mit der Geistigen Welt und nach kosmischem Wissen, das sein Leben in ein schöneres, liebevolleres und spirituell erwachtes Dasein verwandeln kann. Es scheint in uns allen ein tiefer Wunsch verwurzelt zu sein, uns mit dem Göttlichen zu verbinden.

Vieles wurde schon über geistige Botschaftenübermittlung geschrieben. Besonders populär sind die Bücher von Nostradamus, dem Arzt und Astrologen, der vieldeutige und eher verworrene Orakelsprüche channelte. Einige Jahr zuvor hatte Dante Alighieri seinen »Reiseführer« durch Hölle, Fegefeuer und Himmelssphären niedergeschrieben, die berühmte »Göttliche Komödie«. War das auch gechannelt? Später gab Emanuel Swedenborg Berichte aus »Himmeln, Höllen und Geisterwelten« weiter und beschrieb seinen Einblick in Engelssphären und seinen Austausch mit Engelwesen.

Aus welcher Bewusstseinswarte, von welcher geistigen Ebene kommen solche und unzählige weitere Botschaften? Von was für Menschen werden sie weitergereicht oder gedeutet? Das sind Fragen, mit denen wir uns im weiteren Verlauf des Buches auseinandersetzen werden. Betrachten wir zunächst einige bekannte Medien aus früheren Zeiten, die alle ihre je eigene Art und Methode des Channelns entwickelt haben.

Jakob Lorber:
Der Schreibknecht Gottes

Lorber (1800 bis 1864), der sich selbst als »Schreibknecht Gottes« bezeichnete, zählt zu jenen Menschen, durch die sogenannte Neuoffenbarungen übermittelt wurden. Er war von Haus aus Musiker und christlicher Schriftsteller, lebte in der Zeit der Habsburger Monarchie in der heutigen Steiermark und dem heutigen Slowenien. Er berichtete, dass er am 15. März 1840 eine »innere Stimme« nahe seinem Herzen hörte, die ihn aufforderte zu schreiben. Für Lorber war es die »Gnadenstimme des Herrn Jesus Christus«, deren »Diktate« er aufnahm und getreulich zu Papier brachte, auf etwa 20 000 Seiten! Lorber war also ein »Schreibmedium«, das sich bei klarem Geist diktieren ließ.

Daniel Dunglas Home:
Medium im viktorianischen Zeitalter

Der Schotte Home (1833 bis 1886) war zu seiner Zeit das wohl bekannteste Medium in Großbritannien. Er hatte, wie berichtet wird, wie Mutter und andere Verwandte das »zweite Gesicht«. Das war gar nicht so beliebt, weil solche Menschen im Wesentlichen Todes- und Unglücksfälle »vorhersahen«. Home, so heißt es, hatte schweben können, er konnte Kontakt zu Verstorbenen herstellen und psychokinetische Effekte bewirken, also Gegenstände nur durch geistige Konzentration bewegen.

Edgar Cayce:
Der schlafende Prophet

Cayce (1877 bis 1945) war ein Voll-Trance-Medium, das in einer Art selbstinduzierten Hypnose detaillierte und verblüffend oft sehr wirkungsvolle Hinweise zur Heilung von Krankheiten gab, obwohl er keinerlei medizinische Ausbildung hatte. Cayce konnte aufgrund eines Briefes, in dem die Symptome der Hilfe und Heilung suchenden Person beschrieben waren, in Trance Auskünfte zur Therapie geben. Ausgangspunkt für seine Tätigkeit für andere war, dass Cayce in Trance Mittel herausfand, um sich von seinem eigenen Stimmverlust zu heilen. Er gab später auch Auskünfte über Atlantis, hatte Visionen vom Ende der Welt und äußerte sich zu einer ganzen Reihe von anderen Themen. Er gründete eine gemeinnützige Stiftung, ARE, die Association for Research and Enlightenment (Vereinigung zur Forschung und Erleuchtung), die auch heute noch arbeitet. Cayce, der sehr bekannt wurde, hatte selbst mehr Interesse an der Hilfe für Kranke und seiner Erforschung von Religionen als an dem öffentlichen Interesse für seine Prophezeiungen.

Helen Schucman:
Ein Kurs in Wundern

Schucman (1909 bis 1981) war bis 1977 Professorin für klinische Psychologie an der medizinischen Fakultät der Columbia University in New York. 1965, nach einer klärenden Aussprache mit ihrem Vorgesetzten, bei der es um »einen anderen Weg« ging, wie man bei Meinungsverschiedenheiten mit Ärger und Aggression umgeht, begann Helen Schucman eine innere Stimme zu hören. In den folgenden sieben Jahren schrieb sie drei Bände von »Ein Kurs in Wundern« nieder. Dabei bezeichnete sie sich als »Schreiberin«, weil sie im Unterschied zu vielen anderen Channelingprozessen nie in einer Art Trance oder einem »anderen Bewusstseinszustand« war. Schucman gegenüber gab sich die Stimme, die ihr diktierte, als Jesus zu erkennen. Da sie um ihren Ruf als Professorin fürchtete, wollte sie die Niederschriften zunächst nicht veröffentlichen.

Die Ursprungsversion des englischen Buches ist übrigens 2003 von Gerichts wegen als »gemeinfrei« erklärt worden. Zentrale Botschaften dieses intuitiv gechannelten Werks könnte man so zusammenfassen: Diese Welt ist so, wie sie ist, nicht von Gott erschaffen worden, sondern von den Egos. Wenn sich Menschen für Jesus öffnen, indem sie Christus in allen Mitmenschen erkennen, wenn sie sich für die Wahrheit und für die Liebe öffnen, können sie heilen und aus der Unwirklichkeit herausfinden …

»Ein Kurs in Wundern« ist in den USA vor allem durch Kenneth Wapnick, Herausgeber und Kommentator einer Ausgabe des Werks, durch Marianne Williamson und den auch bei uns bekannten Psychologen Chuck Spezzano bekannter geworden.

Rosemary Brown: Mediale Musik

Brown (1916 bis 2001) schuf in den 1970er-Jahren eine kleine Mediensensation, als sie Musikwerke präsentierte, die ihr als englischem »spirit medium«, wie sie sagte, von den verstorbenen Komponisten Liszt, Brahms, Bach, Beethoven, Chopin und anderen übermittelt wurden. Brown war erst sieben Jahre alt, als ihr zum ersten Mal ein »Geist« mit wehenden weißen Haaren und einem schwarzen Gehrock erschien und mitteilte, dass er ein Komponist sei und sie, Rosemary, eines Tages zu einer berühmten Musikerin machen würde. Erst später sah sie ein Foto von Liszt und erkannte ihren »Besucher«. Brown erzählte ihren Eltern zudem von Ereignissen, die vor ihrer Geburt stattgefunden hatten und von denen sie eigentlich nichts wissen konnte. Auf Nachfrage sagte sie, dass ihre geistigen Besucher ihr das berichtet hätten. Zahlreiche ihrer Musikwerke sind von hoher Qualität und strahlen tatsächlich den Geist der entsprechenden Komponisten aus. Rosemary Brown ist hier erwähnt, weil sie eines der wenigen Musik-Channels war.

Coral Polge:
Mediale Kunst

Die Engländerin Polge (1924 bis 2001) hat ohne kommerzielle Interessen über 60 000 verstorbene Menschen porträtiert, die mit ihr von der geistigen Welt aus Kontakt aufgenommen hatten. Sie brachte mit einfachen Strichen, auch bei öffentlichen Demonstrationen, zum Beispiel bei den Basler PSI-Tagen, eine so verblüffende Ähnlichkeit mit den Verstorbenen aufs Papier, dass diese Zeichnungen wie Fotografien wirkten. Mit dieser Kunst wollte sie die lebenden Menschen wissen lassen, dass ihre Angehörigen und Freunde nicht »tot« sind, sondern in der geistigen Welt weiterleben. Sie war mit dem vor ihr verstorbenen Geistheiler Tom Johanson verheiratet.

Coral Polge wurde in diese Übersicht aufgenommen, da sie ein ungewöhnlich begabtes Malmedium war. Wulfing hat sie persönlich sowohl in Basel als auch noch bei ihr zu Hause in England kennengelernt und von dort Bilder mitgebracht, auf denen verstorbene Verwandte von ihm eindeutig zu erkennen sind.

Albert Best:
Das Medium aus Nordirland

Best (1927 bis 1996) war zumindest im englischsprachigen Raum das bekannteste Medium des 20. Jahrhunderts. Sein erstes spirituelles Erlebnis, das dokumentiert wurde, hatte er im Alter von sieben Jahren, als er ein Wesen sah, das sich später als sein Ururgroßvater herausstellte. Bei einem Reading für Best durch ein Medium in einer spiritualistischen Kirche wurde ihm gesagt, dass er von seinem Geistführer und Licht um ihn herum begleitet werde. Man lud ihn ein, in einem »Zirkel« zur Entwicklung medialer Fähigkeiten mitzuarbeiten und sich weiter ausbilden zu lassen.

Albert Best war für seine sehr genauen, detaillierten Readings weithin bekannt, in denen er Kontakte zur Geistigen Welt herstellte und zu Verstorbenen. Vor allem auch bei öffentlichen Auftritten demonstrierte er auf glaubwürdige und nachprüfbare Weise, dass es Kontakte zur Geistigen Welt gibt und die Verstorbenen nicht »tot« sind, sondern als geistige Wesen weiterhin existieren.

Jane Roberts:
Seth

Die Schriftstellerin Roberts (1929 bis 1984) channelte den spirituellen Lehrer Seth, während sie in Trance war. Seth-Bücher haben seit der ersten Veröffentlichung in den späten 1960er-Jahren eine Auflage von über sieben Millionen erreicht und erschienen in einem Dutzend Sprachen. Seth prägte den Satz: »Ihr schafft euch eure eigene Wirklichkeit.« Vor allem mit dieser Aussage beeinflussten die Channelings die gesamte New-Age-Bewegung nachhaltig. Seths klare Vorstellungen von der ewigen Gültigkeit der Seele und das Konzept, dass wir unsere eigene Wirklichkeit gemäß unseren Glaubenssätzen formen, hat das Leben von Menschen auf der ganzen Welt bewegt. Obwohl sie inzwischen fast nur doch direkt Channel-Interessierten etwas sagen, zählen die Seth-Bücher doch nach wie vor zu den wichtigen Stimmen, die entscheidend zum Erwachen eines neuen Bewusstseins beigetragen haben. Manchen Menschen gelten die Botschaften von Seth deshalb auch heute noch als eine dynamische, umfassende, brillante und am wenigsten verzerrte »Landkarte« zu inneren Realität und zum menschlichen Potenzial.

Nun noch kurz zu drei lebenden Medien bzw. Channels, die auf ihre jeweils ganz eigene Art arbeiten. Wir können daran ablesen, dass auch heutzutage manche Menschen besondere mediale Fähigkeiten haben, sie meist auch gezielt weiter ausbilden und diese Gaben dann auf unterschiedliche Weise einsetzen.

Lee Carroll:
Kryon

Sehr bekannt geworden in den Jahren vor und nach 2000 ist der Amerikaner Lee Carroll, der ein »Engelwesen aus der Quelle« channelt, das Kryon genannt wird und seit Anbeginn die Erde begleitet. Im Wesentlichen geht es bei den Botschaften um den Aufbau bzw. die Erneuerung eines »magnetic grid«, eines magnetischen Gitternetzes, das die spirituelle Evolution der Menschheit fördern bzw. erst möglich machen soll.

Inzwischen sind zwar, wie wohl nicht anders zu erwarten war, auch andere Medien aufgetaucht, die mitteilen, sie würden Kryon channeln. Ursprünglich und original tut dies jedoch nach unserer Ansicht nur Lee Carroll, der 1989 zum ersten Mal Kryon durch sich sprechen ließ und seither zwölf Bücher dazu veröffentlicht hat, zudem drei Bücher als Koautor zu sogenannten Indigokindern. Carroll weist übrigens darauf hin, dass Channelbotschaften niemals hundertprozentig akkurat in unsere Sprache und unsere Begrenzung durch Raum und Zeit übermittelt werden können. Deshalb komme es mehr darauf an, was die feinstoffliche Energie der ursprünglichen Botschaft ist, nicht so sehr, was das niedergeschriebene Wort bedeutet.

Gordon Smith:
Master Chi

Gordon Smith, der siebte Sohn eines siebten Sohnes aus Schottland, ist heute das bekannteste und wie viele meinen auch »beste« Medium aus Großbritannien. Gordon hat unter anderem bei

Albert Best gelernt und viele Jahre lang nur in kleinem Kreis gewirkt, vor allem in spiritualistischen Kirchengemeinden. Dabei hat er Kontakte von Verstorbenen zu Angehörigen und Freunden vermittelt und so vielen Menschen helfen können, die unter dem Tod ihrer Lieben litten, weil sie vorher nirgends erfahren konnten, dass die Verstorbenen als Spirit oder Seele weiterexistieren. Über persönliche Botschaften hinaus channelt Gordon manchmal auch in seiner »Zirkelarbeit« seinen Geistführer Master Chi, dann auch zu allgemeinen, gesellschaftlichen und spirituellen Themen.

Mira Kudris:
CE GE Jung

Eine kurze Erwähnung soll auch eine deutsche Frau erfahren, die Ende der 1980er-Jahre, als sie Mitte zwanzig war, Kontakt zum Geist von C. G. Jung bekam. Sie übermittelte verblüffend stimmige Botschaften, später auch von anderen Geistwesen. Aufgrund von Interventionen des C.-G.-Jung-Instituts hatte sie sich entschieden, ihr Geistwesen CE GE Jung zu nennen.

WAS BEDEUTET DAS: CHANNELN?

Hätte man mir vor einigen Jahren prophezeit, dass ich eines Tages selbst channeln und sogar ein Buch übers Channeln schreiben würde, hätte ich das nie geglaubt. Nicht dass mich die Thematik nicht interessiert hätte, aber ich hatte einfach keine überzeugenden Erfahrungen damit gemacht und war der ganzen Sache gegenüber etwas skeptisch eingestellt. Auf bestimmten Kongressen und Veranstaltungen durfte ich immer wieder Zeuge davon werden, wie Erzengel oder andere Wesenheiten gechannelt wurden. Leider konnten mein damaliger Partner Pascal Voggenhuber, der ebenfalls Medium ist, und auch ich in den wenigsten Fällen durch unsere Hellsichtigkeit erkennen, dass es während dieser Durchsagen zu Veränderungen in der Aura des Channelers gekommen wäre oder dass sich ein Engel feinstofflich gezeigt hätte. Das machte mich etwas stutzig, und ich erklärte es mir damit, dass die Channeler womöglich ihr eigenes Geistwesen, das natürlich auch spirituelle Größe besitzt, sprechen lassen würden und eben doch kein Engelwesen.

Ich möchte diese Channelings in keiner Weise schlechtmachen, da sie viele wundervolle und heilsame Botschaften übermittelt haben, die Menschen geholfen haben und immer noch helfen. Ich persönlich war aber auf der Suche nach mehr. Also setzte ich mich bis zu meiner Verbindung mit Elohijm nicht weiter mit diesem Thema auseinander, da ich davon ausging, dass es dieses Mehr hier nicht geben würde. Ich hätte mir nie erträumen können, dass mein Wirken als spiritueller Mensch wenig später eine solch neue Tiefe und den Eintritt in eine nächste Dimension gerade durch das Channeln hätte erreichen können.

Was steckt hinter dem geheimnisvollen Phänomen?

Channeln ist die direkte Kanalisierung und Lenkung von Energien aus anderen Dimensionen durch einen entsprechenden Kanal, das sogenannte Medium oder den Channeler. Der Begriff kommt aus dem Englischen und bedeutet eben »kanalisieren«. Man versteht darunter eine intensive Form der Kommunikation zwischen Menschen und anderen Wesenheiten, die aus anderen Sphären oder Ebenen stammen. Diese Wesen können unterschiedlichster Natur sein: Es können Engelwesen und Naturgeister sein, verstorbene Menschen, außerirdische Wesenheiten, Seelen von verstorbenen Tieren und viele mehr. Zu den einzelnen möglichen Wesensformen werden wir später noch ausführlicher kommen.

Heute wird »Channeln« als Überbegriff für unterschiedliche Arten der Übermittlung von Botschaften aus spirituellen Ebenen verwendet. Dabei sollten diese aber nicht mit Eingebungen aus dem individuellen Bewusstsein des Channelers verwechselt werden, wie ich es vorhin schon bezüglich meiner Beobachtungen auf Kongressen und anderen Veranstaltungen andeutete. Diese Eingebungen könnten aus dem persönlichen Unterbewusstsein oder einer »höheren«, aber weiterhin persönlichen Bewusstseinsebene kommen. Zum Beispiel von inneren Seelenaspekten. Auch diese Botschaften können Menschen sehr hilfreich sein, sind aber nicht dem Channeln zuzuordnen. Man könnte sie eher als inspiriertes Sprechen bezeichnen.

Es kann auch sein, dass sich Energien aus unpersönlichen oder überpersönlichen Bewusstseinsebenen so »verdichten«, dass sie als Channelbotschaften aufgefasst und weitergegeben werden. Das können kollektive Ebenen sein wie das, was C. G. Jung das kollektive Unbewusste nannte. Es können jedoch auch Energien aus höheren Ebenen sein, aus unterschiedlichen Schichten des Überbewusstseins. Die gängige Psychologie macht diese Unterscheidung zwar nicht, aber auch das Überbewusstsein ist vieldimensional.

Die direkte Verbindung zu geistigen Wesenheiten ist vermutlich das, was die meisten von uns mit Channeln verbinden: der direkte Kontakt zu Wesenheiten, die in der Regel unsichtbar sind. Das können auch verstorbene Menschen sein, deren Seele im Channeling erscheint.

Auch können Geistführer gechannelt werden. Das sind Wesenheiten, die einen Menschen in seiner irdischen Existenz begleiten. Wir werden uns noch näher mit ihnen beschäftigen. Engel und Erzengel sind die Wesen, die am häufigsten gechannelt werden, auch wenn man sich nicht immer sicher darüber sein kann, ob es wirklich Engel sind, die diese Botschaften übermitteln. Am beliebtesten sind Erzengel Michael, Erzengel Gabriel und Erzengel Raphael.

Sehr gern werden auch Aufgestiegene Meister gechannelt. Saint-Germain ist heutzutage sicher der bekannteste unter ihnen – er wurde bereits von mehreren Menschen übermittelt. Es ist auch möglich, sogenannte Außerirdische zu channeln, wobei ich den Begriff nur sehr ungern verwende, da er in den Köpfen der Menschen sehr negativ geprägt ist.

Hier ein Zitat zur Frage, wie schwierig es sein kann, genau zu bestimmen, ob Botschaften von einem unsichtbaren, aber in der Geistigen Welt tatsächlich existierenden Wesen, von einer eher unpersönlichen Energie oder aus einer eigenen Bewusstseinsschicht stammen: »Erst mit der 511. Sitzung im Januar 1970 begann Roberts die Texte einer ›Seth-Persönlichkeit‹ zuzuordnen und passte dieser Wesenheit in der Folge Inhalt und Struktur der Bücher an. ›Seth‹ bezeichnet sich demnach selbst als ›multidimensionaler Energiepersönlichkeitskern‹, der die Folge menschlicher Inkarnationen durchlaufen habe und nun aus einer geistigen Welt höherer Realität zu den Menschen spricht. Jane Roberts selbst hat aber immer auch die Möglichkeit in Betracht gezogen, bei Seth handele es sich um die Personifizierung eines überbewussten Teils ihres normalen Selbst, [er]entstamme also ihrem Unbewussten oder sei eine Art ›Spaltpersönlichkeit‹.«

All diese Betrachtungen können dir später vielleicht helfen, Channel-Phänomene einzuordnen, wenn du eigene Erfahrungen auf diesem Gebiet sammelst.

Wenn wir nun ganz genau beleuchten wollen, was Channeln ist, kann der Begriff des »Transformers« für den Channeler ganz passend sein. Denn in der Tat ist genau das die Aufgabe des Mediums: Es nimmt hochfrequente Energien auf und bricht (transformiert) sie auf eine für uns Menschen verständliche und empfängliche Weise herunter. Die Ur-Energie aus der göttlichen Quelle fließt von einer Ebene auf die andere, stark wandelbar in ihrer Form.

Ein Channeling passiert im Einklang mit dem kosmischen Plan und dem All-Bewusstsein, das immer Gott oder der Quelle dient. Das heißt, wir Menschen, egal ob wir channeln oder irgendeine andere spirituelle (Heil-)Arbeit machen, helfen der Ur-Energie, sich weiterzubewegen und sich auf der Erde zu manifestieren. Das Medium nimmt die Energie in das eigene Körper-Geist-Seele-System auf und senkt die Frequenzen auf eine für Menschen verdauliche und sogar wahrnehmbare und hörbare Ebene.

Einen ähnlichen Vorgang kann ich auch immer dann beobachten, wenn ich andere in den Zustand der Trance versetze, um ihr Höheres Selbst anzurufen. Sehr häufig geht dessen Energie zum Teil erst durch mich hindurch, bevor sie auf die andere Person übergeht. Dies liegt daran, dass ich zum Medium ausgebildet wurde und darin geübt bin, hochfrequente Energien zu transformieren.

Ich glaube nicht an Zufälle und bin mir ganz sicher, dass dieses Buch nicht einfach nur so zu dir gelangt ist. Auch in deinem Seelenplan muss es angelegt sein, Energien von höheren Frequenzen auf niedrigere zu transformieren und somit einen Beitrag dazu zu leisten, dass sich die Erde spirituell weiterentwickelt. Auf welche Weise du das tust oder künftig tun wirst, das kann ganz unterschiedlich sein.

Jeder Mensch hat ein Resonanzfeld – ein Energiefeld, das in Resonanz mit gleich schwingenden Energien und Informationen sowie auch Wesenheiten geht. Dieses Resonanzfeld entscheidet, welche Wesen, welche Energie durch einen sprechen und wirken werden. Wenn auch die andere Seite ein Interesse an einer Kommunikation hat, wird die Verbindung aufgebaut und das Channeling kann beginnen. Dabei spielt es gar keine Rolle, welcher Religion man angehört und ob man überhaupt religiös ist. Beispielsweise durfte ich schon beobachten, wie eine Muslima die Energie von Jesus channelte. Für Wesenheiten aus höheren Dimensionen ist es ganz gleich, welcher Glaubensrichtung oder auch Rasse wir angehören, welcher Arbeit wir nachgehen und welche Rollen im Leben wir spielen. Sie nehmen uns so, wie wir sind, wenn wir ihnen nur unser Herz auf eine bedingungslose Art und Weise öffnen. Vor geistigen Wesen können wir eines ohnehin nicht verstecken: unser Herz und unsere Absichten. Sie bleiben vielleicht unseren Mitmenschen verschleiert, aber die Geistige Welt weiß immer um die Echtheit unserer Intentionen. Das Channeln stellt somit auch einen Weg für dich dar, deine Absichten im Leben als spirituelles Wesen neu zu durchdenken. Es fordert dich auf, ehrlich zu dir selbst und deinen Gefühlen zu sein. Daher lade ich dich nun ein, in der folgenden Meditation dein Herz, deine Seele und deinen Geist auf die Begegnung mit der Geistigen Welt und deinem göttlichen Kern vorzubereiten.

Dabei zunächst ein Wort allgemein zu den Übungen im Buch: Ein Großteil der hier vorgestellten Praxis besteht aus geführten Meditationen, die zum Teil recht lang in ihren Beschreibungen, also in den einzelnen Schritten sind. Damit du sie gut nacherleben kannst, hast du mehrere Möglichkeiten: Du kannst beim Üben ab und an im Buch nachlesen, wie es weitergeht. Von Mal zu Mal wirst du diese Unterstützung weniger brauchen. Du kannst dir den Text aber auch langsam und mit ruhiger Stimme aufs Handy oder ein anderes dafür geeignetes Gerät sprechen – und dann zum Praktizieren abhören. Oder du übst gemeinsam mit einer zweiten Person, dann kann einer lesen, der andere meditiert – und später kehrt ihr es um. Ein Partner beim Erlernen des Channelns, der sogenannte Guardian, ist ohnehin sehr wichtig, ich werde darauf noch ausführlicher eingehen. Es wäre also sehr hilfreich, wenn du dich mit jemandem zusammentun würdest, der das Channeln ebenfalls erlernen will. Dann könnt ihr die vorbereitenden Übungen, vor allem aber die Entspannungs- und Trance-Praxis mit gegenseitiger Unterstützung absolvieren.

Meditation zur Vorbereitung von Herz, Seele und Geist

– Zieh dich für etwa zwanzig bis dreißig Minuten an einen ruhigen und geschützten Ort zurück. Vielleicht hast du dir ja sogar eine Ecke oder einen Raum in deinem Zuhause für spirituelle Übungen vorbereitet, dann ist er auch für die folgende Übung geeignet. Ein solcher Platz wird deine spirituelle Praxis vertiefen und intensivieren.

– Mach es dir nun in einer sitzenden, aufrechten Position bequem. Nimm einen tiefen Atemzug, und schließe mit deiner Ausatmung die Augen. Richte deinen Blick mit geschlossenen Augen nach oben in Richtung Stirnmitte, ohne dabei in den Augen zu verkrampfen. Augen und Augenlider sind ganz entspannt. Lass deine Augen für die Dauer der gesamten Meditation geschlossen und nach oben gerichtet. So werden bestimmte Hirnareale aktiviert, die der Meditation und Entspannung dienlich sind.

– Nun setzt du als Erstes eine Intention für die Meditation. Sprich dafür folgende Sätze im Inneren für dich nach (zum Ablesen der Sätze darfst du selbstverständlich die Augen öffnen, wenn du allein und mit Buch übst): »Auch wenn ich nicht weiß wie, öffne ich jetzt mein Herz und meinen Geist den heilvollen Schwingungen und Frequenzen der Geistigen Welt und meinem Höheren Selbst, dem göttlichen Teil in mir. Diese Verbindung darf nun zu 100 Prozent und auf allen Ebenen meines Seins hergestellt werden. Ich lade, lade, lade alle mir noch fehlenden Informationen aus meiner Seelenessenz in mein System, um mich mit der Geistigen Welt zu verbinden. Ich erlaube mir jetzt, vollkommenen Frieden und Entspannung zu erfahren. Ich tue all dies zum Wohle der gesamten Menschheit, aller Wesen auf und jenseits der Erde und zu meinem eigenen Wohle.« Mit dieser klaren und starken Intention wird es dir leichter fallen, dich zu öffnen und zu einem Kanal für Heilung und Informationen aus der Geistigen Welt zu werden.

– Jetzt stell dir vor, dass tiefe kraftvolle Wurzeln von deinem Becken, deinen Beinen und deinen Füßen aus in die Erde hineinwachsen. Diese Wurzeln reichen bis ins Innerste der Erde hinein, wo sich ein Feuerkern befindet. Dieses Feuer ist das Feuer der heilvollen

Umwandlung. Über deine Wurzeln erlaubst du jetzt, dass all das, was beim Channeln hinderlich sein könnte, in die Erde abfließt und in diesem Feuer der Transformation in Energie und Kraft verwandelt wird. Karma, belastende Überzeugungen und Denkmuster, all das wird verbrannt und dir als Energie und Kraft zurückgegeben. Es fühlt sich so wundervoll an! Das Alte fließt ab, neue Energie strömt dir zu.

– Lass diesen Prozess der Transformation noch eine Zeit weiterlaufen und denke daran, auch der Erde etwas zurückzugeben: Dankbarkeit, Liebe und Heilung aus deinem Herzen kannst du zu ihr strömen lassen. Nutze also diese Meditation, um auch der Erde, die dich und uns alle so liebevoll trägt, etwas zurückzugeben.

Diese Meditation kann sehr kraftvoll sein und dich energetisch auf das Channeln vorbereiten. Ich empfehle sie insbesondere Menschen, die sich in der Verbindung mit der Geistigen Welt blockiert fühlen, ohne benennen zu können, was sie behindert. Zum Teil spielen da Prägungen, Verletzungen und traumatische Erlebnisse aus früheren Inkarnationen hinein oder sogar Gelübde und Versprechungen, die das Channeln stören. Durch die Entscheidung für das Channeln, ausgedrückt durch die klare Intention in der Meditation, aktivieren wir einen seelischen Reinigungsprozess und werden von solchen Blockierungen befreit.

Light-Channeling und
Deep-Channeling

An dieser Stelle sollten wir uns auch von der Vorstellung lösen, dass Channeln einzig und allein die Übermittlung von hörbaren, also vom Channeler gesprochenen Informationen beinhaltet. Ganz oft findet nämlich lediglich eine Übertragung von hochfrequenten Energien statt, die zum Teil mehr Heilung bewirken können als alle hörbaren Informationen. Passiert eine solche Energiekanalisierung, fühlen die Anwesenden die Präsenz aus der Geistigen Welt über unterschiedliche Körperempfindungen und Phänomene wie Wärme- oder Kältereize bis hin zu Manifestationen von Gegenständen. Letzteres kann nur in Erscheinung treten, wenn das Medium sich in tiefer Trance befindet, beim sogenannten Deep-Channeling.

Somit kristallisieren sich zwei Kategorien des Channelns heraus: Light-Channeling und Deep-Channeling. Sie unterscheiden sich in erster Linie durch die Tiefe der Trance des Channelers, deswegen wurden die Begriffe für »leicht« und »tief« aus dem Englischen dafür verwendet. Damit das Light-Channeling stattfinden kann, muss das Medium nicht unbedingt in einen tiefen Trance-Zustand verfallen oder Körper und Geist ganz der gechannelten Wesenheit überlassen. Das heißt, der Kanal befindet sich beim Light-Channeling in einem bewussten Zustand. Beim Deep-Channeling hingegen treten das Ego und der Geist des Mediums komplett in den Hintergrund oder verlassen sogar den Körper. Dies erlaubt es dann der anderen Energieform, in diesen Körper einzutreten und ihn für eine bestimmte Zeit zu nutzen. Diese Energieverlagerung kann Minuten oder Stunden andauern, und jemand, der die Aura sehen kann, sieht diese Verbindung aufgrund starker energetischer Veränderungen. Ganz oft kommt es aber auch zu Veränderungen der Gesichtszüge, der Gesten und der Sprache bzw. Stimme beim Channeler. Zwischen dem Light- und dem Deep-Channeling gibt es viele Zwischenstadien, auch eine mitteltiefe Trance ist natürlich möglich.

Manche Menschen haben Angst vor dem Phänomen, weil sie es nicht verstehen oder gar denken, dass dunkle Wesenheiten von ihnen Besitz ergreifen könnten. Doch der Channeler hat immer die Wahl, wen oder was er channeln möchte, bzw. zieht immer nur die Wesenheiten an, die in Resonanz zu seiner eigenen Energie stehen. Auch sollte der Channeler immer darauf bestehen, den Namen und den Ursprung jeder Wesenheit zu erfahren, die durch ihn kommunizieren möchte. Es ist wichtig zu wissen, aus welcher Ebene die Wesenheit stammt und welchen Wert ihre Information hat. Manche Wesen wollen nur ein bisschen Unterhaltung, andere verfolgen bestimmte Ziele. Doch viele treten aus der Lichtsphäre mit dem Wunsch an uns heran, uns erleuchtende Führung und Rat zukommen zu lassen. Vor allem heute, in Tagen starker energetischer Veränderungen auf unserem Planeten, treten häufig starke Wesenheiten in den Channelings auf, die richtungsweisende Botschaften durchgeben.

Channeln bedeutet ganz allgemein, sich mit höherfrequenten Energien zu verbinden. Dabei geht es vor allem um Heilung und Klärung von lebenswichtigen Themen. In unserer Zeit des neuen Bewusstseins ist es das Wichtigste, dass so viele Menschen wie nur möglich mit höheren Frequenzen verbunden werden – das erhöht automatisch die Grundschwingung des Planeten, was die Erde und die Natur heilen kann. Dieses Buch ist daher an alle gerichtet, die in sich den Ruf der Geistigen Welt verspüren und mit höheren Ebenen arbeiten und kommunizieren wollen, um sich selbst, aber auch anderen Menschen zu helfen. Channeln ist meiner Ansicht nach nichts, was nur bestimmten Auserwählten vorbehalten ist, sondern jeder kann sich selbst in die Lage versetzen, mit anderen Wesenheiten, dem eigenen Höheren Selbst oder den eigenen Geistführern zu kommunizieren. Natürlich bedarf es zu Beginn gewisser Übungen und regelmäßiger Praxis –

alles Nötige findest du in diesem Buch. Vor allem aber ist es wichtig, auf allen Ebenen des eigenen Seins zu integrieren, dass Channeln für jeden Menschen möglich ist. Ganz oft blockieren wir uns nämlich selbst, indem wir denken, etwas nicht tun zu können, obwohl alle Anlagen in uns vorhanden sind! Es gilt, sie einfach zu mobilisieren und sich beispielsweise auch daran zu erinnern, dass wir in alten Zeiten diese übersinnliche Kommunikation immer aufrechterhalten konnten.

In vielen Channelings, die ich durchgeführt habe, kam die Information durch, dass es nicht die Entscheidung der höheren Wesen war, die menschlichen Kommunikationswege in andere Sphären einzuschränken, sondern dass wir Menschen einfach vergessen hätten, dass es da Helfer aus anderen Ebenen gibt, die uns Heilung und Liebe schicken wollen. Dies habe vor allem ab dem Zeitpunkt begonnen, als Krankheit, Hass und Unwissenheit über die Menschen kamen, da das kosmische Gleichgewicht aufgrund negativer Energien gestört worden war. Dies war auch die Stunde der Abnabelung der Menschen von ihrem Höheren Selbst.

Stell dir nur vor, wie wundervoll es gewesen sein muss, ständig mit der Quelle auf bewusster Ebene verbunden zu sein und auch mit ihr kommunizieren zu können! Es kam nie zu Überschreitungen des eigenen Seelenplans, und Karma gab es nicht. Man lebte in völligem Einklang mit sich selbst und dem Göttlichen.

Ich bin der Überzeugung, dass wir in diese Zeit zurückkehren können und dass eine bessere Welt auf uns wartet, wenn wir uns erlauben, innerlich still zu werden, um die Stimme des Göttlichen und der Geistigen Welt zu hören. Dazu gehört auch, dass wir erkennen, was unsere Ablenkmanöver sind, was unsere Unwissenheit ausmacht und wie wir uns unserer eigenen Göttlichkeit wieder näherbringen können. Um die eingefahrenen Strukturen unseres Verstandes vorübergehend unwirksam zu machen, ist eine Veränderung des Bewusstseinszustands in Richtung Entspannung bis hin zu Trance erforderlich. Beim Channeln werden nämlich Türen geöffnet, die bei wachem Bewusstsein des Mediums verschlossen sind. Aus diesem Grund wollen wir uns im kommenden Kapitel mit den unterschiedlichen Bewusstseinszuständen beschäftigen.

Bevor wir dies tun, möchte ich dir noch eine Übung mitgeben, die dir helfen wird, im Alltag bewusst zu bleiben und deine geistige Energie zu fokussieren. Es treten viele Menschen an mich heran, die selbst channeln und ihre Verbindung zur Geistigen Welt verstärken wollen. Nach einem kurzen Gespräch stellt sich dann jedoch heraus, dass sie mit sich selbst, ihrem eigenen Wesen, viel zu wenig verbunden sind. Dies ist aber zwingend notwendig, wenn wir mit geistigen Wesen arbeiten wollen. Wie soll es denn funktionieren, Geistwesen zu spüren und zu verstehen, wenn man sich selbst nicht fühlen und verstehen kann? Es geht einfach nicht anders: Channeln erfordert auch eine gewisse Arbeit an dir selbst. Diese Praxis kann etwas Wundervolles sein und das Leben in allen Bereichen erleuchten.

Bereits viele große Meister des Buddhismus und anderer spiritueller Lehren sprachen von der Macht des Jetzt, des gegenwärtigen Seins – etwas, das du stets in deinem Leben zu integrieren versuchen solltest. Das ist die Übung: Versuche, ganz gleich was du tust, vollkommen präsent und bei der Sache zu sein. Meist ist es unser an die Zeit gefesselter Verstand, der uns geistig in die Vergangenheit oder Zukunft versetzt. Dabei könnten wir so leicht im Jetzt verweilen. Versuche es, versuche es in jedem Moment, im Jetzt zu sein, mit allem, was dieses Jetzt ausmacht. Vielleicht hilft es dir, innerlich das, was du im Moment tust, zu benennen. Wenn du läufst, sagst du innerlich zu dir selbst: »Ich laufe.« Wenn du kochst, sagst du innerlich: »Ich koche.« Das wird dir helfen, dich ins Jetzt zu bringen, zu dem, was im Moment geschieht. Unterstützend dazu kann es gut sein, dir jeden Tag zehn Minuten Zeit zu nehmen, um einfach nur zu sitzen und deinen Atem zu beobachten. Ein wichtiger und unersetzlicher Teil meiner morgendlichen Praxis.

Solche kleinen Übungen werden dir helfen, mehr in Verbindung mit dem Jetzt, deinem Bewusstsein und deinem eigenen Selbst zu kommen, ohne ständig von den Ablenkungen des Verstandes weggezerrt zu werden.

Unterschiedliche Trance-Zustände

Im Zuge meines irdischen Inkarnierens schien ich es nicht vergessen zu haben, wie es ist, als ein körperloses Wesen Zeit und Raum ganz leicht überbrücken zu können. Denn als Kind konnte ich mich immer dann, wenn ich das wollte, in Sekundenschnelle jenseits von räumlichen Grenzen ätherisch fortbewegen. Zwar war ich dann nicht mit meinem physischen Körper unterwegs, aber dennoch so, dass ich an dem jeweiligen Ort vollkommen präsent war und alles wahrnehmen konnte. Dies geschah auch spontan, wenn ich mich kurz vor dem Einschlafen oder vor dem Aufwachen befand. Ich bin damals davon ausgegangen, dass jeder das könne, und teilte dies auch meiner Oma mit, die eine der wichtigsten Bezugspersonen für mich war. Sie gab mir zu verstehen, dass das etwas Außergewöhnliches sei und dass ich es nicht verlernen und immer wieder üben sollte. Und so tat ich das auch und versuchte die Distanz von meinem physischen Körper zum Aufenthaltsort meines Bewusstseins immer mehr auszudehnen. Wenn es anfangs noch das Wohnzimmer war, das ich von meinem Bett aus besuchte, wurde es ganz schnell der Kindergarten oder Spielplatz, wohin ich ganz ohne Mühe reisen konnte. Leider verlernte ich diese Fähigkeit, als die Schule begann und ich mich mit weltlichen Themen zu beschäftigen hatte, doch. Heute allerdings passiert es mir immer wieder, dass ich mich schlafend im Bett liegen sehe oder mich von oben beobachten kann, wenn ich eine Entspannungsübung durchführe.

Lass es uns doch an dieser Stelle gleich einmal ausprobieren, wie es sich für dich anfühlt, sich teilweise vom physischen Körper zu trennen und geistig zu reisen. Die folgende Übung ist eine vereinfachte Form der Astralwanderung, und durch regelmäßige Praxis wirst du merken, dass es immer besser klappen wird.

Eine einfache Form der Astralwanderung

- Diese Übung kannst du gern im Bett machen, wenn du kurz vor dem Einschlafen oder Aufwachen bist. Dieser Zustand der Halbwachheit begünstigt das Astralwandern. Mit geschlossenen Augen verlässt du nun geistig das Schlafzimmer und beginnst die Zimmer deines Zuhauses zu durchwandern. Du schreitest Zimmer für Zimmer ab und schaust dir die Gegenstände in den Räumen ganz genau an.

- Mit jedem Mal, wenn du übst, kannst du versuchen, noch weiter zu reisen, in die Stadt und sogar über die Stadt, in der du wohnst, hinaus. Achte darauf, nicht zu schnell zu reisen, und denke immer wieder daran, möglichst viele Details mit allen Sinnen wahrzunehmen.

- Du kannst dann auch einmal probieren, Freunden oder Verwandten einen Besuch abzustatten und in die Häuser zu gehen. Bitte sprich das mit der betreffenden Person ab, denn wenn sie feinfühlig ist, wird sie deine Anwesenheit im Haus fühlen können. Wenn du dir ein paar Einzelheiten in der Wohnung, die du nicht kennst, merkst, kannst du dich später mit dem Bewohner des Hauses austauschen und dir so ein Feedback für deine Wahrnehmungen einholen.

Diese Form der Astralwanderung erfordert einen Zustand der Trance, der auch wichtig ist, um channeln zu können. Wie beim Channeln wird hier eine gewisse Loslösung des eigenen geistigen Wesens vom Körper benötigt. Das klingt vielleicht etwas erschreckend, aber in der Praxis fühlt sich das einfach nur unglaublich gut und schön an. Es ist ein Gefühl von absoluter Schwerelosigkeit und Leichtigkeit, meist begleitet von einem Kribbeln im Körper. Zu Beginn kann dieses Gefühl etwas komisch sein, weil es einfach für uns Menschen, die wir der Schwerkraft auf der Erde unterworfen sind, ungewohnt ist. Mit der Zeit ist es jedoch einfach nur noch schön und ein Genuss!

Ich werde auch immer wieder gefragt, ob denn die Gefahr bestünde, nicht mehr in den Körper zurückkommen zu können. Nein, das kann nicht passieren, solange wir am Leben sind. So lange sind die einzelnen energetischen Körper miteinander verwoben und können nicht getrennt werden. Wenn der Körper der Person, die astral wandert, stirbt, gibt es natürlich keine Rückkehr in den Körper – ein natürlicher Prozess, der sich auch vollzieht, wenn die sterbende Person nicht auf Astralwanderung ist. Somit gibt es rein gar nichts zu befürchten, und du solltest versuchen, der Angst keinen Platz zu geben. Denn sie ist meist verantwortlich dafür, wenn Menschen nicht entspannen und loslassen können. Mir half es sehr, irgendwann zu erkennen, dass Angst eine Illusion ist, die an den physischen Körper gebunden ist. Angst ist eine Emotion, die von unserem Körper und unserem Verstand erschaffen wird, weil sie sich unter allen Umständen am Leben erhalten möchten. Angst hat nichts mit deiner Seele, deinem wahren Selbst zu tun. Dieses Selbst fürchtet nichts, denn es ist eins mit allem, jetzt und für immer. Erkenne, dass du nicht der physische Körper bist und dass dein Sein weit über den Körper hinausgeht. Dann wird sich die Angst wie von allein auflösen.

Wenn wir uns mit Trance und veränderten Bewusstseinszuständen beschäftigen, kommen wir nicht drum herum, die Thematik der Hypnose kurz aufzuwerfen. Ich verwende den Begriff ungern für die Channel-Praxis, weil er sehr umstritten ist und zum Teil manipulativ eingesetzt wurde und noch immer wird. Hypnose ist aber eigentlich auch nur ein moderner Begriff für die Trance, wie sie schon seit Jahrtausenden Anwendung findet. Noch heute werden in bestimmten Kulturen uralte Riten praktiziert, die im Grunde alle Hypnose bzw. Trance einbeziehen.

Im Folgenden möchte ich vorrangig den Begriff der Trance verwenden, da es zwischen Hypnose und Trance im medialen Sinne eben doch einen großen Unterschied gibt: Hypnose wird als ein künstlich ausgelöster Zustand veränderten Wachbewusstseins verstanden. Das heißt, er wird entweder von einem selbst oder von einer anderen Person herbeigeführt. Bei der Trance trifft das zwar auch zu, nur dass zusätzlich das zu channelnde Wesen bzw. die Geistige Welt mithilft, damit der Mensch in die Trance gehen kann. Ich will es folgendermaßen definieren: Trance ist immer ein veränderter Bewusstseinszustand, der mit Hilfe aus der Geistigen Welt hergestellt wird, um das Ego bzw. den Verstand des Mediums beiseite zu schieben. Dabei kann auch eine Induktion von außen stattfinden, um die Trance zu vertiefen.

Nun kannst du mit der nächsten Übung den Zustand einer leichten oder vielleicht bereits mittleren Trance gleich selbst erfahren.

Trance mit dem Geistführer

— Zieh dich für etwa fünfzehn Minuten an einen ruhigen und geschützten Ort zurück. Mach es dir auf einem Stuhl oder in einem Sessel bequem, und lehn dich in einer aufrechten und entspannten Position nach hinten. Schließ deine Augen, nimm ein paar tiefe Atemzüge, und atme lange und kräftig aus. Stell dir vor, dass du mit jeder Ausatmung geistig klarer und offener wirst.

Nun lass den Atem ganz entspannt weiterfließen, und bitte die Geistige Welt, näherzutreten und sich mit dir zu verbinden.

- Du wirst wenige Momente später einen Zug am Hinterkopf, einen leichten Druck auf der Brust, ein Kribbeln am Scheitel oder ein anderes physisches Phänomen wahrnehmen. Dies ist das Zeichen der Verbindung zur Geistigen Welt. Sobald du dies spürst, löst du dich auch schon wieder von dieser Empfindung und erlaubst der Geistigen Welt, dich in einen angenehm entspannten Trance-Zustand zu führen. Du lässt es einfach geschehen. Es wird sich ein schönes Gefühl in dir ausbreiten, wie eine warme Umarmung, ein wohliges Eingebettet-Sein. Lass dich einfach fallen und genieß es.

- In diesem Zustand erlebst du eine Schwingungserhöhung in deinem System, du gleichst dich mit deiner Frequenz an die der Geistigen Welt an. Es kann auch sein, dass du konkret Botschaften und auch Heilung aus der Geistigen Welt erhältst. Alles dient deinem Wohle und ist eine gute Vorbereitung auf das Channeln. Und so kannst du bewusst eine Weile in diesem Zustand verharren.

- Kehre langsam wieder zurück, wenn du merkst, dass du wacher wirst und sich dein Tagesbewusstsein wieder aktiviert. Bedanke dich für die Führung und Begleitung aus der Geistigen Welt.

Diese Übung, die man auch »Sitzen für die Geistige Welt« nennt, ist ein absolutes Muss für meine Schüler, ganz gleich welche Ausbildung sie bei mir absolvieren. Denn sie bereitet sie auf einen bewussten Umgang mit Energien vor und versorgt sie mit heilvollen Impulsen und mit Inspiration aus der Geistigen Welt. Vor allem lernt man die Geistige Welt auf diese Weise sehr gut kennen und umgekehrt: Die geistigen Wesen lernen uns kennen. Ich empfehle dir, diese Übung sehr regelmäßig zu praktizieren. Ich persönlich mache sie nach über zehn Jahren spiritueller Arbeit noch immer täglich und kann mir keinen Tag ohne diese wundervolle Praxis vorstellen.

Klappt die Trance immer?

Ich persönlich erlebte es bis heute nur ein einziges Mal, dass sich die Trance für ein Channeling nicht einstellte. Ich wollte und konnte einfach nicht in Trance gehen und war sehr traurig darüber, zumal wir in einer kleinen Zirkelgruppe Botschaften empfangen wollten. So ließen wir davon ab und beschlossen, gemeinsam zu meditieren. Mitten in der Meditation bekam eine der teilnehmenden Personen einen epileptischen Anfall, was natürlich im Falle des Channelings dazu geführt hätte, dass ich aus der Trance rausgerissen worden wäre – für das Medium sehr ungünstig. Das aber heißt: Die Geistige Welt wusste im Vorhinein, dass dies passieren würde, und verhinderte das Channeling deswegen. Hieran kann man schön sehen, dass auch die andere Seite, mit der man sich verbinden möchte, damit einverstanden sein muss und einen Beitrag leistet. Und dass sie uns schützt, wenn die Umstände für die Trance nicht günstig sind.

Für mich als spiritualistisch ausgebildetes Trance-Medium ist es ein wundervolles Geschenk, mit der Hilfe meiner Geistführer in Trance zu gehen. Ich weiß, dass sie mich beschützen und es nicht erlauben, dass irgendwelche Fremdenergien in mein System eindringen können. Und sie tun das bei allen Menschen. Die Arbeit in der Trance und im Channeling eröffnet uns somit auch wundervolle Möglichkeiten, die eigene Beziehung zu den Geistführern, Engeln und dem Höheren Selbst zu pflegen.

Einen wichtigen Punkt an dieser Stelle möchte ich unbedingt ansprechen: Wir Menschen sind Teil einer Schöpfung, die in dieser Form einmalig im Universum ist. Wir verfügen über einen freien Willen, der in keinem Fall von anderen Wesenheiten übergangen werden darf. Konkret heißt das, dass beispielsweise ein Engel uns nur dann helfen darf, wenn wir ihn explizit darum bitten. Für das Channeln bedeutet es, dass wir nur dann in Trance gehen können, wenn wir dies als Channeler selbst wünschen. Channeln ist ohne die freiwillige Bereitschaft des Mediums schlichtweg nicht möglich. Auch dürfen Geistige Wesen das Medium nicht spontan in Trance versetzen, damit es Botschaften durchgibt. Channeln geschieht nur, wenn beide Seite gewillt und bereit dafür sind.

Ich höre ab und an von Channelern, dass sie zum Teil ganz abrupt von der Geistigen Welt in Trance versetzt werden und gar nichts dagegen tun können. Ich zweifle daran, ob dies wirklich von der Geistigen Welt ausgeht oder ob da nicht auch ein Stück Einbildung mit hineinspielt. All meine Kontakte mit der Geistigen Welt bewiesen mir, dass wohlwollende geistige Wesen uns nie überrumpeln würden, zum einen aufgrund der Achtung gegenüber unserem freien Willen. Zum anderen könnte dies für das Medium unangenehm werden, vor allem wenn es gerade nicht passend ist. Es braucht vonseiten des Mediums eine bewusste Intention und Einstimmung auf das Channeling, sonst wäre es ja eine Art von »Besetzung«, was definitiv nichts mit Channeln zu tun hat.

Die Trance ist ein dem Schlaf sehr ähnlicher Zustand. Wie tief sie ausfällt, hängt davon ab, wie weit man in die Entspannung hineingeht und wie geübt man darin ist. In der Einstimmungs- oder Entspannungsphase vor dem eigentlichen Channeling arbeiten alle Körperfunktionen langsamer, der Herzschlag verringert sich, Blutdruck und Sauerstoffverbrauch sinken ebenfalls. Auch die Haut wird kühler. Im Gegensatz zu all diesen physischen Effekten passiert ein Wacher-Werden im Geist und in der Aura. Geistige Fähigkeiten wie Vorstellungskraft, Klarheit und innerer Fokus verstärken sich. Die eigene Suggestibilität, das heißt die Aufnahmebereitschaft für Befehle, die man sich selbst gibt oder die von außen gegeben werden, steigt. Auch Gefühle und Erinnerungen können nun viel intensiver werden.

Es ist für mich immer wieder schön zu beobachten, wie sich die Aura verändert, wenn die channelnde Person in Trance geht. Je mehr sie sich entspannt, umso ruhiger wird es auch in der Aura. Die Farben gleichen sich aus, und sie wird immer weiter und weiter.

Ganz wichtig zu wissen ist, dass die Trance von jedem ganz unterschiedlich empfunden werden kann. Es ist nämlich in der Tat ein sehr persönliches Erleben, das auch stark damit zusammenhängt, welches Wesen man channelt und welche Energien dadurch ins eigene System gebracht werden. Meist zeigt sich aber die Einstimmungsphase in die Trance sehr ähnlich, ganz gleich welche Energie man kanalisiert. Zwingend erforderlich ist wie gesagt die Bereitschaft des Mediums, in Trance zu gehen, sich fallen zu lassen und sich zu öffnen.

Der Guardian und die erste Trance-Reise

Zu Beginn ist es wie gesagt ratsam, das Channeln mit einer zweiten Person zu üben. Ich nenne diese Person den »Guardian«, auf Deutsch den »Beschützer«. Er ist derjenige, der die Trance mit Unterstützung aus der Geistigen Welt herbeiführt, also induziert, und der für den psychischen und letztlich auch körperlichen Schutz des Mediums durch das gesamte Channeling hindurch sorgt. Oft können Menschen mithilfe des Guardians viel tiefer in Trance gehen. Auch ich persönlich bevorzuge es in den meisten Fällen, mit einem mir vertrauten Guardian zu channeln. Wenn das Medium in Voll-Trance channelt, ist die Begleitung durch den Guardian sogar zwingend notwendig. Er sorgt für das Medium, denn es kann ja dann nicht mehr direkt auf das reagieren, was im Raum geschieht. Der Guardian beobachtet auch die Körperfunktionen wie Atem und Herzschlag. Beide verlangsamen sich zum Teil recht stark, und dies sollte vom Guardian im Auge behalten werden. Solange das Medium spricht, wird auch geatmet, und man muss sich keine Sorgen machen. In Phasen der Ruhe sollte aber immer wieder gecheckt werden, ob der Atem nicht zu flach ist.

Mit der folgenden Partnerübung kannst du nun den Zustand der – hier nur leichten – Trance an dir selbst erproben. Du wirst merken, dass eine Trance letztlich nichts weiter als eine intensive Entspannung ist.

Trance-Induktion mit Partner

– Für diese Übung wird etwa eine halbe Stunde benötigt. Zieht euch an einen ruhigen und geschützten Raum zurück, idealerweise mit einer Couch, einem Bett oder einer Liege. Einer von euch beiden ist nun der Guardian, das heißt derjenige, der die andere Person in Trance führen wird und für die Sicherheit und das Wohlbefinden des Channelers zuständig ist. Der Channeler legt sich ganz bequem hin und versucht, so gut wie möglich den Instruktionen des Guardians nachzukommen.

– Folgendes sollte jetzt vom Guardian mit einer ruhigen entspannten Stimme in langsamem Tempo als Anleitung für den Channeler gesprochen werden. Es beginnt mit einer Art Test, bei dem das innere Sehen geübt wird:

– »Ich bitte dich nun, folgende Dinge vor deinem inneren Auge zu sehen, dir vorzustellen: Sieh eine gelbe Blume … ein blaues Auto … einen Hund und eine Katze … Sieh einen Baum mit vielen Blättern und wie der Wind durch die Blätter bläst. Kannst du das Rascheln der Blätter hören?« (Als Guardian solltest du dabei immer wieder Feedback einholen, ob die Visualisierung funktioniert oder nicht. Frag einfach nach und warte auf eine Antwort.)

– »Das ist der Teil unseres Geistes, mit dem wir heute arbeiten werden. Es ist der Teil unseres Geistes, der die Bilder und Erinnerungen speichert und der nachts aktiv ist, wenn du schläfst. Der Teil unseres Geistes, der mit Symbolen arbeitet. Mit diesem Teil des Geistes werden wir heute arbeiten.

– Für die Dauer der Session wird es keine Sorgen oder Probleme für dich geben. Es gibt nichts, worüber du dir nun Gedanken oder Sorgen machen müsstest. Also entspann dich jetzt und fühle, wie es ist, wenn es nichts gibt, worüber du dir Sorgen machen müsstest. Genieße das Gefühl, wie sich jetzt Entspannung in deinem Körper ausbreitet. Jegliche Anspannung im Körper löst sich jetzt einfach auf, sie löst sich einfach auf, sie löst sich einfach auf.

– Wir benötigen sie jetzt nicht. Es ist ein Luxus, jetzt so sehr und so tief entspannen zu dürfen. Einfach eine kleine Auszeit zu nehmen vom Alltag. Wenn du nach der Session erwachst, wirst du dich absolut erfrischt und erholt fühlen. Es wird sich wundervoll anfühlen. Jedes Mal ab heute, wenn du eine solche Session durchführst, wird es für dich immer eine absolut angenehme Erfahrung sein.

– Wenn du irgendwelche Geräusche im Raum oder außerhalb dieses Raumes hören solltest, wirst du wissen, dass das vollkommen natürliche Geräusche sind, die dich nicht zu kümmern brauchen. Sie werden dich überhaupt nicht stören. Ganz im Gegenteil, sie werden dich sogar noch tiefer entspannen.

– Nun bitte ich dich, dir eine wundervolle goldene Pyramide vorzustellen, die von Licht durchflutet ist. Wunderschön. Die Pyramide leuchtet und schimmert in einem wundervollen goldenen Ton. Stell dir nun vor, dass sich diese Pyramide über deinen Körper bewegt, bis sie ihn ganz umhüllt. Rundherum wirst du jetzt von der Pyramide eingehüllt und geschützt. Sie ist dein Schutz. Die Pyramide und das weiße Licht sind eine sehr starke universelle Kraft. Sie schützen dich vor allem. Die Pyramide wird die ganze Zeit um deinen Körper herum aufgebaut bleiben. Nichts kann dir wehtun oder schaden, weder geistig noch körperlich. Du bist geschützt, du bist sicher. Du weißt das, und du fühlst das.

– Du siehst und fühlst nun, dass auch deine Geistführer und Engel in der Pyramide mit dir sind. Es fühlt sich wundervoll an. Du wirst auf deiner Reise auch von deinen Engeln, Geistführern und anderen lichtvollen Wesen begleitet. Du weißt das. Du spürst, wie gut beschützt du bist.

– Jetzt bitte ich dich, dir einen wunderschönen Ort vorzustellen. Einen Ort, der für dich der schönste auf Erden ist. Dort gibt es keine Probleme, keine Sorgen. Es kann ein Wald sein, ein Strand oder irgendetwas anderes. Was auch immer für dich am passendsten und schönsten erscheint. Kannst du solch einen Ort finden? Erzähl mir ein wenig davon.« (Der Channeler sollte jetzt erzählen, wie es dort aussieht, wie es riecht, wie es sich dort anfühlt …)

– »Es gibt keine Probleme und Sorgen an einem Ort wie diesem, alles ist wunderschön. Hier gibt es nur Frieden und Ruhe.

– Kannst du von dort aus den Himmel sehen?« (Warte auf ein Ja.) »Schau nach oben in den Himmel und such nach einer großen weißen Wolke. Hast du sie gefunden?« (Warte auf ein Ja.) »Ich werde dich jetzt um etwas bitten, das vielleicht im ersten Moment etwas komisch klingen wird. Ich hätte gern, dass du nach oben auf diese Wolke zu schwebst und dich auf die Wolke setzt.

– Bist du schon angekommen?« (Warte auf ein Ja.) »Erzähl mir, wie fühlt es sich an, auf einer Wolke zu sitzen? Du brauchst dir keine Sorgen zu machen, dass dich die Wolke nicht halten kann. Sie kann es, denn es ist eine magische Wolke. Bitte erzähl mir davon.« (Bring den Channeler dazu, zu reden und zu beschreiben, wie es sich auf der Wolke anfühlt.)

– »Für manche Menschen fühlt es sich auf der Wolke wie auf Baumwolle oder auf Federn an. Die Wolke wird dich fest und stabil halten, auch wenn sie sich absolut weich anfühlt. Wenn du möchtest, kannst du dich auch richtig in die Wolke hineinkuscheln, als wäre sie ein weiches Bett mit einer Wolldecke. Das fühlt sich so schön, sicher und angenehm an. Du wirst immer mehr eins mit der Wolke, als würdest du mit der Wolke verschmelzen, als würde sich dein Körper auflösen.

– Die Wolke und du, gemeinsam fliegt ihr durch die Lüfte. Sicher und beschützt und angenehm zugleich. Ihr schwebt immer weiter und höher, immer weiter und höher. Über die Wälder, Dörfer, Städte und Berge hinweg. Die Wolke kann dich sogar in der Zeit wegtragen, in eine andere Zeit.«

– (Du lässt den Channeler für eine Weile auf der Wolke schweben, bis du ihn dann wieder mit folgender Anleitung ins Hier und Jetzt zurückholst.)»Jetzt möchte ich, dass das Bewusstsein und die Persönlichkeit von ...« (Sag den Namen des Channelers.)»wieder zurückkehrt ins Hier und Jetzt und sich vollständig in den Körper integriert. Jetzt ist die Persönlichkeit und das Bewusstsein von ... wieder vollständig in diesem Körper. Ich möchte, dass du, liebe/-r ..., dich nun jenseits von Raum und Zeit wieder hierher zurückbewegst. Heute ist der ...« (Nenne das Datum.)»Du bist in ...« (Nenne den Ort).»Du liegst hier ganz bequem und hattest soeben eine sehr interessante Erfahrung der Entspannung. Ich möchte, dass du dich jetzt daran erinnerst, dass das Hier und Jetzt für dich das Wichtigste ist.

– Gleich werde ich von 1 bis 10 zählen. Wenn ich bei der 10 bin, wirst du hellwach sein und dich wundervoll erholt fühlen.

- 1, 2: Du beginnst tiefer und schneller zu atmen, dein Blut zirkuliert stärker und wärmer in deinem Körper. Du beginnst aufzuwachen.

- 3, 4: Du wirst dir des Körpers bewusst. Du kannst nun die Arme und Beine ganz deutlich spüren.

- 5, 6: Du nimmst die Geräusche im Raum wahr und auch die draußen. Du orientierst dich wieder im Hier und Jetzt.

- 7, 8: Du wachst immer mehr und mehr auf.

- 9, 10: Du bist hellwach und fühlst dich wundervoll.«

- Nun kehrt die Person, die in die Entspannung gegangen war, wieder ganz zurück ins Hier und Jetzt. Sie sollte sich dabei genügend Zeit lassen und noch eine Weile liegen bleiben. Wie tief Menschen bei dieser Induktion entspannen oder in Trance gehen, ist sehr unterschiedlich. Jedoch fühlen sich alle immer sehr erfrischt und erholt danach.

Diese Technik der Entspannungsinduktion hat sich für viele Menschen als die einfachste und effektivste erwiesen. Sie versetzt den »Channeler« sehr schnell in einen angenehm entspannten Zustand. Was aber passiert konkret mit unserem Gehirn, wenn wir wie soeben in Trance gehen? In einem EEG kann man durch die Aufzeichnung der Hirnströme sichtbar machen, in welchem Bewusstseinszustand sich ein Mensch befindet. Dabei werden die Hirnströme in Hertz gemessen, der Einheit für die Anzahl der Schwingungen pro Sekunde. Diese Wellen werden aufgeteilt in

– Beta-Wellen mit Frequenzen über 13 Hertz: Hier sind wir bei voller geistiger Aktivität, also im Wachzustand.

– Alpha-Wellen mit Frequenzen von 8 bis 13 Hertz: kennzeichnend für einen Zustand zwischen wach und schlafend; dies könnte man als eine leichte Trance bezeichnen.

– Delta- bzw. Theta-Wellen mit Frequenzen unter 8 Hertz: Schlaf, Trance bis tiefe Trance.

Wie die Hirnströme auf gewisse Entspannungstechniken reagieren, ist von Mensch zu Mensch sehr unterschiedlich, und man sollte sich an diesen Zahlen nicht zu sehr festhalten. Wichtig sind das persönliche Empfinden und die Fähigkeit, sich in einem bestimmten Zustand höheren Ebenen der Energie zu öffnen. Grundsätzlich kann man in jedem Zustand, auch im Wachbewusstsein, channeln, und das tun viele Menschen, die im heilerischen oder medialen Bereich tätig sind, ganz automatisch. Diese Form des Channelns unterscheidet sich in einigen Punkten von dem Channeln in Trance und kann weder dem Light- noch dem Deep-Channeling zugeordnet werden. Meist werden dadurch keine konkreten Botschaften durchgegeben, es treten keine oder nur sehr wenige körperlich spürbare Phänomene beim Channeler auf und es werden nur wenige Anteile der gechannelten Energie des Wesens übermittelt. In dieser sehr vereinfachten und leichten Form des Channelns gelangen einfach nur leichte Impulse aus der Geistigen Welt zum Klienten, die richtungsweisend sein können. Die Persönlichkeit und das Ego des Channelers sind noch sehr präsent und aktiv, und meist ist er sich der Verbindung gar nicht bewusst.

Ich kann aufgrund meiner hellfühlenden Fähigkeiten diesen Zustand sehr oft bei Menschen sehen, die heilerisch tätig sind. Während sie ihre Heilarbeit vollbringen, scheinen sie für mich mit einem Fuß in einer anderen Welt zu sein, von wo sie ihre

Impulse erhalten. Für diese Art von »geistigem Empfang« wäre es gar nicht sinnvoll, in Trance zu sein, denn es muss ja etwas aktiv und bewusst vollbracht werden. Auch bei Schriftstellern kann das ähnlich sein. Channeln im Wachbewusstsein kann aber auch nur dann passieren, wenn bereits eine enge Verbindung zwischen dem Medium und der Geistigen Welt herrscht, beispielsweise weil diese Verbindung länger gepflegt wurde.

Letztlich kann »Channeln« auch komplett auf einer unbewussten Ebene ablaufen, was es uns ein wenig schwer macht, es zu greifen. Aber heute treffe ich immer öfter auf Menschen, die sich bewusst niemals mit Medialität oder dergleichen beschäftigt haben, aber dennoch in sich dieses mediale Können haben und unterschwellig nutzen, beispielsweise als Künstler, die Werke schaffen, die nicht aus ihrer Persönlichkeit kommen. Oft haben sie ihre Fähigkeiten aus früheren Inkarnationen oder Seinsformen mitgebracht. Durch ihr Wirken und schon ihr bloßes Sein können verstärkt Liebe und Licht aus dem All-Einen auf die Erde gelangen.

Die Verbindung zur Geistigen Welt im Alltag spüren

Da die Verbindung zur Geistigen Welt das Wesentliche auch beim Channeln ist, sollten wir diesen Kontakt auch alltäglich stärken. Wie sieht es bei dir aus? Kannst du an dir selbst bei gewissen Alltagsaktivitäten spüren, dass du an eine geistige Kraft angebunden und von ihr durch Informationen gespeist wirst? Wie fühlt sich das an? Es kann auch in Situationen oder bei Tätigkeiten passieren, die für dich als banal gelten, wie zum Beispiel beim Kochen. Sei aufmerksam und beobachte deine Umwelt und deine Empfindungen ganz genau.

Nicht nur einmal wurde mir die Botschaft übertragen, dass die Geistige Welt uns ständig sehr nahe sei, näher als wir es uns jemals erdenken könnten. Unser Verstand blende aber viele Dinge aus, weil er davon ausgehe, dass es für uns nicht wichtig sei. Um den Verstand beiseitezulassen, genügt es schon, in den Moment, ins Jetzt einzutauchen und einfach nur bei dir zu sein. Damit kann dein Verstand, der der Dimension Zeit in Form von Vergangenheit und Zukunft unterworfen ist, gar nichts anfangen. Daher ist es so wichtig, im Hier und Jetzt zu sein, es verbindet dich mit allem, was ist.

Versuche daher, mit jedem Tag etwas mehr Zeit in klarer Bewusstheit zu verbringen, indem du dich in gewissen Situationen mit deinen Gedanken voll und ganz auf das Jetzt einlässt. Dann kann und wird es geschehen, dass dir die Geistige Welt Informationen zukommen lässt, die für dich eigentlich nicht frei verfügbar wären. Ich erlebe es immer wieder, wie die Geistige Welt mich beispielsweise an Dinge erinnert, die ich vergesse mitzunehmen, wenn ich aus dem Haus gehe. Einmal ließen wir im Urlaub eine komplette Reisetasche liegen, aber die Geistige Welt kam bei mir durch und ich konnte dafür sorgen, dass wir die Tasche noch vor der Abreise zurückerhielten.

Dein geschärftes Bewusstsein im Hinblick auf deine Verbundenheit zur Geistigen Welt im Alltag wird dich gut auf das Channeln vorbereiten und es dir leichter machen, mit unterschiedlichen Wesensebenen zu arbeiten. Du beginnst, dich selbst und die Kommunikation mit anderen geistigen Ebenen besser kennenzulernen. Dies ist ein wichtiger Schritt auf unserer Reise.

Formen der Trance

Die leichte Trance

Dies ist ein Zustand der angenehmen Schwere (oder auch Leichtigkeit) des Körpers und einer gewissen Schläfrigkeit. Wie bereits angedeutet, kann sich dieser Zustand bei zwei Menschen komplett unterschiedlich anfühlen. In den meisten Fällen ist der Mensch aber noch relativ wach, und die Sinne sind offen und empfänglich. Da die Trance noch sehr flach ist, kann die Person auch sehr schnell aus dem Zustand herausgeholt werden, und meist braucht es nur ein paar wenige Atemzüge, um in diesen Zustand zu gelangen. Das Ego, die Persönlichkeit, die Gedanken sind noch sehr präsent und aktiv.

Channeln in diesem Zustand, was dann unter die Kategorie Light-Channeling fallen würde, ist nur dann möglich, wenn das Medium gut trainiert ist, aber sogar dann wird das Bewusstsein nicht ausreichend Platz für die reine Energie des gechannelten Wesens machen können. Das heißt, die Energie kann zwar übertragen werden, doch wird sie immer auf eine gewisse Art und Weise »befleckt« sein vom Bewusstsein des Mediums. Ich durfte sehr oft beobachten, dass Channelings in diesem Zustand eher das eigene höhere Bewusstsein des Mediums als Ursprung haben als die Energie eines Geistwesens. Damit möchte ich die Qualität und die Wichtigkeit solcher Botschaften gar nicht infrage stellen, denn wir alle sind ja auch selbst hochentwickelte Geistwesen, die wichtige Botschaften für die Menschheit und die Erde haben können. Es ist mir nur wichtig, dass wir immer genau wissen, was wir tun und mit welchen Ebenen wir in Kontakt sind.

Auch spirituelle Techniken sollten immer mit einem prüfenden und skeptischen Auge beleuchtet werden. Das tue ich sogar bei meinen eigenen Channelings. Unser Bewusstsein ist so derart komplex, dass man nie wissen kann, woher die Informationen kommen. Meist versuche ich daher, über andere Medien die von mir übertragenen Informationen gegenzuchecken, dann erst weiß ich mit Sicherheit, dass die Quelle eine höhere war und nicht irgendeine Ebene meines Unterbewusstseins. Je leichter die Trance ist, umso größer ist einfach die Wahrscheinlichkeit, dass die gechannelte Botschaft aus dem eigenen Unter- oder Überbewusstsein abstammt. Die nächste Stufe der Trance schließt diese Möglichkeit der persönlichen, wenn auch nicht bewussten Einflussnahme auf das Channeling fast vollständig aus.

Mittlere Trance

Diesen Zustand kennzeichnet eine tiefe Entspannung auf körperlicher und mentaler Ebene, wobei sich der Geist noch weiter ausdehnt und den meisten Menschen innere Bilder fast schon zugeflogen kommen. Der Fokus verlagert sich hier ganz deutlich vom Außen auf das Innere, was auch eine starke Begrenzung des Alltagsbewusstseins mit sich bringt. Man bekommt nahezu nichts mehr von dem mit, was um einen herum geschieht, ist sich aber der inneren Prozesse und Bilder vollkommen bewusst. Diesen Zustand nutze ich persönlich sehr gern, wenn ich »Sitting in the Power«, auf Deutsch »Sitzen für die Geistige Welt«, praktiziere. Diese Meditationsübung aus dem englischen Spiritualismus hast du bereits kennengelernt und dabei möglicherweise auch die mittlere Trance-Tiefe erlebt. In diesem Zustand schrumpfen die Urteilsmöglichkeit und die direkte Einflussnahme des Mediums auf das Geschehen.

In Gruppen oder Zirkeln ist es gut, einen Guardian zu haben, der für die Stabilität des Mediums und auch der Gruppe sorgt. Die Aufgabe eines Guardians ist äußerst wichtig, das wirst du merken, wenn du mit deiner Channel-Praxis beginnst. Er ist dafür verantwortlich, dass das Medium auf sanfte und angenehme Art und Weise die Trance erreicht, und wenn eine bestimmte

Trance-Tiefe hergestellt ist, sorgt er dafür, dass die Kommunikation mit dem gechannelten Wesen konstant bleibt. Am Ende holt der Guardian das Medium zurück, wenn es an der Zeit ist, und sorgt während der gesamten Session für seine Sicherheit. Diese Art des Channelns mit einem Guardian dürfte neu für dich sein, denn ich habe es bis heute nirgends erlebt, dass ein solcher Begleiter diese wesentliche Funktion bei einem Channeling innehat. Was ich in England immer wieder erfahren durfte, ist, dass gewisse Medien einen Assistenten an ihrer Seite haben, wenn sie medial arbeiten. Der wird aber in den wenigsten Fällen aktiv, sondern bleibt dezent im Hintergrund und leistet hier und da mal etwas Hilfestellung. Es ist also ganz klar, dass Channeln auch ohne einen Guardian funktioniert, aber dann letztlich nur in einem leichten Trance-Zustand und unter einer gewissen Einflussnahme des Egos. Hat man als Medium hingegen die Gewissheit, dass der Guardian da ist, der einen beschützt und begleitet, geht man viel eher in eine tiefere Trance. Man kann sich einfach leichter entspannen.

Du wirst das nachempfinden können, wenn du das Channeln übst. In Gruppen ist er derjenige, der »die Energie hält«. Er ist der erdende und stabilisierende Faktor für den Energiekörper des Mediums. Das stellt sich meist automatisch ein, und man kann hellsichtig sehr schön beobachten, wie Medium und Guardian eins werden in dem Sinne, dass sie sich gegenseitig stützen.

Von einem berühmten Channeler, der Zeuge eines meiner Channelings wurde, erhielt ich einmal den Rat, nicht mit einem Guardian zu arbeiten, vor allem, weil der mir ja »die Show stehlen« würde. Für mich ist das kein Argument, da es beim Channeln, so wie ich es verstehe, nicht um die Show, sondern um die Botschaften gehen sollte. Ich als Medium muss entscheiden, wie ich mich am wohlsten fühle und wie ich am besten sicherstellen kann, dass die Reinheit der Botschaften erhalten bleibt. Die Tiefe der Trance ist dafür maßgebend – und die erreiche ich am besten, wenn ein Guardian da ist.

Du wirst im Zuge deiner Channel-Praxis merken, dass es ein unglaublicher Komfort sein kann, mit einer zweiten Person zu arbeiten. Der Guardian wird den gesamten Prozess im Gegensatz zu dir bewusst wahrnehmen und dir alle Botschaften im Nachhinein berichten können. Zusätzlich kannst du natürlich Ton oder Filmaufnahmen des Channelings machen, um sicherzugehen, dass keine Botschaften vergessen werden. So hat das Medium die Gelegenheit, dem Ganzen im Nachhinein zu lauschen und die Botschaften im Bewussten voll wahrzunehmen. Gewisse Lücken in der Wahrnehmung und Erinnerung sind auch schon in der mittleren Trance üblich und sollten dich nicht verwundern.

In der mittleren Trance ist zudem die Aufnahmefähigkeit für äußere Eindrücke stark herabgesetzt, und Suggestionen, die vom Guardian oder von einem selbst gegeben werden, können noch besser aufgenommen werden. Gleichzeitig kann man auch spüren, wie das eigene höhere Bewusstsein immer mehr in den Vordergrund tritt: Innerer Frieden und Gelassenheit stellen sich ein. Oft werde ich gefragt, ob es nicht eine Belastung wäre, vor Gruppen von einhundert oder mehr Menschen zu channeln, da sie alle ja meist große Erwartungen haben. Ich muss ehrlich sagen, dass ich mir darüber überhaupt keine Gedanken mache, da ich persönlich eh keinerlei Einfluss auf das Channeling nehmen kann. Ich überlasse mich einfach der Energie, die kontaktiert wird, lehne mich zurück und genieße diesen Zustand vollkommener Harmonie und Glückseligkeit. In 99 Prozent der Channelings weiß ich im Nachhinein auf bewusster Ebene nichts von den Dingen, die übermittelt wurden. Ich befinde mich also in einer tiefen Trance. Das nimmt mir die Schwere der Verantwortung für die überlieferten Dinge, was nicht heißen soll, dass es mir egal ist, was an Botschaften durch mich kommt. Aber jeder Mensch, der ein Channeling durch mich oder ein anderes Medium in Anspruch nimmt, sollte eine gewisse Offenheit gegenüber den Dingen mitbringen. Das Medium ist nie dafür verantwortlich, was übertragen oder was nicht übertragen wird. Denn es kann auch vorkommen, dass keine konkreten Antworten auf Fragen durchkommen, aus welchen Gründen auch immer. Manchmal treffen Wesenheiten eine Aussage wie »Sie/er ist noch nicht bereit für die Antwort.« Vielleicht kann der Guardian dann versuchen, zu verhandeln und doch noch einen Hinweis zu erhalten, aber das klappt nicht immer.

Du wirst als Medium nach einem Channeling auf jeden Fall eine angenehme Energie spüren, die meist für mehrere Tage da bleibt. Je häufiger du channelst, umso schneller und leichter wird es dir auch fallen, dich zu entspannen und vielleicht sogar noch tiefer in die Trance zu gehen, in die tiefe Trance. Bevor wir uns noch näher damit beschäftigen, möchte ich dir eine weitere Version der Entspannungsinduktion vorstellen, die dich mithilfe des Guardians in eine mittlere bis tiefe Trance führen kann. Ich möchte dabei noch eines betonen: Auch wenn wir die Trance-Tiefen hier unterscheiden, so ist das doch graduell zu sehen. Die Levels der Trance greifen nämlich ineinander über, man kaum also keine exakte Trennung vornehmen. Trance ist zudem auch immer eine ganz persönliche und individuelle Erfahrung und auch daher schwer zu kategorisieren.

Induktion mit Entspannungscode

– Pro Person solltet ihr etwa eine halbe Stunde für diese Übung einkalkulieren. Zieh dich mit deinem Übungspartner in ein ruhiges Zimmer mit einer Liegegelegenheit zurück. Einer von euch darf als Erstes der Guardian sein, also derjenige, der die andere Person durch das Sprechen der folgenden Sätze in Trance führen wird und für die Sicherheit des Channelers zuständig ist. Dieser legt sich ganz bequem hin und versucht, so gut wie möglich den Instruktionen des Guardians zu folgen.

Der Guardian spricht nun folgende Sätze mit einer sanften und etwas monoton klingenden Stimme in langsamem Tempo:

– »Nimm einen tiefen Atemzug, und schließe mit der Ausatmung deine Augen. Richte nun deinen Blick mit geschlossenen Augen nach oben in Richtung Stirnmitte, ohne dabei in den Augen zu verkrampfen. Augen und Augenlider sind ganz entspannt. Lass deine Augen für die Dauer der gesamten Session geschlossen und nach oben gerichtet.

– Nun setzen wir als Erstes eine Intention für diese Trance-Session. Sprich mir dafür folgende Sätze nach: Ich öffne mich jetzt den beruhigenden Schwingungen der Entspannung. Ich erlaube es mir, komplett loszulassen in dem Wissen, dass ich vollständig geschützt und sicher bin. Loszulassen und zu entspannen fühlt sich für mich sehr angenehm an, und ich kann sehr schnell und leicht entspannen. Ich erlaube es mir jetzt auch, Frieden und Ruhe in mein Herz und in meinen Geist zu lassen.

– Sehr gut. Mit dieser klaren und starken Intention wird es dir ganz leichtfallen, dich für eine tiefe und angenehme Entspannung zu öffnen.

– Jetzt lass uns noch tiefer gehen. Stell dir vor, dass du an einem wundervollen Ort in der Natur bist. Es ist ein Ort, an dem du dich richtig entspannen und loslassen kannst. Vielleicht ist es ein schöner Wald, eine grüne Wiese oder vielleicht eine Berglandschaft oder ein Strand. Ganz gleich, wo dieser Ort ist, nimm ihn jetzt mit all deinen Sinnen wahr. Sei dort und sauge

alle Eindrücke auf. Bist du allein an diesem Ort? ...
Ist es warm? ... Gibt es Geräusche um dich herum? ...

– Du machst das sehr gut. Spüre, wie du dich an diesem
Ort so wundervoll und leicht entspannen kannst. All
die Dinge, die dich im Alltag beschäftigten, sind nun
ganz weit weg. Das Einzige, was in diesem Moment
zählt, bist du und diese schöne Stille und Ruhe in
deinem Inneren. Lass jetzt noch mehr los, entspanne
immer mehr und mehr, deine Beine, das Gesäß, die
Hüften. Lass in deinen Schultern und Armen los.
Erlaube dir, dass dieser Moment deinen ganzen Körper
entspannt. Du weißt, Entspannung ist kein Gedanke,
sondern ein Loslassen. Du machst das sehr, sehr gut.

– Jetzt stell dir vor, dass tiefe kraftvolle Wurzeln von
deinem Becken, deinen Beinen und Füßen aus in die
Erde hineinwachsen. Diese Wurzeln reichen bis ins
Innerste der Erde hinein und verbinden dich mit der
Kraft der Erde. Über diese Wurzeln fließen nun alle
Anspannungen in die Erde hinein, und du fühlst, wie
sich angenehme Wellen der Entspannung durch deinen
Körper bewegen. Es fühlt sich so wundervoll an, und du
hättest nie gedacht, dass es so einfach ist loszulassen.
Lass diesen Prozess des Loslassens noch eine Weile
weiterlaufen.

– Während du noch immer über deine Wurzeln mit der
Erde verbunden bist, stell dir vor, dass sich um dich
herum eine goldene Pyramide aufbaut. Diese Pyramide
gibt dir sicheren Schutz zu allen Seiten, und es fühlt
sich so angenehm an, unter einem solch mächtigen
Schutz zu stehen. Die Pyramide ist ein uraltes Symbol
für Schutz.

- Vielleicht kannst du nun auch beobachten, dass du nicht allein bist in deiner Pyramide. Deine Begleiter aus der Geistigen Welt, deine Engel und die Seelen von Menschen aus dem Jenseits, die dich bei der Entspannung begleiten wollen – sie alle sind hier mit dir in dieser Pyramide.

- Du bist komplett entspannt, und in dieser Entspannung verbindest du dich nun mit deinem Atem. Beobachte ihn, wie er ganz sanft durch deinen Körper strömt.«

- (Gib dem Channeler nun einige Momente Zeit, um einfach bewusst zu atmen und noch tiefer loszulassen.)

- »Lass nun den Atem frei weiterlaufen, ohne ihm deine Beachtung zu schenken. Jedes Mal ab diesem Moment, wenn du das Wort ›Jetzt‹ hörst oder sprichst, wirst du dich noch tiefer entspannen können. Beginne, mit mir gemeinsam innerlich oder laut von 10 bis 1 zu zählen. Mit jeder Zahl wirst du dich noch tiefer entspannen und loslassen können. Lass uns beginnen: 10 ... 9 ... 8 ... 7 ... 6 ... 5 ... 4 ... 3 ... 2 ... 1, jetzt.

- Und noch einmal 10 ... 9 ... 8 ... 7 ... 6 ... 5 ... 4 ... 3 ... 2 ... 1, jetzt. Und ein letztes Mal 10 ... 9 ... 8 ... 7 ... 6 ... 5 ... 4 ... 3 ... 2 ... 1, jetzt.

- Nun, da du dich in einer Tiefenentspannung befindest, bitten wir dein höheres Bewusstsein, deine Seele darum, dir einen Code zu zeigen, über den du in kürzester Zeit in eine Tiefenentspannung eintreten kannst, wann immer du dies möchtest. Dir wird nun in wenigen Momenten dieser Code gezeigt oder anders mitgeteilt werden. Es kann sich dabei um eine Zahlenfolge, um ein Symbol, ein Bild oder um ein Wort handeln. Denk nicht darüber nach, sondern lass den Entspannungscode nun zu dir kommen. Jetzt ... Hast du ihn? (Warte auf ein Feedback.) »Sehr gut. Du wirst dich an diesen Code erinnern können, wenn du in einigen Momenten wieder im Hier und Jetzt sein wirst.

– Ich werde nun von 1 bis 10 zählen, und wenn ich bei der 10 bin, wirst du wieder im Hier und Jetzt sein. Du wirst in der Lage sein, deine Augen zu öffnen, und du wirst dich so gut fühlen wie seit Langem nicht mehr.

– 1: Sieh jetzt noch ein letztes Mal deine Pyramide und deine Wurzeln, die in die Erde reichen. Spüre, wie reich beschenkt du bist und wie einfach es für dich war, dich zu entspannen.

– 2: Spüre die Energie und Wärme in deinem Körper, den Mut und die Kraft in dir. Spüre, dass du mit all deinem Sein immer mehr und mehr zurückkommst. Du kannst aber auch fühlen, dass sich etwas verändert hat. Du fühlst dich erfrischt und erholt.

– 3: Beginne jetzt, deinen Atem und deinen Körper bewusst zu spüren.

– 4: Atme tief ein und aus.

– 5: Spüre, wie gut es dir geht und wie sich ein breites Lächeln auf deinem Gesicht zeigt.

– 6: Atme noch mal tief ein ...

– 7: ... und tief aus.

– 8 und 9: Beginne, dich sanft zu bewegen.

– 10: Du bist wieder vollkommen im Hier und Jetzt und
  bereit, die Augen zu öffnen und dein Leben voll Freude
  und Dankbarkeit zu begrüßen.«

Wie du bemerkt haben wirst, ist diese Induktion etwas ausführlicher und bezieht auch den Entspannungscode mit ein. Codes können ein sehr kraftvolles Tool sein, wenn wir beim Channeln schnell und effektiv arbeiten wollen. Der Entspannungscode (wie auch der Quellcode, den wir noch kennenlernen werden) ist eine Abkürzung. Bei diesem Code geht es darum, möglichst schnell und einfach durch das Aufsagen des Wortes oder das Sehen des Zeichens in einen entspannten Zustand zu gelangen. Beispielsweise ist mein Entspannungscode eine Zahlenfolge aus vier Ziffern, und sobald ich diese innerlich aufsage oder vor meinem inneren Auge geschrieben sehe, gehe ich fast automatisch in einen entspannten Zustand über. Je häufiger du deinen Code einsetzt, umso kraftvoller wird er auf dich wirken.

Es kann sein, dass du deinen Code nicht auf Anhieb erhältst, was relativ selten vorkommt, aber definitiv auftreten kann. Manchmal erhält man ihn erst nach der Trance-Session, im Laufe des Tages oder in der Nacht. Ich frage als Guardian gern nach, ob der Code erhalten wurde, und wenn nicht, füge ich folgenden Satz in meine Instruktion ein: »Es ist absolut in Ordnung, dass du noch keinen Entspannungscode erhalten hast. Du wirst ihn in den kommenden 24 Stunden erhalten und wirst wissen, wenn du ihn erhältst. Du wirst ihn als solchen wahrnehmen und annehmen können.«

Wenn der innere Denker oder der Wächter, gleichzusetzen mit dem Verstand, zu stark ist, kann es sein, dass der Code auch dann nicht bewusst wird. Dann schlage ich vor, die ganze Session ein weiteres Mal durchzuführen.

Der Entspannungscode kann auch hervorragend dafür eingesetzt werden, um schneller in die tiefe Trance, die Voll-Trance zu
kommen, die nächste Ebene, die wir uns nun genauer anschauen
wollen.

Die tiefe Trance oder Voll-Trance

Dieser Zustand wird auch gern »Somnambulismus« genannt,
wobei dies eher das Phänomen des Schlafwandelns bezeichnet.
In beiden Bewusstseinszuständen kann sich die betroffene Person später an das Geschehen nicht erinnern. Kennzeichnend für
die Voll-Trance sind die völlige Ruhe und die Durchlässigkeit des
gesamten Systems. Noch mehr kann sich das menschliche Bewusstsein gar nicht öffnen, ohne dass die Seele den Körper verlässt. Der Atem verlangsamt sich, und es stellt sich eine starke
Regeneration auf körperlicher und mentaler Ebene ein. Das ist
auch der Grund dafür, wieso man sich nach diesem Zustand sehr
erholt fühlt, außer wenn dabei eine sehr starke oder wechselhaf-
te Energie gechannelt wurde. Es finden in diesem Zustand auch
oft Entladungen von Körperenergien statt, die dann zu leichten
bis heftigen Zuckungen führen können. So etwas kann bereits
auch in einer leichten oder mittleren Trance eintreten und ist ein
konkretes Zeichen dafür, dass sich der Körper und speziell das
Bindegewebe, das den gesamten Körper durchzieht, entspannen.
Meist sind es auch muskuläre Anspannungen, die gelöst werden,
sobald sich Körper und Geist tiefenentspannen.

Für mich ist es immer ganz spannend, am Ende vom Yoga-
Unterricht meine Schüler in Shavasana zu beobachten. Das ist
die letzte Übung einer jeden Yoga-Klasse, wo man sich einfach
auf den Rücken legt und entspannt. Natürlich treten meine
Schüler nicht in eine Voll-Trance ein, sondern erleben eher eine
sehr leichte Trance. Aber es scheint, dass die vorausgegangenen
Yoga-Übungen es dem Körper leichter machen, in der Ruhepo-

sition zu entspannen und loszulassen. Sehr häufig kommt es dann vor, dass bei einigen diese Zuckungen am Körper sichtbar werden. Auch die Aura dehnt sich zum Teil auf die drei- bis vierfache Größe aus und man kann sehr harmonische Farben erkennen. Das sind Momente, die mich mit so viel Glück erfüllen, weil ich sehen darf, wie sehr sich Menschen nach dem Yoga öffnen und fallen lassen können. Jede Anspannung fällt da von ihnen ab, und man kann nach dem Shavasana ein Leuchten in den Augen sehen, so als hätte sich das Licht der Seele aktiviert. In dieser Entspannung verlieren jegliche Probleme ihre Bedeutung, Beklemmungen lösen sich, und es breitet sich Harmonie aus. Schon allein aus diesen Gründen lohnt es sich, die Trance zu üben. Das Channeln stellt dann einfach nur einen weiteren Schritt dar, den man darin gehen kann.

Ich möchte dir unbedingt ans Herz legen, die Voll-Trance nur dann auszuführen, wenn es einen Guardian gibt, der dich darin begleitet. Nicht, dass irgendetwas Unangenehmes passieren muss. Es geht da vielmehr um den psychologischen Effekt. Man weiß, dass jemand auf einen aufpasst, und kann dadurch noch mehr entspannen und loslassen. Der Guardian muss dich nicht unbedingt in die Trance versetzen, aber diese Option gibt es auf jeden Fall auch, wie du bereits gesehen hast. Ich bevorzuge es immer, von meinem Partner Jeffrey in Trance versetzt zu werden, wenn ich vor Gruppen channele. Denn dann kann ich vollkommen passiv sein und es mit mir geschehen lassen, im Wissen, dass er da ist und eingreifen würde, wenn etwas Unvorhergesehenes passieren sollte. Ich habe auch schon beobachtet, dass die Geistige Welt es gar nicht zulässt, dass ich allein in eine Voll-Trance gehe, wenn ich mit Gruppen arbeite. Das ist das Schöne und so Berührende, wenn man mit diesen Wesenheiten zusammenarbeitet. Sie denken immerzu an das Wohl des Mediums und an das von allen am Channeling beteiligten Personen.

Eine Trance kann man insgesamt einfach nicht erzwingen. Ganz im Gegenteil: Das krampfhafte »Jetzt-unbedingt-channeln-Wollen« kann uns erfolgreich daran hindern, überhaupt zu entspannen. Vielleicht kennst du das auch: Irgendetwas ist passiert, was dich sauer und böse gemacht hat, und jemand empfiehlt dir, natürlich sehr mitfühlend, dass du dich doch beruhigen solltest. Bei mir persönlich trifft bei solch einer Empfehlung genau das Gegenteil ein. Ich rege mich noch mehr auf. Du solltest den Prozess der Trance also immer ruhig und gelassen angehen. Du blockierst dich selbst, wenn du mit exakten Vorstellungen über einen Erfolg an die Entspannung herangehst. Trance ist nichts anderes als eine vertiefte Entspannung, und du übst dies an jedem Tag deines Lebens, wenn du dich zum Schlafen ins Bett legst. Und wie könnte sich jemand überhaupt entspannen, wenn er ganz *gespannt* auf das Ergebnis des Channelings wartet?

Unsere Gedanken sind für viele Dinge in unserem Leben verantwortlich. Gedanken, die eine emotionale Ladung in sich tragen, sind noch stärker als andere. Wenn wir mit der Trance arbeiten, verstärken wir diese Gedankenenergie in eine bestimmte, von uns erwünschte Richtung: Wir wollen höhere Energien empfangen. Yogis, Mönche und Fakire wenden genau diese fokussierte Kraft an, um ihre »übermenschlichen« Taten zu vollbringen, wie Levitation oder astrales Reisen. In einem tiefen Entspannungszustand werden Worte und Bilder ins Bewusstsein eingegeben, die dann wiederum enorme Kräfte freisetzen und sogar zu körperlichen Veränderungen führen können. Nichts anderes tun wir, wenn wir für das Channeln in Trance gehen. Wir polen uns auf den Empfang von hochfrequenten Energien um.

Um alles, was in diesem Buch steht, wirklich vollumfänglich nutzen zu können, musst du umdenken. Wir sind auf einer Reise, die nach innen und in unsere Mitte führt. Gerade in unserer Zeit, in der Äußerlichkeiten die größte Bedeutung erlangt haben, kann ein Umdenken in die entgegengesetzte Richtung anfangs nicht so leicht sein. Doch wirst du sehr schnell an dir selbst erfahren, was es heißt, in der eigenen Mitte und bei sich zu sein, innere Harmonie gefunden zu haben und die eigene Kraft zu fühlen, die die Pforten zu höheren Energien zu öffnen vermag.

Trance-Hindernisse

Die Trance für das Channeln, ganz gleich in welcher Tiefe, eignet sich für alle Menschen, die den Wunsch haben, sich selbst als spirituelles und geistiges Wesen besser kennenzulernen und die eigenen medialen und sensitiven Anlagen zu verstärken. Denn das Channeln wirkt sich auf alle übersinnlichen Fähigkeiten positiv aus. Man kann es sich als eine Form von Booster vorstellen. Als Kanal für hochfrequente Energien erfährt man auch eine Verstärkung seiner sensitiven und medialen Fähigkeiten. Wenn du channelst, wird es dir auch viel leichter fallen, die Aura von Lebewesen zu sehen, und natürlich kannst du mit Verstorbenen kommunizieren oder Botschaften aus deinem Geistigen Team erhalten. Auch wirst du immer mehr ein Gefühl von Eins-Sein in dir wahrnehmen können, und die Grenzen des Gewöhnlichen auf der Erde werden sich für dich immer mehr auflösen.

Als channelndes Medium erfährst du vor allem so unglaublich viel Heilung für dich selbst, dass du es bald als himmlisches Geschenk ansehen wirst, mit höheren Ebenen verbunden zu sein. Die Grundvoraussetzung ist lediglich die innere Bereitschaft, sich in die Arme der Geistigen Welt fallen zu lassen. Und das heißt nichts anderes als entspannen zu können. Auch ein gewisses Maß an Fantasie und Vorstellungskraft ist notwendig: Es bildet die Brücke in andere Welten. Das größte Hindernis hingegen ist der feste Vorsatz, der egobehaftete Wunsch, jetzt sofort channeln zu wollen. Mit einer solchen Einstellung erreicht man meist nur das Gegenteil, dass nämlich gar nichts passiert. Entspannung und ein Wollen, das vom Ego ausgeht, stehen einander komplett konträr gegenüber. Eine gelassene innere Haltung und auch ein gewisser Humor sind hingegen förderlich.

Viele Menschen sehen im Channeln etwas sehr Ernstes und Schweres, wie ich persönlich das Channeln noch nie erlebt habe. Channeln und andere mediale Arbeiten können etwas sehr Leichtes, Beschwingtes und Humorvolles sein. Die Geistige Welt begegnet uns Menschen meist mit viel Liebe und Leichtigkeit. Daher lautet meine persönliche Empfehlung an dich, wenn du das Channeln übst, einfach loszulassen und sogar von dem Wunsch abzulassen, channeln zu wollen. Denn zu viel Wollen kann blockierend sein. Das gleiche Prinzip kommt auch bei Einschlafproblemen zum Zuge. Wer unbedingt einschlafen möchte, bewirkt mit solchen Gedanken nur eines: eine schlaflose Nacht!

Ist Channeln gefährlich?

Für mich ist die Frage, ob Channeln gefährlich sei, definitiv mit Nein zu beantworten. Die Angst hindert aber viele Menschen daran, in Trance zu gehen und sich dem Channeln zu öffnen. Natürlich kann alles, wenn es in falsche Hände gerät, für schlechte Zwecke missbraucht werden. In diesem Fall könnte das Channeln für das Medium eher zu einer unangenehmen Erfahrung werden, wenn niedere Energien angezapft werden und der Respekt vor dieser fortgeschrittenen spirituellen Praxis nicht vorhanden ist. Letztlich aber ist es gar nicht möglich, niedere oder sogar böswillige Energien zu channeln – gegen Ende des Buches werde ich darauf noch etwas genauer eingehen.

Channeln ist eine ausgezeichnete spirituelle Methodik, wenn es mit Sorgfalt umgesetzt wird. Dabei sind unbedingt einige

Punkte, die ich in diesem Buch beleuchte, zu beachten: Sie betreffen die Sicherheit des Mediums. Für mich steht das Wohlbefinden der channelnden Person immer über allem anderen. Um die gechannelten Wesen, die körperlos und menschlichen Bedingungen nicht ausgeliefert sind, müssen wir uns vordergründig nicht kümmern, aber um den Menschen, der channelt. Ich durfte schon Zeuge davon werden, wie Menschen, die körperlich und/oder psychisch sehr angeschlagen waren, gar nicht in den Trance-Zustand gebracht werden konnten. Es war fast so, als hätte die Geistige Welt dies verhindert, da das Channeln für diejenigen zu anstrengend geworden wäre. Das ist für mich absolut nachvollziehbar und zeigt wiederum, wie stark die Geistige Welt um uns bemüht ist. Das Channeln erfordert vom Medium eine gewisse körperliche und geistige Stabilität, weswegen ich mit sehr kranken oder psychisch labilen Menschen Trance-Arbeit nicht unbedingt mache.

Ausreichend Erdung

Vielleicht wird es dich erstaunen, aber Menschen, die über eine gute Erdung verfügen, sind meist die besseren Channeler. Dies hängt damit zusammen, dass sie von Haus aus viel ruhiger sind. Das beste Beispiel für mich ist Steven Upton, mein spiritualistischer Ausbilder im Trance Healing und eines der besten Trance-Medien überhaupt. Als Sohn einer Deutschen und eines Engländers hat er mit fünfzehn Jahren die Schule verlassen und später in der Luftwaffe gedient. 1971 besuchte er zum ersten Mal einen spiritualistischen Gottesdienst und schloss sich dieser Glaubensrichtung an. Mittlerweile hat er den Rang eines Ministers inne, das bedeutet, dass er taufen, Ehen schließen und Abdankungsfeiern leiten darf. Er hat sein ganzes Leben dem Trance-Heilen in mehreren Ländern Europas und in den USA gewidmet. Ich durfte ihn im Rahmen von mehreren Trance-Healing-Wochen am

Arthur Findlay College in England kennenlernen und von ihm lernen. Allein durch seine ruhige und klare Präsenz spürt man seine Erdung und die tiefe Entspannung, in der sich sein Geist befindet. Auch als Familienvater ist er komplett »auf dem Boden« geblieben. Man erfährt in seiner Anwesenheit eine wohltuende Ruhe.

Menschen, die zu wenig Erdung haben und eher »luftig« sind, tendieren dazu, innerlich unruhig und sogar ein wenig nervös zu sein. Ich bin und war eigentlich immer schon ein sehr lebendiger Mensch, dennoch habe ich es aber vor allem durch meine regelmäßige Yoga-Praxis geschafft, mich bewusst und auf Kommando entspannen und erden zu können, was für mich auch bedeutet, bewusst im Körper zu sein. Auch verbesserten sich durch das Yoga meine Erdung und die Harmonie im Energiesystem. Ich empfehle dir daher, wenn du es mit dem Channeln ernst nimmst, einen Weg für dich zu finden, deine Erdung zu vertiefen. Auch die folgende Übung hilft dir dabei.

Erdung

– Diese Übung erfordert nicht viel Zeit, kann aber, wenn sie regelmäßig ausgeführt wird, sehr wirkungsvoll sein. Nimm dir dafür nach dem Aufstehen ein paar bewusste Momente Zeit, und stell dich mit hüftbreit voneinander entfernten Füßen vor ein Fenster. Idealerweise ist das Fenster etwas gekippt, sodass du auch von der frischen Luft profitierst. Noch besser wäre es, die Übung draußen in der Natur zu praktizieren.

– Schließe nun die Augen, und spüre deinen festen Stand, den du über deine Füße zur Erde hast. Spüre, wie sich dein gesamtes Gewicht ganz gleichmäßig auf deinen Füßen verteilt.

- Stell dir nun vor, dass kraftvolle Wurzeln von deinen
  Füßen aus in die Erde hineinwachsen. Deine Füße
  werden von der Erde angezogen und haften dadurch
  ganz fest am Boden. Gleichzeitig spürst du, wie sich
  deine Wirbelsäule nach oben aufrichtet und dein
  Oberkörper weit und offen wird. Du bist nun aufge-
  spannt zwischen Himmel und Erde und atmest tief
  und bewusst bis in deine Fußsohlen hinein. Du spürst,
  wie sich deine Erdung verstärkt. Mit jedem Atemzug
  fühlst du dich etwas mehr geerdet und energetisiert.

- Nach ein paar Atemzügen kehrst du wieder zurück
  und genießt deinen Tag voller Erdung und Zentriert-
  heit.

Der freie Wille beim Channeln

Wie sieht es aber nun mit dem freien Willen in der Trance aus?
Ganz klar: Er ist gegeben. Jeder Mensch kann für sich entscheiden, wie weit und ob er überhaupt zum Zwecke der Kanalisierung von geistigen Energien in Trance gehen möchte. Außerdem
hat die in Trance befindliche Person immer die Gelegenheit, die
Trance abzubrechen. Nur in der wirklichen Voll-Trance geht das
nicht mehr. Wenn du so übst, wie ich es hier beschreibe, kann du
jederzeit die Trance unterbrechen, wenn du das wünschst.

In einer Voll-Trance hingegen ist man in einer Art Tiefschlaf
und damit nicht mehr bewusst handlungsfähig. Diesen Zustand
kann man aber nur erreichen, wenn bereits eine jahrelange Praxis
besteht. Ich sehe es als göttliche Fügung an, dass ich vor Jahren
zum Trance Healing geführt wurde, was mich lehrte, einzig und
allein durch die Führung aus der Geistigen Welt in Trance zu
gehen. Das war das beste Training, das ich hinsichtlich des Channelings hätte erhalten können.

Würde mich mein Partner nach einem Channeling in Voll-Trance nicht zurückbringen, würde ich wahrscheinlich eine ganze Weile in der Trance bleiben, bis ich irgendwann von allein wieder wach werden würde. Gefährlich ist das nicht. Es ist eher wie ein Schlaf, aus dem man von allein wieder erwacht. Ungünstig wäre eben nur, wenn man dabei in einer Umgebung ist, die störungsanfällig ist. Man legt sich zum Schlafen ja auch nicht »irgendwo« hin. Beim achtsamen Üben des Channelns ist also nichts zu befürchten. Und du brauchst auch keine Sorge zu haben: Eine Voll-Trance wird gar nicht so leicht erreicht. Und so wie ich hier im Buch die Übungen aufgebaut habe, führen sie dich meist nur in leichte oder mittlere Trance-Zustände, es sei denn, du hast eine Veranlagung dazu oder übst regelmäßig. Dann kann es in der Tat passieren, dass du in einen tieferen Trance-Zustand fällst. Mach dir während der Übungen aber keine Gedanken darüber, in welcher Tiefe der Trance du dich befindest. Das ist gar nicht wichtig, ausschlaggebend ist nur, inwieweit du wohltuende Energien kanalisieren und dich für höhere Heildimensionen öffnen kannst.

Der innere Wächter

Bei jedem Menschen ist die Fähigkeit, in Trance zu gehen, unterschiedlich stark ausgeprägt. Doch jeder kann sich mit höheren Bewusstseinsebenen und Energien verbinden, wenn er dies wünscht. Man muss einfach für sich selbst herausfinden, wie man den bewussten Verstand am besten beiseiteschieben kann, sodass Platz für neue Energien entsteht.

Wichtig ist dabei der innere Wächter, eine dem Ego zugeordnete Instanz. Er ist mit anderen Anteilen gemeinsam für unser Überleben, insbesondere dafür zuständig, zu entscheiden, was in unseren bewussten Verstand und in unser Herz hinein und was nicht hinein darf. Denn nicht alles könnten wir ertragen und verdauen. Damit ist er sehr wichtig für uns. Da der innere Wächter ein Teil vom Ego ist, bezweckt er allerdings immer, dass der Mensch ein Mensch bleibt. Das heißt ein Mensch, der Bedürfnisse, Wünsche und Triebe hat, die ihn ans Leben fesseln, an die irdischen Dimensionen. Unser innerer Wächter hat sich als irdisches Wirkprinzip im Laufe der Evolution entwickelt und hat definitiv seine Berechtigung, fürs Channeln jedoch kann er etwas hinderlich sein. Er möchte eigentlich auch gar nicht, dass man channelt. Das ist für das bloße irdische Dasein aus seiner Sicht nicht wichtig und erst recht nicht fürs Überleben.

Eine wichtige Schlüsselposition übernimmt er aber eben in Bezug auf die psychische Gesundheit. Er sorgt dafür, dass wir mit Erlebnissen, auch solchen, die traumatischer Natur sind, besser umgehen und sie geistig ertragen können. Der innere Wächter kann uns von erlebten Dingen und auch belastenden Menschen geistig distanzieren. Dafür wurde er ursprünglich auch installiert: Er schottet uns vor dem ab, was wir nicht hätten ertragen können.

Der innere Wächter kann nun auch dafür sorgen, dass das Channeln nicht funktioniert. Das heißt, wir sollten uns mit ihm auseinandersetzen und versuchen, ihn zu verstehen. Irgendeine Berechtigung und einen Grund für sein Dasein gibt es, und diesen gilt es herauszufinden. Vor allem auch dann, wenn du merkst, dass er immer wieder dazwischenfunkt. Dies tut er meist mit kritischen und destruktiven Aussagen, die dich von der medialen Arbeit fernhalten wollen.

Du solltest nicht denken, dass ich oder andere professionelle Channel-Medien keinen inneren Wächter haben. Ich habe einen, und er ist alles andere als still. Ich habe aber erkannt, dass der innere Wächter nicht ich ist. Viele Menschen können gar keine Unterscheidung zwischen sich selbst und dem inneren Wächter treffen. Für sie ist beides ein und dasselbe. Das, was du bist, ist aber ewig, liebevoll, voller Frieden und Gelassenheit. Und genau das kann man vom inneren Wächter nicht wirklich behaupten. Er ist kritisch, skeptisch, angstvoll und meist negativ. Er hat nichts mit dem zu tun, was du wirklich bist. Bereits diese Unterscheidung zwischen dir und dem inneren Wächter kann dir einen großen Entwicklungsschub in deiner medialen Arbeit verschaffen.

Ich beobachte, dass bei Menschen, die sich selbst als untalentiert im medialen und sensitiven Bereich beschreiben würden, ein wichtiges blockierendes Prinzip, ausgehend vom inneren Wächter, zum Zuge kommt. Sie verschließen sich mithilfe ihres inneren Wächters der Möglichkeit übersinnlicher Fähigkeiten, da sie fürchten, dass ihre irdische Welt zusammenbrechen würde, wenn sie die Entdeckung von etwas Größerem zuließen. Das heißt, sie halten an unserer physischen Welt fest und haben Angst davor, sich einzugestehen, dass es mehr gibt als diese. Diese Menschen können durchaus spirituell sein, aber in ihrem Inneren erlauben sie sich dennoch nicht, die Wahrheit, die sie eigentlich kennen, zu leben und in Besitz zu nehmen. Manchmal spielt da natürlich auch die Angst vor dem Versagen mit hinein.

Du siehst, die Strukturen des inneren Wächters können sehr komplex sein. Ich möchte dir daher wärmstens ans Herz legen, dich mit den Einstellungen deines inneren Wächters auseinanderzusetzen. Du wirst nicht nur in deiner medialen Arbeit davon profitieren, sondern auch in allen anderen Lebensbereichen.

Solange wir nicht in Voll-Trance sind, wird der innere Wächter aktiv bleiben. Wenn du in einer mittleren oder auch leichten Trance channeln willst, musst du mit ihm vertraut sein, damit es funktionieren kann.

Den inneren Wächter kennenlernen

– Zieh dich für zehn bis zwanzig Minuten an einen ruhigen Ort zurück, und stell sicher, dass du von außen nicht gestört werden kannst. Nimm eine bequeme Position im Sitzen ein, und schließe deine Augen. Beobachte für einige Momente die angenehme Bewegung deines Atems in deinem Körper. Spüre, wie sich Bauch und Brust harmonisch und im Einklang mit deinem Atem heben und senken, eine sanfte innere Bewegung, die dir guttut. Du bemerkst, dass auch dein Geist dadurch ruhiger wird und du innerlich mehr und mehr still wirst.

– Visualisiere nun, dass du in der Mitte deiner Brust eine Tür oder ein Tor hast, das direkt in dein Herz führt. Dort ist auch ein Sitz der Seele. Die Tür ist vielleicht verschlossen oder offen. Beobachte das einfach. Nun schau dich nach deinem inneren Wächter um. Ist da jemand in der Nähe der Tür oder des Tores zu sehen? Wenn ja, schau ihn dir genauestens an, spricht mit ihm, und frage ihn nach seinem Namen. Vielleicht entsteht sogar ein kleines Gespräch, und ihr lernt euch auf diese Art und Weise kennen.

– Wenn du keinen Wächter an deinem Herzenstor finden kannst, ist das auch okay. Dann empfehle ich dir, die Tür zu deinem Herzen zu öffnen und ein wenig zu »lüften«, so wie man das auch in alltäglichen Räumlichkeiten macht. Spüre, wie sich Weite, Freiheit und Frische in deinem Herzen bemerkbar machen.

– Nun verlässt du den Sitz der Seele in deinem Herzen und wanderst mit der Aufmerksamkeit zur Stirnmitte.

Auch dort siehst du eine Tür oder ein Tor. Wie sieht es aus? Ist es verschlossen? Siehst du einen Wächter? Wenn ja, ist es der gleiche Wächter wie am Tor deines Herzens?

- Auch an dieser Stelle: Beginne ein Gespräch mit dem Wächter und wenn es sich um einen neuen handelt, versuche, ein wenig von ihm zu erfahren. Er wird dir einiges über dich und die Funktionsweise deines Verstandes verraten können, wenn du genau hinhörst. Vielleicht gibt es auch von Situationen oder Erlebnissen zu berichten, die den inneren Wächter installiert haben. Denn als Kind hatten die meisten Menschen keinen inneren Wächter. Erst im Zuge des Erwachsenwerdens tritt er in Erscheinung.

- Vielleicht triffst du jedoch keinen Wächter an deiner Stirn, und auch das ist vollkommen in Ordnung. Es kann sogar sein, dass du gar keinen inneren Wächter hast. Denke daran, auch die Tore deines Geistes zu öffnen und frische Energie in den Kopf zu lassen. Genieße das Gefühl von Weite, Klarheit und Freiheit in deinem Geist, und kehre dann langsam wieder zurück ins Hier und Jetzt.

Der innere Wächter ist in der Tat weder böse noch unspirituell, aber er hat ein einziges Ziel und eine einzige Aufgabe im Auge: dich am Leben zu halten und an das Mensch-Sein und somit an die Evolution zu binden. Dank ihm haben sich Menschen weiterentwickeln können, allerdings ohne dabei beurteilen zu können, in welche Richtung. Der innere Wächter ist stark mit deinem Körper verwoben und richtet seinen Fokus auf weltlich-materielle Dinge.

Es gibt nur einen sinnvollen Weg: mit dem inneren Wächter Frieden schließen und ihn weder bekämpfen noch beschimpfen. Denn genau dies tun wir, wenn es mit der Entspannung nicht auf Anhieb klappt. Das nächste Mal, wenn dein Wächter sich in Gedanken wie »Ich kann das doch gar nicht« oder »Muss ich das denn jetzt unbedingt üben« zeigt, sprichst du einfach zu ihm und sagst: »Hallo, netter innerer Wächter, schön, dass du da bist. Ich erkenne deine wertvolle Arbeit an. Vielen Dank. Ich, als der Boss hier, beurlaube dich aber nun für die Dauer meiner Übungen. Vielen Dank für die Kenntnisnahme und auf Wiedersehen.« Das mag komisch klingen, aber es ist hocheffektiv. Sieh dich selbst als Herrin/Herrn in deinem Schloss an und den Wächter als einen Bediensteten, dem du Befehle erteilen kannst und der dann auch gehorcht.

Übrigens kann man sich diesen inneren Wächter sogar zunutze machen, wenn man mit ihm kooperiert. Beispielsweise habe ich ihm die Aufgabe erteilt, mich nach jeder Session mit Klienten das Geschehen auf bewusster Ebene vergessen zu lassen. Ich darf sehr viele Menschen aus allen Teilen der Erde begleiten und bin sehr dankbar, dieser wundervollen Tätigkeit nachgehen zu dürfen. Dennoch möchte ich die Themen, die diese Menschen mitbringen und die zum Teil sehr schwer und belastend sein können, nicht mit »nach Hause« nehmen. Da mein innerer Wächter dafür sorgt, dass ich sie vergesse, laufe ich nicht Gefahr, dass mich diese Themen, die ja nicht meine eigenen sind, belasten. Es funktioniert. Es ist in der Tat so, dass ich sehr vieles von den einzelnen Sitzungen vergesse. Meist kann ich mich dann aber, wenn ich den Klienten wiedersehe, an gewisse Einzelheiten der Session erinnern.

Zur weiteren Klärung:
die Bewusstseinsebenen

Manchmal könnte man den Eindruck bekommen, dass heutzutage fast jeder, der sich ein bisschen mit spirituellen Themen beschäftigt hat, behauptet, auch zu channeln. Es hat sich zu etwas etabliert, was man mal schnell eben machen kann, ohne sich tiefer mit der Materie beschäftigt zu haben. Meine Überzeugung ist ebenfalls die, dass jeder channeln kann, aber es braucht dafür doch eine gewisse Praxis und Übung, bis man es öffentlich anbieten und für andere praktizieren sollte. Vieles, was man heute als Channeln verkauft, ist in Wirklichkeit etwas komplett anderes. Als solches muss es weder schlechter noch besser sein, aber es sind einfach keine höheren Wesenheiten mit im Spiel, sondern es spricht meist das Unterbewusstsein oder Überbewusstsein der Person. Aus diesem Grund lass uns an dieser Stelle einmal genauer beleuchten, welche Bewusstseinsschichten wir Menschen überhaupt in uns tragen. Dazu verwende ich sehr gern das Beispiel eines Eisbergs.

Es gibt unterschiedliche Bezeichnungen für die einzelnen Bewusstseinsebenen, wie zum Beispiel Überbewusstsein, Wachbewusstsein, Unterbewusstsein oder Unbewusstes. Der bewusste Verstand, bei dessen Aktivität sich die Beta-Gehirnwellen zeigen, wird mit dem Wachbewusstsein in Verbindung gebracht, während das Unter- bzw. Unbewusste oftmals als Sitz der Emotionen bezeichnet wird. An der Illustration des Eisbergs siehst du, dass der Wachzustand nur rund 10 Prozent unseres Seins ausmacht. Die restlichen 90 Prozent sind »unter Wasser« und damit erst einmal ziemlich unsichtbar, es sei denn, man weiß sie zu beleuchten.

Obwohl die Existenz dessen, was jenseits des Wachbewusstseins vorhanden ist, bereits im antiken Griechenland anerkannt wurde, ist uns die genaue Struktur und Arbeitsweise von all den

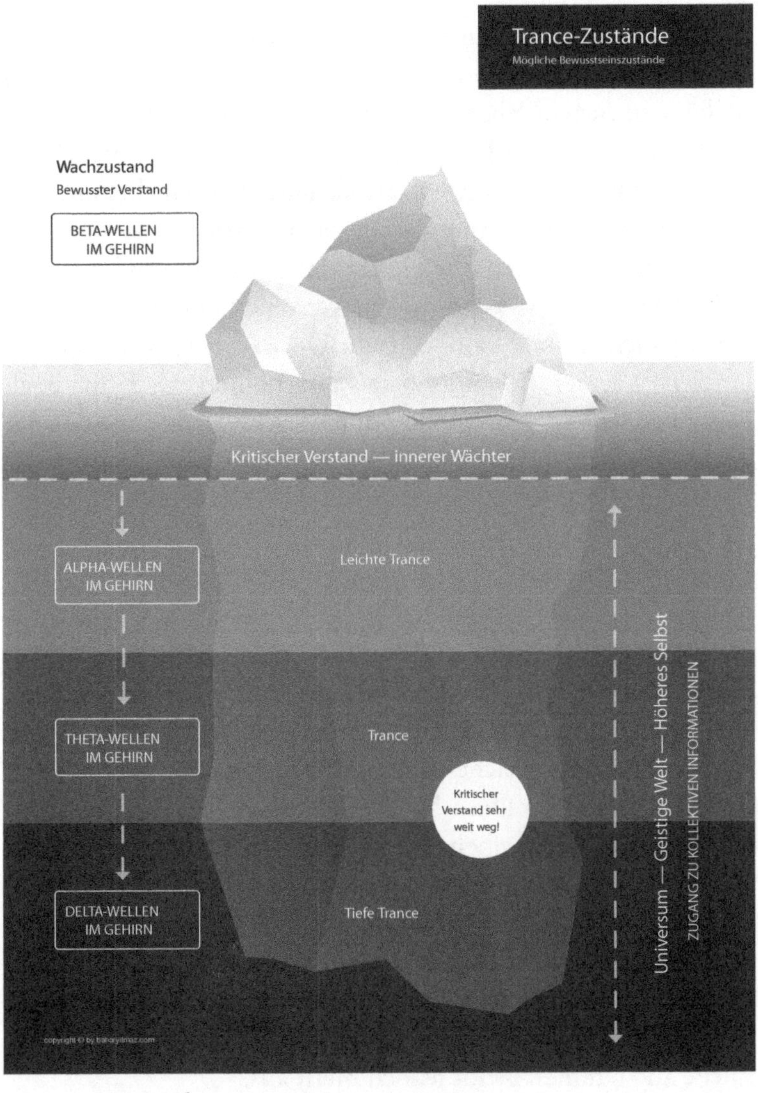

Wachzustand
Bewusster Verstand

> BETA-WELLEN
> IM GEHIRN

Kritischer Verstand — innerer Wächter

> ALPHA-WELLEN
> IM GEHIRN

Leichte Trance

> THETA-WELLEN
> IM GEHIRN

Trance

Kritischer Verstand sehr weit weg!

> DELTA-WELLEN
> IM GEHIRN

Tiefe Trance

Universum — Geistige Welt — Höheres Selbst
ZUGANG ZU KOLLEKTIVEN INFORMATIONEN

copyright © by trancymind.com

unter Wasser liegenden Ebenen nicht zu Gänze bekannt. Inzwischen weiß man aber, dass die überwiegende Zahl der heutigen Krankheiten seelische Ursachen hat. Umso erstaunlicher ist es, dass dies in unserem heutigen Gesundheitssystem so wenig beachtet wird. Besonders die Zivilisationserscheinungen wie Stress,

Burn-out, Unzufriedenheit oder Konsumzwang lösen weit mehr körperliche Beschwerden aus als allgemein angenommen. Und sie können sich zu lebensbedrohlichen Krankheiten entwickeln. Gerade deshalb ist es für uns so wichtig, das große Potenzial in uns zu entdecken und diese Kraft für unser körperliches und seelisches Wohlbefinden und das der Menschheit einzusetzen. Das Channeln von höheren Energien ist dafür hervorragend geeignet.

Den Übergang vom bewussten Verstand zum Unterbewusstsein ist nicht immer ganz einfach. Du hast bereits mit diesem inneren Wächter Bekanntschaft gemacht und wirst ihn noch besser kennenlernen, wenn du mit unterschiedlichen Ebenen der Trance arbeiten wirst.

Das Unterbewusstsein und das Unbewusste

Nachdem wir den kritischen Verstand hinter uns gelassen haben, können wir unter die Wasseroberfläche abtauchen. Im Unterbewusstsein, auf das wir dort stoßen, sind alle Erfahrungen und Empfindungen gespeichert, die wir jemals gehabt haben – von der vorgeburtlichen Phase bis zum heutigen Tag. Erinnern können wir uns nur an einen Bruchteil davon. Doch jede einzelne Erfahrung, sei sie positiver oder negativer Natur, beeinflusst unser Handeln, unser Empfinden und unser tägliches Leben und Sein, eben weil sie aus dem Unterbewusstsein heraus wirkt. Wer über die Trance Zugang zum Unterbewusstsein findet, kann Antworten auf viele Fragen erhalten. Eine Heilung, auf welcher Ebene auch immer, bleibt jedoch meist aus.

Das möchte ich gern näher erklären und vorausschicken: Ich persönlich arbeite eher ungern mit dem Unterbewusstsein, weil dort auch viele Dinge vergraben liegen können, die für unser seelisches Wohlbefinden nicht dienlich sind. Wenn wir schon über die Möglichkeit verfügen, mit einer höheren Essenz wie beispielsweise dem Höheren Selbst zu arbeiten, dann sollten wir dies auch tun. Das Unterbewusstsein ist wie der Keller in einem Haus. Und wie es meistens doch so ist, liegt im Keller alles drin, was man im Alltag nicht braucht und wahrscheinlich auch nie wieder brauchen wird. Viele Menschen, die mit dem Unterbewusstsein arbeiten, tun Folgendes: Sie drehen und wenden jeden einzelnen Gegenstand, der im Keller liegt, überlegen, ob sie ihn behalten, reparieren oder wegschmeißen sollten – und verlieren damit Unmengen an Zeit. Nichts anderes findet bei gewissen psychischen Therapieformen statt. Man schaut sich in mehreren Sitzungen die eigenen seelischen Themen an und kommt nur selten oder gar nicht an eine Lösung. Es geschieht keine Heilung.

Es gibt aber auch Methoden, das Unterbewusstsein von negativen Informationen mit einem Mal zu bereinigen, so wie die folgende. Sie stammt aus dem Transformational Reprogramming, einer Technik auf Basis der mentalen Umprogrammierung, des Matrix-Healing und des geistigen Heilens. Sie wurde von Jeffrey Kastenmüller, meinem Partner, ins Leben gerufen. Mentale Programme können damit umgeschrieben und das Unterbewusstsein gereinigt werden. Außerdem werden geistig hochschwingende Energiefrequenzen ins System geführt, sodass sich das Bewusstsein umstimmen kann. Dies scheint für die neue Zeit der Transformation äußerst wichtig zu sein.

Am besten lässt du dir diesen Meditationstext von deinem Übungspartner vorlesen, und später könnt ihr tauschen.

Löschen von negativen Informationen aus dem Unterbewusstsein

– Sobald du nun eine bequeme Position im Sitzen oder Liegen an einem ruhigen Ort eingenommen hast, können wir beginnen. Schließe ganz sanft deine Augen, und spüre für ein paar Momente dich selbst im Hier und Jetzt. Beobachte die Bewegungen in deinem Geist, deine Gedanken. Spüre den Körper in jedem einzelnen Teil.

- Ein angenehmes Gefühl von Entspannung und Ruhe breitet sich in dir aus, und du genießt es in vollen Zügen, bei dir und im Jetzt ankommen zu dürfen.

- Nun wollen wir eine Absicht für diese Meditation formulieren und diese sprechen. Dies kannst du im Stillen innerlich tun oder laut im Außen. Sprich mir Folgendes nach:»Im Hier und Jetzt trete ich mit vollem Bewusstsein in meine Schöpferkraft ein. Ich nehme mich in Liebe als ein göttliches und vollkommenes Wesen an. Das kosmische Licht der Schöpfung steht mir uneingeschränkt zur Verfügung, und mit diesem Licht lösche ich alle mir nicht dienlichen Informationen aus meinem Unterbewusstsein und anderen Bewusstseinsschichten. Alle Systeme arbeiten auf harmonische Art und Weise zusammen und stellen sicher, dass dies jetzt umgesetzt wird und aufrechterhalten werden kann.«

- Wir reisen nun jenseits von Zeit und Raum, jenseits von Denken und Wissen, an einen Ort absoluter Stille und unendlicher Weite auf unserer Erde – in die Wüste. Du bist jetzt dort mit all deinen Sinnen. Du kannst an dir herabblicken und die Kleidung und Schuhe, die du trägst, sehen. Du spürst die angenehme Wärme der Wüste und einen sanften Wind auf deiner Haut. Hier gibt es Freiheit, soweit das Auge reicht. Es fühlt sich gut an, hier zu sein, und du weißt, dass das ein ganz spezieller Ort ist, ein Ort, der Magie und Kraft in sich trägt.

- Hier und da glitzern die Sandkörner auf, und die Sonne über dir erstrahlt in ihrer vollen Pracht. Es gibt aber einen Punkt im Sand, der stärker strahlt als alle anderen und dich zu rufen scheint. Du fühlst dich magnetisch angezogen von diesem Lichtpunkt im Sand und läufst nun auf ihn zu.

- Je näher du zu diesem Punkt kommst, umso mehr kannst du erkennen, dass es sich gar nicht um einen Lichtpunkt oder um ein Sandkorn handelt, das Licht reflektierte. Es ist eine lichtdurchflutete Pyramide. Je näher du an die Pyramide herantrittst, umso mehr wirst du dir der Größe der Pyramide gewahr. Die Pyramide ist sehr groß, sie nimmt stolz einen erhabenen Platz in der Wüste ein.

- Du siehst, dass es dort eine Öffnung in der Pyramide gibt, die dir jetzt den Eintritt gewährt. Du gehst also in die Pyramide hinein und befindest dich in einem Raum mit sechs Ecken, ein Sechsstern, den man auch Hexagramm nennt. Über dir erstreckt sich ein wunderschöner blauer Himmel, was dich sehr erstaunt, da du doch im Inneren der Pyramide bist.

- In der Mitte des Sechssterns befindet sich eine kleine Sonne, ungefähr in der Größe von einem Handball. Du bewegst dich auf die Sonne zu und stellst dich direkt unter sie. Während sie sich nun zu drehen beginnt, löst sie ihre Kugelform auf und wird zu feinsten Lichtpartikelchen.

- Es fällt nun ein angenehmer Lichtregen auf deinen Körper. Feinste Lichtpartikelchen landen auf deiner Haut und beginnen sich jetzt mit deinen Bewusstseinsebenen zu verbinden.

- Das Licht verbindet sich mit deinem bewussten Verstand, und ein angenehmer Frieden in deinem Geist wird wiederhergestellt, im Hier und Jetzt und für die Dauer der Unendlichkeit. Die Lichtteilchen sorgen auch dafür, dass dein Unterbewusstsein befreit wird. Das Licht aktiviert in dir das Denken und das Sein im Licht der Schöpferkraft. Mit dieser Kraft und dem Licht der Pyramide erstrahlt dein Bewusstsein in seiner vollen Größe.

- Beobachte die Veränderung an dir – deine Muskulatur entspannt sich, die Energien beginnen zu fließen, die Informationen in deinem System ordnen sich, deine Nerven entspannen sich, und deine Zellen füllen sich mit unendlich viel Licht.

- Bleib, solange du möchtest, in diesem angenehmen Lichtregen der Pyramide, und komm erst dann wieder zurück, wenn sich in dir ein Gefühl ausbreitet, dass es vollbracht ist. Zum Zurückkehren nimm einige kraftvolle Atemzüge. Und gib dir anschließend ausreichend Ruhezeit, um die Meditation nachwirken zu lassen.

Diese Meditation entstand in Kooperation mit der Geistigen Welt und wurde mir während einer Trance-Healing-Session mit einer Klientin übertragen. Eine Art von Engelwesen zeigte sich mir und forderte mich auf, solch eine Meditation zu erschaffen, um die Energien im Menschen und im Bewusstsein zu ordnen. Den Feinschliff zu dieser Meditation lieferte dann die Methode des Transformational Reprogramming, die sich zum Beispiel auch der heiligen Geometrie bedient. Nun aber wieder zurück zu unserem Thema der Bewusstseinsfelder.

Neben dem individuellen Unterbewusstsein gibt es noch das kollektive Unterbewusstsein, das auch Familienkarma enthalten kann. Jeder von uns ist ein Teil davon, jeder von uns macht dieses kollektive Bewusstsein aus. Informationen aus dieser Ebene erhalte ich in meinen Aura Coachings (Näheres dazu in meinem gleichnamigen Buch) über das morphologische Feld, das unsere Verbindung zum Erd-Bewusstsein herstellt. Hier erhält man auch oft Informationen zu karmisch übertragenen Krankheiten, Lebensthemen und Talenten.

Das Unbewusste, das direkt auf das Unterbewusstsein folgt, ist eine tiefere Ebene dessen. Im Grunde sind beide sehr ähnlich – nur mit dem Unterschied, dass im Unbewussten viel ältere Daten liegen, entweder aus der Ahnenlinie oder aus früheren Inkarnationen oder Daseinsformen.

Um unser Unterbewusstsein und das Unbewusste zu beeinflussen, müssen wir unbedingt ihre Arbeitsweise berücksichtigen. Beide Ebenen urteilen nicht und nehmen negative und positive Eindrücke in gleicher Weise auf. Beide sind sehr auf das Wort fixiert, und am besten verstehen sie sehr einfache Sätze. Bilder prägen sich aber noch tiefer ein. Ich verwende sowohl für meine Klienten als auch für mich selbst sehr gern Affirmationen, um genau auf diese Ebenen zu kommen. Affirmationen sind Aussagen mit positivem Informationsgehalt, die man in das eigene System integrieren möchte. Besonders effektiv ist ihre Anwendung beim Einschlafen und/oder Aufwachen. Denn dann sind die Tore zum Unterbewusstsein geöffnet, und der innere Wächter kann nicht dazwischenfunken.

Je tiefer wir nun ins Wasser tauchen, umso mehr vertieft sich auch der Entspannungszustand. Wir lassen den bewussten Verstand immer mehr hinter uns. Dies hat zur Folge, dass sich innere Bilder aus der Geistigen Welt und spirituelle Erlebnisse zeigen können, was eine Stufe des Channelns ist und nicht mehr zum Bereich des Unbewussten gehört. Nun sind wir auch dem, was ich in unserem Kontext gern höchstes Bewusstsein nennen möchte, näher gekommen. Hier erhalten wir immer mehr Zugang zu unserer Seele.

Vielleicht mag es dich irritieren, dass wir den Weg nach unten nehmen, um das »Oben« bzw. den »Himmel« zu kontaktieren. Ich möchte dir erklären, wieso diese Darstellung sinnvoll ist. Wir können nur dann mit unserem wahren spirituellen Selbst, das eins ist mit dem Universum, in Kontakt treten, wenn wir uns von unseren menschlichen Motiven und Begrenzungen distanzieren. Dabei bleiben wir noch immer Menschen, nur mit dem Unterschied, dass wir unsere Feinstofflichkeit besser integrieren. Dies kann durch die Trance am einfachsten und besten geschehen. Je tiefer du die Treppe der Bewusstseinsebenen hinabsteigst, umso näher kommst du »Gott«. Je öfter du diese Reise machst, umso mehr und umso stärker wirst du »Gott« auch im Wachzustand spüren und leben können.

Ist es denn nicht so, dass all unsere Probleme genau dann aufkommen, wenn wir uns von unserer Essenz abwenden und aufhören zu leben, was wir in Wahrheit sind? Wir alle sind spirituelle Geistwesen, die eine menschliche Erfahrung machen.

Die Seele

Über den Begriff der Seele wird seit Ewigkeiten debattiert, immer wieder gibt es neue Definitionen. Für mich ist die Seele jedenfalls sehr viel mehr als das Unterbewusstsein. Sie ist nicht nur auf ein Leben begrenzt und existiert vollkommen jenseits von unseren menschlichen Aspekten. Sie stellt einen unberührten Anteil von uns dar, der nahezu gleichbedeutend ist mit dem All-Bewusstsein.

Wenn wir uns in einem tiefen Delta-Zustand bzw. einer tiefen Trance befinden, in der wir den Verstand völlig zur Seite schieben, haben wir den direktesten Zugang zu höheren Wesen, wir erhalten möglicherweise Wissen aus der Akasha-Chronik, auf jeden Fall aber aus der Geistigen Welt oder eben von der Seele. Es können dabei auch keinerlei Einflüsse aus dem Unter- oder Unbewusstsein mehr aufkommen. Meiner Meinung nach ist diese Bewusstseinsebene die beste, um höhere Energien zu channeln, egal ob zum Zwecke der Heilung oder zur Übermittlung von Botschaften.

In den Bereichen jenseits des Unbewussten liegt der Zugang zur Geistigen Welt, zu den Engeln, dem eigenen Höheren Selbst, den eigenen Seelenanteilen und anderen höheren Dimensionen, die wir uns noch genauer anschauen werden. Du kannst dies auch Überbewusstsein nennen oder höheres Bewusstsein.

Zur Abgrenzung: andere spirituelle Techniken

Nun, da wir uns einen gewissen Überblick über die unterschiedlichen Bewusstseinsebenen verschafft haben, können wir näher beleuchten, welche spirituellen Praktiken, die heutzutage gern angewandt werden, auf welchem Level erfolgen. Dies einschätzen zu können ist auch für das Channeln wichtig.

Reinkarnationstherapie

Meine älteste Schwester ist Reinkarnationstherapeutin und hat schon einige Male Rückführungen an mir praktiziert. Ich finde dieses Thema extrem spannend und habe mich bereits intensiv damit beschäftigt. Denn in meinen Channel- und Healing-Sessions kommt es sehr häufig vor, dass Menschen in der Anfangsphase der Trance einen Abstecher in frühere Leben machen. Meist finden wir dort dann auch ein paar Schlüsselinformationen, die den Prozess der Heilung beschleunigen. Dieser Eintritt in frühere Leben wird aber nie bewusst indiziert, sondern es ist das Höhere Selbst der Person, das beschließt, dass etwas aus einem früheren Dasein noch angeschaut und durchlebt werden soll.

Bei einer expliziten Rückführung wird der Klient vom Therapeuten in eine Trance versetzt, die sich ungefähr im Bereich der Alpha- und Theta-Gehirnwellen befindet. Je nach Methodik und auch entsprechend der inneren Bereitschaft des Klienten kann man auch noch tiefer gehen und direkt die Seele kontaktieren. Das tun aber die wenigsten Rückführungstherapeuten. Meist bleibt man im Bereich des Unter- bzw. Unbewussten und sucht Informationen und Erlebnisse aus diesem oder früheren Leben, die heute einen (meist negativen) Einfluss auf das Leben des Klienten haben. Ich denke, dass diese Therapie wirklich erfolgreich sein kann, wenn die Methodik professionell angewandt wird und der Klient eine gewisse spirituelle Offenheit mitbringt.

Jenseitskontakte

Bei den Rückführungstherapien wird der Klient in einen veränderten Bewusstseinszustand versetzt. Ganz anders ist es bei einem Jenseitskontakt oder auch einem Trance Healing, zu dem wir gleich noch kommen werden. Dort übernimmt der Therapeut bzw. das Medium den aktiven Part, und der Klient ist Empfänger der Botschaften und der Heilungsenergie.

Der Jenseitskontakt, ein wichtiger Teil meiner Arbeit als Medium, gehört zu den spirituellen Praktiken aus der Tradition des englischen Spiritualismus. Die Medialität dort hat eine lange Geschichte und kann auf Ereignisse in Hydesville zurückgeführt werden, wo die Geschwister Fox 1848 mit einem Geistwesen über Klopflaute in Kommunikation traten. Die Lehre vom Kontakt zu Geistwesen, den man auch Spiritismus nennen kann, gab es aber schon früher und in anderen Kulturen. In England ist er zu einer anerkannten Religion geworden, die eben Spiritualismus genannt wird. Einen wichtigen Teil ihrer Arbeit stellen die Jenseitskontakte dar, bei denen das Medium zu einer verstorbenen Person Kontakt aufnimmt. Dieser Kontakt wird vom Medium in einem sehr leichten Trance-Zustand hergestellt, wobei es meist zu einer starken Alpha-Aktivität im Gehirn kommt. Das Medium richtet seinen Fokus auf das Jenseits. Man kann sich dies wie eine Art von Brücke vorstellen, die vom Medium aus zum Verstorbenen aufgebaut wird. Über diese Verbindung können dann Botschaften und Nachrichten aus dem Jenseits übermittelt werden, um den Hinterbliebenen Heilung und Trost zu schenken. Ein Jenseitskontakt kann sehr hilfreich sein, wenn es ungelöste oder ungeklärte Themen in den Beziehungen gibt. Diese Schwierigkeiten können in den meisten Fällen über die Verbindung ins Jenseits gelöst werden.

Fälschlicherweise denken viele Menschen, dass man bei einem Jenseitskontakt die Verstorbenen in unsere Welt hineinholt. Diese falsche Annahme gründet darin, dass man von zwei getrennten Welten ausgeht, was in unserem menschlichen Denken ja in der Tat so ist. Aber eigentlich gibt es diese Trennung zwischen Dies- und Jenseits gar nicht. Wir sind immer miteinander verbunden, mit unseren geliebten Verstorbenen ebenso wie mit anderen Geistwesen. Das Medium, das den Jenseitskontakt herstellt, macht lediglich dieses Eins-Sein beider Welten für uns hör- und spürbar.

Um einen Jenseitskontakt erfolgreich durchzuführen, ist es nicht notwendig, dass das Medium in eine mittlere oder tiefe Trance versetzt wird. In einer leichten Trance oder einfach in einem entspannten Zustand bleibt der bewusste Verstand präsent, und so können die Botschaften auf geistig-mentaler Ebene vom Medium aufgenommen und so »verpackt« werden, dass es für die Hinterbliebenen verständlich und nachvollziehbar wird. Natürlich könnte man auch eine verstorbene Person direkt channeln, das heißt durch das Medium hindurch sprechen lassen. Dies erfordert aber unbedingt eine tiefere Trance, der bewusste Verstand des Mediums sollte zumindest teilweise ausgeschaltet sein. In den meisten Fällen bevorzugt man hingegen einen Jenseitskontakt im bewussten Zustand, da es auch wichtig ist, dass das Medium eine betreuende und tröstende Funktion gegenüber dem Klienten einnehmen kann. Wäre es in tiefer Trance, könnte es dies natürlich nicht.

Ich persönlich führe nur in den allerseltensten Fällen einen Jenseitskontakt in Voll-Trance aus, aber es passiert immer wieder mal, dass sich während eines Channelings eine verstorbene Person meldet. Dazu ein Beispiel: Eine meiner Klientinnen litt so stark unter Rückenbeschwerden, dass sie sich manchmal über mehrere Tage gar nicht aus dem Bett herausbewegen konnte. Wir suchten in einem Channeling über mich den Kontakt zu ihrem Höheren Selbst, im Wissen, dass das Höhere Selbst alles heilen und auch die Hintergründe klären kann. Nachdem ich von Jeffrey in Trance versetzt worden war, kam als Erstes die verstorbene Mutter meiner Klientin durch und erzählte, dass die Rückenschmerzen ihre Ursache darin hatten, dass dem noch lebenden Vater nicht vergeben worden war. Ich wusste nichts davon, dass das Verhältnis zwischen meiner Klientin und ihrem Vater ein sehr schlechtes war und dass sie sich fast gar nicht mehr begegnen konnten. Meine Klientin hatte schmerzvolle Erfahrungen aus ihrer Kindheit vollkommen verdrängt. Die verstorbene Mutter, die beim Channeling unerwartet auftrat, bat meine Klientin innigst darum, dem Vater zu vergeben. Er hätte es einfach nicht besser gewusst. Ihre Vergebung könnte ein familiäres Karma, das auch die Kinder meiner Klientin beeinflussen würde, komplett löschen. Meine Klientin folgte den Ratschlägen ihrer Mutter und war nach kürzester Zeit komplett von ihren Rückenschmerzen geheilt. Dies ist ein Erlebnis aus meiner Arbeit, das mir zeigt, dass manche Dinge, gerade wenn sie nicht ganz nach Plan laufen, einfach perfekt sein können.

An dieser Stelle möchte ich dich zu einem kleinen Einblick ins Jenseits einladen, zu einer stark vereinfachten Form des Jenseitskontakts. Bei der folgenden Partnerübung ist es wichtig, dass du mit einer Person arbeitest, die du nicht so gut kennst. Vor allem geht es darum, dass du über wenige bis gar keine Informationen über verstorbene Verwandte oder Freunde dieser Person verfügst. Je weniger du bewusst oder auch unbewusst weißt, umso besser und effektiver kann eine Verbindung aufgebaut werden. Es ist wichtig, deinen Übungspartner vorab darüber zu informieren, dass kein professioneller Jenseitskontakt hergestellt wird, sondern dass du dich lediglich in der Übungsphase befindest und es sein kann, dass der Kontakt nicht auf Anhieb stattfindet. So verhinderst du, dass falsche Hoffnungen aufkommen.

Ein Blick ins Jenseits

– Zieh dich mit deinem Übungspartner an einen ruhigen Ort zurück, wo ihr für eine Weile ungestört sein könnt. Nimm dir für einen kurzen Moment Zeit, die Augen zu schließen und ein paar tiefe Atemzüge zu tun. Entspann dich, und lass mit jedem Ausatmen noch mehr los.

– Sprich nun eine Intention, die das Anliegen dieser kleinen Übungssession bekannt macht, beispielsweise mit folgenden Worten: »Ich öffne mich jetzt für einen heil- und respektvollen Kontakt ins Jenseits, um der anwesenden Person Botschaften aus der Geistebene zu übermitteln, sodass im Diesseits und im Jenseits Heilung geschehen kann.«

– Nun fasse die Hände des anderen, und verbinde dich mit ihm. Spüre seine Hände in deinen, und atme entspannt weiter. Lass die Augen geschlossen, und

stell dir vor, dass du am Eingang zu einem lichtdurch-
fluteten Tunnel stehst. Alles, was du sehen kannst,
ist Licht, und es fühlt sich schön an, hier zu sein.

– Warte einfach, bis etwas geschieht. Es kann sein, dass
schon nach kürzester Zeit eine Person oder Umrisse
einer Person im Licht des Tunnels für dich erkennbar
werden. Vielleicht kannst du schon ganz konkrete
Dinge an der Person erkennen, die Körpergröße, das
ungefähre Alter oder die Gesichtszüge. Vielleicht bleibt
das Bild verschleiert, aber du kannst Gefühle und
Eindrücke in dir fühlen. Die Geistige Welt kommuniziert
in den meisten Fällen über Gefühle und innere Bilder.

– Es geht nun nicht darum, alles zu benennen und
auszusprechen, was du siehst oder fühlst. Wenn dir
aber danach ist, kannst du dem anderen ein wenig vom
Erlebten erzählen und dich mit ihm austauschen.
Zugleich könnt ihr einfach im Spüren dessen bleiben,
was bei diesem Jenseitskontakt passiert.

Vielleicht hast du bereits bei dieser kleinen Jenseitsübung spüren
können, wie sich dein innerer Zustand verändert und auf eine
konzentrierte Entspannung verlagert hat. Auf der einen Seite
warst du entspannt, auf der anderen Seite auch fokussiert. Die
Geistige Welt hilft uns dabei, Gedanken aus unserem Geist besser und leichter verbannen zu können, wenn wir uns mit dem
Jenseits verbinden. Das sollten wir uns auch bewusst machen.
Wir müssen als Medien nicht alles selbst tun. Die Geistige Welt
hat ein großes Interesse daran, durch uns Menschen als Medien
zu wirken, sei es über einen Jenseitskontakt oder auch ein
Trance Healing.

Trance Healing

Das Trance Healing entstammt genauso wie der Jenseitskontakt der Tradition des englischen Spiritualismus und weist sehr viele Parallelen zum Channeln auf. Die Methode basiert darauf, dass Energie aus der Geistigen Welt über einen entsprechenden Kanal, ein Medium, auf eine Person, die der Heilung bedarf, übertragen wird. Ich bin dem Trance Healing das erste Mal am Arthur Findlay College in England begegnet, der bekanntesten und renommiertesten Schule für Medialität in Europa. Dort durfte ich am eigenen Leib erleben, wie sich nach nur einer Trance-Healing-Sitzung mit Steven Upton, meinem Trance-Healing-Lehrer, bei mir Heilung einstellte. Ich litt zu diesem Zeitpunkt schon sehr lange unter Hör- und Tinnitusbeschwerden, die der westlichen Medizin ein Rätsel waren. Das Trance Healing gab mir meinen Hörsinn komplett zurück, und der Tinnitus hörte auf.

Im Trance Healing ist die Zusammenarbeit mit der Geistigen Welt das wichtigste. Das Medium wird mit ihrer Hilfe in eine mittlere bis tiefe Trance versetzt (Theta- bzw. Delta-Bereich), in der die eher störenden Bewegungen des bewussten Verstands fast gänzlich ausgeschaltet sind. Somit kann das Medium als perfekter und reiner Kanal für die Energie aus der Geistigen Welt fungieren. Jedes Trance-Medium verfügt über ein Spezialteam an Geistführern und anderen geistigen Wesen, die dann die Heilung am Klienten vollziehen können.

So effektiv das Trance Healing auch ist, es kann leider nicht alles heilen, vor allem dann nicht, wenn ein gewisses Leiden im Seelenplan angelegt ist und somit die Seele darüber entscheidet, ob geheilt werden darf oder nicht. Mir ist es wichtig, hier deutlich zu machen, dass die Seele, von der gesprochen wird, du selbst bist. Da ist also keine richtende Instanz oder dergleichen, die bestraft oder belohnt. Alles geschieht aus einem einzigen Grund: Die Seele möchte sich weiterentwickeln. Leider benötigt der Mensch dazu manchmal auch Leid und Schmerz, denn sie sind die Faktoren, die unsere Entwicklung boosten und uns am stärksten für Veränderungen öffnen können.

Das Trance Healing, das auch meinem zweiten Buch den Titel gab, ist für mich ein wundervolles Mittel, um eine liebevolle und enge Verbindung zur Geistigen Welt aufzubauen. In meinen Ausbildungen können meine Schüler davon auf vielfache Weise profitieren. Sie lernen einen professionellen und sicheren Umgang mit der Trance und der Geistigen Welt. Die medialen und feinfühligen Talente werden verstärkt, und die eigene Schwingung wird erhöht. Das Wichtigste dabei ist natürlich, dass man lernt, wie man sich selbst oder anderen Menschen Heilung zukommen lässt. Für weitere Informationen diesbezüglich empfehle ich dir einen Besuch auf meiner Homepage.

Hier in diesem Buch möchte ich dir zumindest die Erfahrung einer simplen Form des Trance Healings ermöglichen. Dafür wird wieder ein Übungspartner benötigt.

Trance Healing

– Ziehe dich mit deinem Partner an einen ruhigen und geschützten Ort zurück. Es ist diesmal äußerst wichtig, dass jegliche Störquellen wie Telefon oder Klingel ausgeschaltet sind. Denn es kann für das in Trance befindliche Medium sehr unangenehm sein, aus der Tiefenentspannung herausgerissen zu werden.

– Als Medium setzt du dich nun schräg hinter die andere Person, sodass du ganz einfach und sanft die Hand an ihrem oberen Rücken ablegen kannst. Wichtig ist dabei, dass du deinen Arm auf einer Stuhllehne oder dergleichen abstützen kannst. Denn den Arm für die Dauer des Trance Healings zu halten, könnte anstrengend werden und deine Trance stören.

– Sobald ihr beide eine bequeme Position eingenommen habt und deine Hand am Rücken oder auch an der Schulter des Partners liegt, beginnt das Trance Healing. Du als Medium schließt die Augen und nimmst ein paar bewusste und tiefe Atemzüge. Der Übungspartner kann für die Dauer der Session ganz entspannt die Augen schließen und beobachten, was die Energie mit ihm macht und in ihm auslöst.

– Nach ein paar bewussten Atemzügen wirst du als Medium ein gewisses körperliches Phänomen, einen feinen Impuls am Körper wahrnehmen können – ein Zeichen für die Kontaktaufnahme aus der Geistigen Welt und die Verbindung zu deinem Geistführer oder einem anderen geistigen Wesen. Es kann ein Druck auf der Brust, ein Ziehen am Hinterkopf oder Nacken, ein Kribbeln am Scheitel oder ein ganz anderes Zeichen am Körper oder einfach nur ein Gefühl sein. Beobachte das für einen Moment, nimm es wahr, und dann lass diese Empfindungen los. Du löst deine Aufmerksamkeit von diesen Empfindungen, auch wenn sie noch da sind. Das ist ein wichtiger Schritt, um dich jetzt von der Geistigen Welt in eine Entspannung führen lassen zu können. Wie tief deine Entspannung ausfallen wird, hängt von den Beschwerden deines Partners ab. Gewisse Themen verlangen vom Medium einen tieferen Trance-Zustand, andere wiederum nur einen leichten. Das braucht dich als Medium nicht zu interessieren. Du lässt im Vertrauen auf die Geistige Welt einfach geschehen.

– Nach einer gewissen Zeit, etwa zehn bis zwanzig Minuten, wirst du merken, dass sich etwas verändert. Du wirst spüren, dass du dich leichter und wacher fühlst und allmählich immer mehr in den Wachzustand zurückkehrst. Dies ist das Zeichen, dass das Trance Healing beendet ist und sich die Geistige Welt von dir löst.

- Deine Hand kann sich nun wieder vom Körper des Partners lösen, und du erlaubst dir, mit ein paar bewussten Atemzügen ins Hier und Jetzt zurückzukehren. Lass dir dabei unbedingt Zeit.

- Nach dem Trance Healing kannst du dich mit deinem Übungspartner darüber austauschen, was er gespürt hat. Im Trance Healing sollte es nie um die Empfindungen des Mediums gehen, denn nicht diese sind in erster Linie wichtig. Es geht darum, dass das Medium komplett loslassen kann und einfach »nichts« spürt, dass es in dieses angenehme »Nichts« abtaucht.

Wie bereits angedeutet, ist das Trance Healing eine wundervolle Heilmethode in Zusammenarbeit mit der Geistigen Welt, jedoch hat es auch Grenzen, die man berücksichtigen muss. Auf der Suche nach einer absoluten Lösung für alle Beschwerden und Leiden meiner Klienten bin ich auf einen Weg gestoßen, über den sich Menschen mit ihrer absoluten Essenz verbinden können. Ich nenne ihn Higher Self Healing. Diese spirituelle Technik der Rückverbindung der Menschen mit ihrem Höheren Selbst ist stark verwandt mit dem Channeln. In beiden Fällen ist es erforderlich, einen Zustand der mittleren bis tiefen Trance einzunehmen und den bewussten Verstand fast gänzlich zur Seite zu schieben. Erst dann können sich die Tore zu unserem All-Bewusstsein öffnen, das die Lösung aller unserer Probleme kennt und unmittelbare Heilung vollziehen kann. Ich durfte im Rahmen dieser Sessions, bei denen ich den Klienten in Trance versetze und mit dem Höheren Selbst verbinde, solche Wunder erleben, dass es für mich jedes Mal einfach nur berührend ist. Ich denke, es gibt nichts Heilvolleres, als mit der eigenen Göttlichkeit verbunden zu werden und Antworten auf Lebensthemen zu erhalten, die gerade wichtig sind. Das Höhere Selbst spricht in den meisten Fällen fast ausschließlich durch die Person selbst und kann nur selten durch eine andere Person gechannelt werden. Wenn ich versuche, das Höhere Selbst einer Person zu channeln, kommt in etwa 80 Prozent der Fälle ein anderes Wesen durch, das allerdings fast die identischen Informationen wie das Höhere Selbst durchgeben kann. Ich werde später noch auf diese Heilmöglichkeit eingehen, und du wirst die Methode auch praktisch erfahren können.

Lesen in der Akasha-Chronik

Zuletzt möchte ich noch das Phänomen des Lesens in der Akasha-Chronik beleuchten. Was genau ist die Akasha-Chronik? Man kann sie sich wie eine Datenzentrale oder ein allumfassendes Weltengedächtnis vorstellen, das von einem »Rat der Weisen« gepflegt und überwacht wird. Der Begriff *Akasha* stammt aus dem Sanskrit und bedeutet »Himmel« oder »Äther«. In dieser Chronik werden alle Informationen gespeichert, die aus dem Universum stammen. Dazu gehören jegliche Inkarnationen aller Wesenheiten, die sich irgendwo im Universum manifestierten. Dort findet man auch die früheren Leben von jedem einzelnen Menschen auf der Erde und alles Karma, das in diesem Zusammenhang erschaffen wurde. Die Akasha-Chronik ist somit eine Informationsebene aus göttlicher Quelle, die nicht direkt das kosmische Leben selbst, sondern ein Abbild dessen darstellt. In ihr ist alle Information enthalten, die je entstand: alle Information seit Entstehung der Schöpfung, über alle Abläufe in allen Universen, über alle einzelnen Lebewesen und alle Völker in ihren Handlungen, Beziehungen, ergriffenen und versäumten Möglichkeiten.

Der Rat der Weisen, der auch darüber entscheidet, wer Zugang zur Akasha-Chronik erhält und wer nicht, ist ein Gremium hoch stehender Wesen, die für die Entwicklungen im Kosmos Sorge tragen. Sie greifen immer dann ins Geschehen ein, wenn es erforderlich ist. In Channelings durfte ich schon einige Male Mitgliedern dieses Rates begegnen, die ein sehr humanoides Aussehen haben. Im Gegensatz zu uns Menschen sind sie aber beispielsweise nicht in der Lage, Karma zu erzeugen.

Wie sieht es nun mit dem Lesen in der Akasha-Chronik aus, und was sind die Unterschiede zum Phänomen des Channelns? Die Akasha-Chronik ist kein Buch, in dem man einfach mal lesen kann. Sie ist für uns Menschen erst einmal unsichtbar, da sie ein Teil der feinstofflichen Wirklichkeit ist. In diese Welt können wir aber eintauchen, wenn wir in die Ebenen der mittleren bis tiefen Trance hinabsteigen. Während beim Channeling die Intention auf der Kanalisierung von einem speziellen Wesen oder einer bestimmten Energie liegt, passiert beim Lesen in der Akasha-Chronik etwas komplett anderes. Sofern es uns der Rat der Weisen erlaubt, in der Chronik zu lesen, geht es erst einmal darum, in Trance zu gehen und die Intention darauf zu setzen, einen Zugang zur Akasha-Chronik zu erhalten. Meist haben Menschen nur dann diese Möglichkeit, wenn sie entweder selbst in einem oder mehreren Seelenaspekten ein Mitglied des Rates sind oder der Rat der Weisen ein Interesse daran hat, dass Informationen aus der Chronik über diese Person weitergegeben werden. Heute passiert es immer seltener, dass Menschen diesen Zugang erhalten, da es bereits öfter dazu kam, dass die empfangenen Botschaften missverstanden oder missbräuchlich verwendet wurden. Akasha-Informationen sind teilweise sehr schwer verständlich, weil sie sehr oft die menschliche Kapazität des logisch linearen Begreifens übersteigen. Oft fehlen auch einfach die Worte, die richtigen Begriffe, um einen gewissen Sinnzusammenhang wiederzugeben.

Ich möchte dir mit folgender Meditation die Möglichkeit geben, dich mit dem Rat der Weisen und möglicherweise auch mit der Akasha-Chronik zu verbinden. Wie viel dir dabei offenbart werden wird, kann ich nicht sagen. Dennoch ermutige ich dich, diese Meditation mit einem offenen Gemüt und einem leichten Herzen zu praktizieren. Sie kann ein Türöffner für viele spirituelle Wege sein.

Eine Reise zum Rat der Weisen

- Zieh dich an einen ruhigen Ort zurück, an dem du vom Außen nicht gestört werden kannst. Mach es dir auf einem Stuhl bequem, und fixiere deinen Blick auf einen Punkt schräg vor dir auf dem Boden. Spüre, wie die Schwerkraft auf deinen Körper wirkt und ihn zwingt loszulassen und zu entspannen. Spüre, wie sich deine Fußsohlen in die Erde hineinbohren und du dich vollkommen geerdet fühlst. Gleichzeitig spürst du die Länge in deiner angenehm aufrechten Wirbelsäule und wie der höchste Punkt deines Scheitels nach oben strebt.

- Du atmest ruhig, und jedes Ausatmen entspannt dich noch tiefer und lässt dich noch mehr in deinen Stuhl hineinsinken. Langsam beginnen auch die Augenlider schwer zu werden, und du kannst spüren, wie sich die Geistige Welt dir nähert. Gern kannst du sie dazu einladen, sich mit dir zu verbinden, oder du wartest einfach ab. Denn die Geistige Welt kennt deine Intention, und es braucht eigentlich von deiner Seite aus keine aktive Anrufung.

- Nun nimmt die Geistige Welt Verbindung mit dir auf, und du kannst einen Zug am Hinterkopf oder ein anderes physisches Phänomen wahrnehmen. Sobald du dies spürst, löst du dich geistig von diesem Gefühl.

– Sieh nun vor deinem inneren Auge, wie du inmitten einer Wüste stehst und sich ein paar Schritte von dir entfernt ein Zelt aus dem Sand erhebt. Du fühlst dich von diesem Ort wie magnetisch angezogen und gehst Schritt für Schritt darauf zu. Nun stehst du direkt vor dem Zelt, und als hätte man dich bereits erwartet, wird der Vorhang am Eingang für dich wie durch eine unsichtbare Hand zur Seite geschoben. Du trittst hinein und befindest dich nun inmitten einer Versammlung der unterschiedlichsten Menschen und Wesen, die über ein bestimmtes Thema zu diskutieren scheinen. Dies ist eine Versammlung des Rats der Weisen. Nimm nun an einer freien Stelle im Zelt Platz, und lausche der Konversation. Meistens handeln die Gespräche von spirituellen Themen, die Gott und die Welt betreffen. Vielleicht gibt es aber auch konkrete Botschaften für dich. Versuche all die Dinge, die gesagt werden, in dich aufzunehmen, und fühle dich beschenkt, dass du hier sein darfst.

– Irgendwann kommt die Zeit, das Zelt wieder zu verlassen. Wenn du dich so weit fühlst, blicke im Geiste auf deine Füße, und beginne, deinen Körper zu spüren. Du wirst dadurch wieder ins Hier und Jetzt zurückkehren. Lass dir unbedingt Zeit, und öffne erst dann deine Augen, wenn du wieder ganz wach bist.

Das komplette Eintauchen in die Akasha-Chronik wurde mir bis heute nur ein einziges Mal gewährt, und das, was ich damals als vierzehnjähriges Mädchen in einer Meditation erhalten hatte, war definitiv nicht in Worte zu fassen. Es war ein unglaubliches Gefühl von Allwissenheit und mentaler Weite. Ich reiste durch das Universum und erhielt so viele Informationen, dass sie für meinen bewussten Verstand gar nicht verwertbar waren. Mit der Zeit und wahrscheinlich bis heute werden mir diese Informationen aber immer mehr bewusst, und ich kann sie für mich und meine Arbeit nutzen.

Letztendlich geht es ja genau darum, dass wir als spirituelle Individuen für uns und unsere Mitmenschen Wege finden, wie wir noch glücklicher und erfüllter unser Leben führen können und mit jedem Tag etwas mehr unsere eigene spirituelle Größe anerkennen. Der Mensch ist schon seit Anbeginn der Zeit auf einer spirituellen Suche, und was wir heute Channeln nennen, hat eine lange Tradition aufzuweisen. Heute haben wir die Chance, dass es möglichst viele Menschen wieder nutzen, um die Geschicke der Erde doch noch zum Besseren zu wenden.

DIE BASIS
FÜRS CHANNELN SCHAFFEN

Immer wieder kam in Channelings die Botschaft durch, dass mein Körper sehr gut fürs Channeln geeignet sei. Das heißt, es war für geistige Wesen immer ein einfaches Unterfangen, sich mit mir zu verbinden, einen gewissen Platz in meinem System einzunehmen und durch mich zu heilen oder zu sprechen. Ich glaube allerdings nicht daran, dass die Fähigkeit zu channeln ein Talent ist, das nur wenigen Menschen zuteilwird. Ich glaube auch nicht, dass erfolgreiche Channeler etwas Besonderes oder Außergewöhnliches sind. Ich bin überzeugt, dass es in uns allen angelegt ist, mit geistigen Wesen zu kommunizieren und direkt mit ihnen zu arbeiten.

Was aber ist der Grund dafür, dass Wesenheiten Menschen wie mich als Kanal oft bevorzugen? Wir wollten es ganz genau wissen und führten hierfür ein Channeling mit Elohijm durch. Das Erste, was sie betonte, war, dass es ihr eigentlich erst einmal egal ist, durch wen sie spricht, und dass es ihr nicht um den Channeler geht, sondern um die Botschaften, die sie durchgibt, und um die Menschen, die von diesen Botschaften profitieren. Ich muss ehrlich sagen, dass diese Aussage mein Ego etwas ankratzte. Mein Verstand hätte sicherlich gern gehört, dass es um mich als Person geht. Gleichzeitig schmunzelte ich über diese Aussage, weil sie so gut zu Elohijm passte. Weit entfernt davon, jemandem Honig um den Mund zu schmieren, geht es ihr um die Sache. Das zeigt wiederum, wie weit diese geistigen Wesen vom Konzept Ego entfernt sind. Sie sind selbstlos. Ich hätte nichts anderes von einem Engelwesen erwartet, aber ihre Direktheit diesbezüglich erstaunte einen Teil von mir doch.

Also hatte es erst einmal nichts mit mir als Person, als Bahar zu tun, dass sie durch mich wirkte. Sie betonte weiter, dass es um meinen Körper ging, den ich für die Lenkung und Kanalisierung von höher schwingenden Frequenzen bereits seit Jahren vorbereitet hatte. Ehrlich gesagt, war mir das neu. Ich war in der Vergangenheit nie davon ausgegangen, dass ich einmal channeln würde. Ich war dem Ganzen gegenüber sogar sehr kritisch eingestellt gewesen. Was aber definitiv der Wahrheit entsprach, war die Tatsache, dass ich schon immer einen inneren Drang verspürte, gut für mich zu sorgen und das auf körperlicher, geistiger und seelischer Ebene. Mir wurde klar, dass es genau diese Dinge sind, die ich seit Langem tat, die auch anderen Menschen helfen könnten, erfolgreiche Medien zu werden. Und um genau diese Dinge soll es in diesem Kapitel nun gehen.

Wie schaffen wir eine innere Basis für das Channeln? Ich empfehle dir mit praktischen Anregungen, dich um Folgendes zu kümmern:

- Durchlässigkeit und Stabilität der Energiekanäle (Nadis, Meridiane)

- Emotionale Balance

- Harmonisierung und Aktivierung der Energiezentren (Chakras)

- Ausgleichen der Aura

- Dialog mit dem inneren Wächter (das kennst du bereits)

- Geistige Reinigung durch Meditation

- Schwingungserhöhung, das heißt auch Schwingungsangleichung an die Geistige Welt

- Neutralisieren von Karma

- Vergebungsprozesse

Diese Liste sollte dich nicht abschrecken, und ich möchte betonen, dass es nicht darum geht, »perfekt« zu werden in diesen unterschiedlichen Bereichen. Es geht lediglich darum, dass du deine Aufmerksamkeit auf eine persönliche Weiterentwicklung richtest und der Geistigen Welt dadurch deutlich machst, dass es dir ernst ist damit. Ich kann nicht behaupten, dass ich bereits alle Wege gemeistert habe, aber ich bemühe mich jeden Tag um jeden dieser Bereiche. Nicht nur, um dann besser channeln oder allgemein medial arbeiten zu können, sondern vor allem aus folgendem Grund: Ich möchte diese Inkarnation mit all ihren Möglichkeiten für meine spirituelle Weiterentwicklung nutzen.

Wir wissen aus etlichen Channelings, dass geistige Wesen es sehr schätzen, wenn wir Menschen auf der Erde Schwierigkeiten in Kauf nehmen, um uns zu entwickeln. Die Erde ist ein Ort, an dem man so schnell große Entwicklungsschritte als spirituelles Wesen machen kann wie nirgends sonst. Unsere Erde und auch das Mensch-Sein sind nicht immer einfach, dennoch bieten sie die optimalen Voraussetzungen dafür, dass wir uns als spirituelle Wesen entwickeln.

Durchlässigkeit und Stabilität der Energiekanäle

Zu den Schwierigkeiten (vielleicht aber auch Vorzügen) auf der Erde gehört es, dass wir einen physischen Körper besitzen, der nicht nur aus grober Materie besteht, sondern aus einem hochkomplexen System von Energiebahnen und Energiezentren. Diese sorgen dafür, dass es uns geistig, körperlich und auch seelisch gut geht. Sie tragen die Ursachen für alle Befindlichkeiten in sich, somit auch für Krankheiten oder Beschwerden. Bevor sich eine Krankheit in grobstofflicher Materie beispielsweise an einem Organ zeigt, wird die Ursache dafür im Energiesystem gelegt. Eine Dysbalance im Energiesystem wird zu einer Dysbalance am Körper führen, es sei denn, sie wird vor der Manifestation ausgeglichen.

Jede Information bzw. Energie in den Energiekanälen, die zu einer Krankheit oder negativen Emotion gehört, hat eine niedrige, dichte Schwingung, was zwangsläufig dazu führt, dass die Durchlässigkeit der Energiebahnen beeinträchtigt wird. Die Lebensenergie kommt zum Stocken, und auch die Chakras, die Energiezentren, erhalten zu wenig Energie von innen. Natürlich hat dies auch zur Folge, dass gechannelte Energien nicht frei ins System des Mediums einfließen können, dass es also gar nicht zum Channeling kommen kann. Unsere energetische Gesundheit von innen heraus ist somit auch für unser Thema Channeling sehr wichtig. Nur ein gesunder Mensch kann letztendlich sich selbst und auch anderen Menschen helfen.

Was kannst du nun konkret tun, um deine Nadis, die feinsten Energiebahnen, stabil, stark und durchlässig zu halten? An den folgenden Punkten lässt sich gut ansetzen:

- Ernährung

- Emotionale Balance

- Yoga oder andere spirituelle Techniken, die mit dem Körper arbeiten

Ich kann hier nur kurz darauf eingehen. Zunächst die Ernährung: Die Nadis können sehr stark von Verdauungsresten betroffen sein. Alles Unverdaute, das heißt all das, was unser System nicht in seine Einzelteile zersetzen und ausscheiden kann, bleibt im energetischen Netzwerk des Körpers hängen. Im Ayurveda, der indischen Heilkunst, geht man davon aus, dass Unverdautes, auch im emotionalen Sinne, der Hauptgrund für Krankheit und Altern ist. Indem wir mit Achtsamkeit essen, langsam kauen und uns bewusst Zeit für nahrhaftes und leicht verdauliches Essen nehmen, tun wir unserem Verdauungstrakt einen großen Gefallen. Pflanzliche Kost, insbesondere in Form von Suppen oder Smoothies, ist besonders gut verdaulich, und unser System büßt nicht zu viel Energie für die Verdauung ein.

Emotionen, die nicht gelebt, angeschaut oder aufgearbeitet werden, haben den gleichen negativen Effekt wie Verdauungsreste auf unsere Nadis: Sie verstopfen sie. Emotionen bewegen uns innerlich, sie lösen gewisse feinstoffliche, aber auch chemische Prozesse in uns aus und können die Verursacher von innerer Unruhe und Nervosität sein.

Viele Menschen leben in einem ständigen Zustand von emotionaler Unterdrückung und erlauben es sich nicht, Gefühle zu zeigen und zu leben. In meinem Buch zum Aura Coaching habe ich bereits die Klopftechnik zum Ausgleich der Emotionen vorgestellt, die sich für mich und für meine Klienten sehr bewährt haben. Diese Methode ist einfach in der Anwendung und wirkt sehr selbstermächtigend. Der positive Effekt ist meist direkt spürbar, und das gesamte Meridiansystem mitsamt der Organe kann einfach und schnell harmonisiert werden. Daher soll sie auch hier beschrieben werden.

Klopftechnik für die emotionale Balance

Im Rahmen meiner Omega-Healing-Ausbildung bei Roy Martina durfte ich auch die Klopftechnik erstmals kennenlernen. Sie ist einfach, aber sehr wirkungsvoll. Letztlich tut man nichts weiter, als bestimmte Stellen am Körper mit den Fingern zu beklopfen. Als eine der möglichen und überaus sinnvollen Vorbereitungen für das Channeln möchte ich dir nun die Punkte näherbringen, an denen ich persönlich die Klopftechnik regelmäßig anwende und die das gesamte Energiesystem abdecken. Jeder dieser Punkte gehört zu einer Emotion und einem Meridian. Das Sprechen von passenden Affirmationen während des Klopfens kann die Wirkung verstärken.

Wie stark und in welchem Rhythmus du klopfst, ob mit einem, zwei oder mehreren Fingern, das ist ganz dir überlassen. Du solltest dich dabei wohl- und entspannt fühlen und den Atem frei und gleichmäßig fließen lassen. Gewisse Punkte können mit leichtem Schmerz reagieren, und die Haut kann an diesen Stellen etwas rot werden. Das sollte dich nicht beunruhigen. Diese Signale deuten einfach auf eine gewisse Aktivierung der Energie hin.

Die folgenden Punkte sind meine »Lieblingspunkte«, und ich kann sie dir nur wärmstens empfehlen. Ich nehme mir bei meinen Morgenritualen täglich die Zeit, diese Punkte zu beklopfen. Natürlich helfen sie im akuten Fall, wenn eine entsprechende negative Emotion vorliegt, wir frustriert sind oder Sorgen haben. Aber wenn du sie vorbeugend und regelmäßig beklopfst, sorgst du für andauernde Ausgeglichenheit in deinem System. Durch das Klopfen sendest du Aktivierungssignale in deine Energiebahnen, und die Gefahr, dass sich Blockierungen bilden, wird vermindert. Nun lass uns die einzelnen Punkte genauer anschauen. Du klopfst sie jeweils etwa eine Minute lang, kannst aber auch dabei je nach Gespür variieren.

Der Punkt der Unsicherheit (Blase)

Dieser Punkt befindet sich zwischen den Augenbrauen. Empfehlenswert ist es, mit Zeigefinger und Mittelfinger zu klopfen und die Augen dabei zu schließen. Meist ist nach kurzem Klopfen schon spürbar, wie sich die Stirn zu entspannen beginnt und sich ein wohliges Gefühl im Körper ausbreitet. Dieser Punkt wird idealerweise genutzt, sobald man ein Gefühl der Unsicherheit aufkommen fühlt. Du kannst auch »prophylaktisch« klopfen, wenn du weißt, dass dir ein Ereignis bevorsteht, bei dem du dich höchstwahrscheinlich unsicher fühlen wirst. Dann kannst du den Punkt der Unsicherheit bereits vorher klopfen und dich dabei geistig in die Situation hineinfühlen. Du wirst deutlich spüren, wie sich deine emotionale Befindlichkeit verändert.

Die Punkte der Frustration (Gallenblase)

Frustration ist zu einem emotionalen Massenphänomen geworden, viele Menschen fühlen sich in den unterschiedlichsten Bereichen ihres Lebens frustriert. Man sollte dieses Gefühl nicht unterschätzen und es nicht aus den Augen lassen. Frustration kann unser System nämlich ziemlich durcheinanderbringen und sollte immer wieder aufgelöst werden. Die Frustrationspunkte liegen links und rechts direkt an den Schläfen. Sie können entweder mit einem oder mit mehreren Fingern beklopft werden.

Die Punkte der Sorgen (Magen)

Sorgen sind das Gegenteil von Vertrauen. Sie schneiden uns vom harmonischen Fluss der Dinge ab. Alles, was im Leben geschieht, passiert aus einem bestimmten Grund, und meist ist es einfach eine Reaktion auf unser Denken und Handeln. Sorgen entziehen uns die Verantwortung für das eigene Sein und Tun. Wir verlieren den Zugang zum kosmischen Prinzip, und dies belastet insbesondere das feinstoffliche System des Körpers. Die Sorgenpunkte, die hier entgegenwirken, liegen jeweils in der Mitte unterhalb der Augen auf den Wangenknochen. Sie werden am besten mit je einem Finger beklopft. Das hilft übrigens auch gegen Tränensäcke und Augenringe, die sich als eine Reaktion auf Sorgen bemerkbar machen können.

Der Stresspunkt (Gouverneursgefäß)

Dieser Punkt ist der populärste in unserer Zeit, denn wer fühlt sich nicht manchmal von Schnelllebigkeit und Eile überrannt? Der Stresspunkt wird auch als Notfallpunkt bezeichnet und kann immer dann beklopft werden, wenn wir körperlich oder seelisch in eine schwierige Situation geraten. Er ist daher auch sehr gut einsetzbar bei Anfällen oder Schocks. Der Stresspunkt liegt mittig über der Oberlippe, dort wo sich eine kleine Mulde befindet. Der Energiefluss, der durch den Stress im System blockiert wurde, wird durch das Klopfen wieder aktiviert, und man wird langfristig gesehen viel weniger anfällig für Stress.

Wie wir wissen, blockiert Stress die Regenerationsprozesse des Körpers, was zu einem frühzeitigen Altern führen kann. Es sammeln sich dabei auch verstärkt Säuren im Körper an. Bewusstes Atmen und Atemübungen können zusätzlich helfen, die überschüssige Säure sanft aus dem Körper zu entfernen.

Der Punkt der unterdrückten Emotionen (Konzeptionsgefäß)

Eine unterdrückte Emotion kann sich wie ein Kloß im Hals oder ein Druck im Magenbereich anfühlen. Es kann aber auch sein, dass sich solche verdrängten Gefühle über die Jahre hinweg immer deutlicher zeigen und dies sogar die Form einer chronischen Erkrankung annimmt. Ich beobachte sehr häufig bei meinen Klienten, dass die Ursache von langwierigen Erkrankungen in unverdauten oder gestauten Gefühlen liegt, die durch traumatische Erlebnisse ausgelöst wurden. Ihr Ursprung kann sogar im vorgeburtlichen Stadium liegen. Letztlich fürchten sich die meisten heute davor, ihre Emotionen richtig zu kommunizieren und zu leben. Dies kann langfristig zu seelischen Ausbrüchen oder Depressionen führen. Sehr schnell schafft das Klopfen des Punktes mittig am Kinn, unterhalb der Unterlippe Abhilfe.

Die Punkte der Angst (Nieren)

Geistige Wesen bezeichnen die Angst als eine »Krankheit« der Erde. Sie kann den Menschen befallen und liefert den Nährboden für viele der negativen Gefühle, die wir in uns hegen können. Dazu gehören Wut, Aggression, Neid und Gier. Angst ist für geistige Wesen ein vollkommen unbekanntes Konzept, und es gibt nur sehr wenige kosmische Wesen, die damit vertraut sind. Angst kann nur dort herrschen, wo die Einsicht in den Lauf der kosmischen Dinge fehlt. Uns Menschen scheint diese Einsicht zunächst verwehrt, aber wir können herausfinden, dass wir dennoch Zugang dazu haben. Dies ist eine der irdischen Lektionen für uns, und nicht zuletzt das Channeln kann uns behilflich sein, diese Aufgabe zu lösen.

Das Wort »Angst« stammt von dem Wort für »Enge« aus dem Lateinischen. Genau diese Enge stellt sich in unserem Energiesystem ein, wenn wir in Angst sind. Alle Energieflüsse im Körper werden dadurch gestört, ein allgemeines Unwohlsein ist die Folge. Die Angstpunkte liegen am Brustbein, etwa fünf bis zehn Zentimeter links und rechts von der Mittellinie und ungefähr fünf Finger unterhalb der Halsgrube. Meist reagieren diese Punkte sehr stark, da Angst im menschlichen System auch evolutionär sehr tief sitzt.

Der Punkt der Wut (Leber)

Wut ist eine Emotion, die von der Angst gespeist wird. Meist sind es die sehr angstvollen Menschen, die wütend auf sich selbst oder ihre Umwelt reagieren. Sie haben für sich herausgefunden, dass Wut ein Weg sein kann, die eigene Angst zu unterdrücken und nicht mehr spüren zu müssen.

Der entsprechende Klopfpunkt befindet sich ungefähr auf Höhe der Leber auf der rechten Seite des Körpers zwischen Beckenknochen und Rippen. Durch das Beklopfen dieser Stelle können jegliche negativen Auswirkungen von Wut und Ärger auf das System gelöscht werden, und auch der Nährboden der Angst verliert seine Kraft. Vergebungsprozesse können durch diese Deaktivierung der Wut unterstützt und vorangetrieben werden.

Der Punkt des mangelnden Selbstwertgefühls (Milz)

Den Wert und die Bedeutung des eigenen Selbst nicht zu fühlen, ist ein Zeichen dafür, dass man die eigene Individualität und Göttlichkeit noch nicht entdeckt hat. Vielen Menschen leiden unter einem mangelnden Selbstwertgefühl, das von der Gesellschaft meist auch noch gespeist wird. Uns wird vorgegeben, etwas sein zu müssen, um geliebt zu werden oder zumindest gesellschaftskonform zu sein. Ein gesellschaftlicher Trend, der uns immer mehr von unserem authentischen Selbst entfernen kann, es sei denn, wir finden die Verbindung zu unserem Selbst und zum eigenen Licht wieder.

Mit dem eigenen Selbst nicht verbunden zu sein, führt auch dazu, seine Bedürfnisse und Wünsche nicht zu kennen und nicht zu fühlen. Durch das Beklopfen des Milzpunktes werden alle energetischen Abdrücke, die aufgrund eines verminderten Selbstwertgefühles entstanden sind, neutralisiert. Wichtig dabei ist, dass man die Ursache mit dem Beklopfen nicht auflösen, aber die energetischen Wirkungen rückgängig machen kann. Der Milzpunkt liegt etwa zehn Zentimeter unterhalb der linken Achsel seitlich am Brustkorb. Oft kann man diesen Punkt auf Anhieb spüren, da er gern mit leichtem Schmerz reagiert.

Wir haben uns hier auf die Wirkung blockierter Emotionen aufs Energiesystem fokussiert. In diesem Zusammenhang ist die Klopftechnik sehr empfehlenswert. Selbstverständlich gibt es noch viele weitere Methoden, um die Gefühlswelt auszugleichen, doch würde es den Rahmen dieses Buches sprengen, sie hier anzuführen. Mit der regelmäßig angewandten Klopftechnik leistest du bereits einen großen Beitrag zum harmonischen Fluss der Energie in deinem System, genauso auch mit der Praxis von Yoga oder anderen spirituellen Techniken, die den Körper einbeziehen.

Die Bedeutung von Yoga für das Channeln

Ich entdeckte Yoga für mich in sehr jungen Jahren, und meine Faszination für dieses ausgeklügelte Gesundheits- und Selbstentfaltungssystem ist immer noch die gleiche wie vor Jahren. Ich unterrichte Yoga nun schon seit zehn Jahren und möchte es als Teil meiner spirituellen Tätigkeit und auch als Teil meines persönlichen Weges niemals aufgeben. Die positiven Wirkungen auf Körper, Geist und Seele sind unendlich vielfältig. Zu ihnen gehört natürlich auch die Aktivierung des gesamten Energiesystems. Die Nadis, die feinsten Energiekanäle werden immer durchlässiger, was für unsere medialen Fähigkeiten besonders wichtig ist.

Bei all meiner Begeisterung für das Yoga würde ich niemals sagen, dass es ein Muss für Channeler ist. Unverzichtbar für jeden medial arbeitenden Menschen ist es aber, irgendeine spirituelle Technik zu praktizieren, die die Energiebahnen und ihre Stabilität unterstützt. Die feinstofflichen Kanäle sind für die Übertragung der hochfrequenten Schwingungen aus der Geistigen Welt zuständig. Also müssen wir als Medien gut für sie sorgen. Wenn dich Yoga nicht anspricht, solltest du auf die Suche nach der Methode gehen, die dir besser gefallen würde. Tai-Chi oder Qigong wären beispielsweise andere Wege. Die Praxis solcher spirituell und energetisch ausgerichteter Techniken aktiviert auch unsere Chakras, die Energiezentren im Körper. Auf ihre Bedeutung im Bezug aufs Channeln werde ich gleich noch eingehen. Bleiben wir zuvor aber noch etwas beim Yoga.

Wir haben das Glück, dass Yoga bereits den Westen erobert hat und es auch hierzulande wundervolle Yoga-Lehrer gibt. Wenn es dir mit der Yoga-Praxis ernst ist und du dein Können und Wissen darin intensivieren möchtest, solltest du eine dieser Lehrerinnen, einen dieser Lehrer aufsuchen und dich darin unterrichten lassen.

Sind unsere Energiekanäle beispielsweise durch ernährungsbedingte oder emotionale »Verschmutzungen« dicht, kann die gechannelte Energie nicht ungehindert fließen. Dies ist jedoch zwingend erforderlich, um die Informationen und Schwingungen aus geistigen Ebenen auf die menschliche Ebene bringen zu können. Das Medium dient als Kanal für die Energie aus der Geistigen Welt – und vor allem ein sehr wichtiger Energiekanal im Menschen, wie ihn die Yoga-Tradition sieht, ist dafür ausschlaggebend: der Sushumna-Nadi. Er ist der Zentralkanal und verläuft im feinstofflichen Körper entlang der Wirbelsäule. Alle sieben Energiezentren, die Chakras, befinden sich in diesem Sushumna-Nadi. Sushumna wird manchmal als eine hohle Röhre beschrieben, die auch für den Aufstieg der Kundalini-Energie zur Verfügung steht. Sie ist die Schöpferkraft im Menschen, die im schlafenden Modus als eingerollte Schlange im Beckenboden liegt und darauf wartet, erweckt zu werden und im Sushumna-Kanal hinaufzusteigen, um sich dann am höchsten Punkt des Scheitels mit dem Göttlichen zu verbinden.

Ist Sushumna gut gereinigt und aktiviert, ist die Kommunikation mit den höheren Dimensionen erreicht, und das Erwachen der Kundalini beginnt auf spontane Art. Es lohnt sich also, den Sushumna-Kanal ab und an zu reinigen und durchlässig zu halten. Dies können wir durch einen bewussten Umgang mit unseren Emotionen, durch eine bewusste Ernährung, das Üben von Yoga-Haltungen und auch mit folgender Atemübung erreichen.

Sushumna-Atem

– Leg dich lang auf den Bauch, und streck beide Arme nach vorn, abgelegt auf den Boden. Leg die Handflächen aneinander, sodass die Außenkanten deiner Hände den Boden berühren und die Handrücken nach links und rechts gerichtet sind. Kreuze die Daumen übereinander, und bring die Stirn zwischen den Armen auf den Boden. Gib dich für eine Weile ganz der Schwerkraft hin, und genieße die angenehme Schwere im Körper.

– Lass deinen Atem bewusst durch den Körper fließen, und stell dir nun vor, dass die eingeatmete Luft mit einem sanften Lichtstrahl durch den Zentralkanal Sushumna entlang deiner Wirbelsäule fließt: vom Steißbein aus nach oben zum höchsten Punkt an deinem Scheitel. Mit der Ausatmung wandert der Lichtstrahl vom Scheitel aus durch den Sushumna-Kanal hindurch wieder nach unten zum Steißbein. Lass auf diese Weise den Atem auf- und abfließen. Spüre dabei auch, wie die Energiezentren entlang des Sushumna-Kanals gereinigt und aktiviert werden.

— Bleib für etwa zehn Minuten in dieser Übung, eventuell auch kürzer oder länger, wenn es sich für dich gut und passend anfühlt. Du wirst durch die regelmäßige Praxis spüren können, wie sich der Kanal immer durchlässiger und freier anfühlt.

Alle im Buch angegebenen Übungen und Techniken sollen dazu führen, dass sich das Channeln für dich angenehm, leicht, natürlich und bereichernd anfühlt. Es soll auch für dich ein wundervoller Weg der Übermittlung von heilvollen Schwingungen aus der Geistigen Welt werden. Auch wenn die Voll-Trance, wie du bereits weißt, für ein Channeling nicht zwingend erforderlich ist, solltest du für alle Trance-Erfahrungen gut vorbereitet sein. Mit all den Vorübungen hier schaffst du dir eine hervorragende Basis. Das Channeln selbst ist dann am Ende ganz leicht. Und im Sinne der guten Basis kommen wir nun zu den Chakras.

Harmonisierung und Aktivierung der Chakras

Unsere Chakras sind Schaltstellen unseres Körpers, die das kosmische Prana, die Lebensenergie, aufnehmen und in eine Form bringen, die von unserem Körper-Geist-Energie-System genutzt werden kann. Sie erfüllen somit eine Transformationsaufgabe. All die hochfrequenten und unspezifischen Energien werden in unseren Chakras »heruntergebrochen« und erfahren in den jeweiligen Energiezentren ihre Zuordnung zu Themen und Lebensfeldern wie Liebe, Kommunikation, geistige Ausrichtung und so weiter.

Du erahnst daran vielleicht bereits die enorme Wichtigkeit der Chakras für die mediale Arbeit. Ein Medium versteht es, geistige Energien in eine Form zu bringen, die von unseren gewöhnlichen Sinnen wahrgenommen werden kann. Das Medium ist also ein Energietransformator, und die Chakras gehören zu seinen wichtigsten Hilfsmitteln.

Es gibt viele Bücher und jede Menge Ansichten über Chakras. Heute sind wir in einer Zeit angekommen, in der wir uns von allen diesbezüglichen Konzepten lösen können, auch davon, dass die Chakras immer in einer bestimmten Form und Farbe vorkommen. Ich kann als hellsichtiges Medium bereits seit einigen Jahren beobachten und werde in meiner Arbeit täglich Zeugin davon, dass die Chakras sich vollkommen verwandelt haben. Sie haben einfach nicht mehr die Form, Farbe, Anordnung und sogar Anzahl, die wir in diversen Büchern finden. Zudem variieren sie deutlich von Person zu Person.

Als Rückbestätigung für meine Beobachtungen haben wir in einigen Channelings durch mich und andere Medien wertvolle Informationen diesbezüglich erhalten, die ich an dieser Stelle weitergeben möchte. Unsere Erdatmosphäre füllt sich mit jedem Tag etwas mehr mit Elektrosmog und energetischem Müll, den wir Menschen mit unserer Industrie und unserer aktuellen Art von Politik verursachen. Die Geistige Welt und insbesondere die Elohijm, die die Schöpfung auf der Erde zu erhalten versuchen, können dies seit geraumer Zeit beobachten und wollten etwas dagegen tun. Wie du weißt, muss die Geistige Welt aber in jedem Fall den freien Willen der Menschen achten und darf nicht von außen eingreifen. Aber sie kann von innen her wirken, mit der Erlaubnis der Menschen. Viele von uns sind in einem ständigen Kontakt mit der Geistigen Welt, er findet jedoch meist auf einer unbewussten Ebene statt, im Schlaf beispielsweise. Wenn es im menschlichen System etwas zu richten oder anzupassen gibt, holen sich die geistigen Wesen auf diesem Weg die Erlaubnis von der menschlichen Seele ein. Das heißt, nachts findet eine Konversation zwischen der Person und der Geistigen Welt statt, worin die Geistige Welt den Menschen um Erlaubnis bittet einzugreifen, um Heilung geschehen zu lassen. Somit wird nicht von außen, sondern von innen eingewirkt, und der freie Wille der Menschen wird geachtet.

Im November 2013 wurde nun ein Prozess der Chakra-Transformation eingeleitet, der seinen Höhepunkt zum Vollmond im selben Monat erfuhr. Es hieß aus der Geistigen Welt, dass es dringend nötig sei, die Chakras in eine neue, angepasste Form zu bringen, um den neuen energetischen Anforderungen in Form von Elektrosmog und so weiter gerecht zu werden. Die heutigen energetischen Signale, die meist widersprüchliche und unharmonische Informationen in sich tragen, würden den harmonischen Strom des Prana in den Chakras stören und sie zum Teil so stark blockieren, dass sie ihren Aufgaben nicht nachgehen könnten. Unsere »alten« Chakras waren einfach komplett überfordert. Initiiert von den Elohijm und anderen geistigen und vom Kosmos abstammenden Wesen wurden unsere Chakras daher in eine neue Form gebracht oder sogar ganz gegen neue Chakras ausgetauscht.

Dies geschah bei allen Menschen, die sich bereits der Transformation geöffnet hatten und somit implizit ihre Erlaubnis erteilt haben, dass ihr System an die Transformationsenergien angepasst wird. Dieser Prozess der Chakra-Transformation ist heute abgeschlossen, aber es kann sein, dass zu einem späteren Zeitpunkt eine weitere Anpassung nötig wird, da sich die Erde so schnell verändert. In den Channelings mit Elohijm hieß es auch, dass man als Mensch konkret etwas tun könne, um diesen Prozess zu unterstützen. Man solle weniger essen, denn so bleibe mehr Energie für die Chakras übrig, sie gehe nicht in der Verdauung verloren. Man solle vermehrt die Farbe Rot tragen, denn sie enthalte die Information von Stabilität, die insbesondere für das Wurzel-Chakra wichtig ist. Regelmäßige Meditation und Yoga erleichterten es zudem, sich an die veränderte Form der Chakras zu gewöhnen.

Die Geistige Welt ist immer sehr darum bemüht, dass es uns gut geht. Es kann aber dennoch sein, dass es durch die Bewegungen im ganzen System zu Turbulenzen kommt, vor allem emotional. Das heißt, du fühlst dich zum Teil ganz grundlos manchmal emotional, vielleicht aber auch geistig ausgezehrt oder du reagierst sehr empfindlich auf energetische Dysbalancen in deiner Umwelt. Dadurch kann es auch viel schneller zum Streit oder zu Auseinandersetzungen kommen, obwohl du das vielleicht gar nicht möchtest. Wenn das geschieht, versuch dich selbst, am besten über deinen Atem, zu spüren und gib dir einfach Zeit für das, was geschieht. Es dient letztlich deinem Wohlbefinden und einer Reinigung im Inneren.

Chakra-Transformation

Zur Unterstützung unseres gesamten Chakra-Systems und auch zur Vorbereitung der Chakras auf die Aufnahme und Verarbeitung von geistiger Energie während des Channelns, empfehle ich dir folgende Meditation. Da auch sie etwas länger und ausführlicher ist, wäre es gut, sie mit einem Partner zu praktizieren, der dich anleitet. Oder du sprichst den Text auf Band und spielst ihn zur Praxis ab.

Chakra-Balance-Meditation

– Wie du es bereits aus den vorausgegangenen Meditationen kennst, ziehst du dich an einen Ort zurück, der dir Schutz und Ruhe gewährt. Nimm eine für dich angenehme Position ein, im Liegen oder Sitzen.

– Schließ nun deine Augen, und nimm ein paar tiefe und bewusste Atemzüge. Mit jedem Ausatmen entspannen sich dein Körper und dein Geist etwas mehr, und du genießt es, immer mehr entspannen zu dürfen.

– Stell dir nun einen wunderschönen Vogel vor, und lass ihn sachte auf deiner rechten Schulter Platz nehmen. Schau ihn dir an. Wie sieht er aus, welche Farbe hat er? Spricht er zu dir? Der Vogel hilft dir nun, noch ruhiger und entspannter zu werden. Der Vogel ist ein Botschafter für deinen Körper und deinen Geist. Er kam zu dir, um dein erstes Chakra zu aktivieren und zu stabilisieren.

– Nun kannst du sehen, dass sich der Vogel in deinen persönlichen Schutzengel verwandelt. Du kannst spüren, dass dein Schutzengel direkt hinter dir steht und dich mit seinen Flügeln umarmt. Du fühlst dich vollkommen sicher und wohl.

– Nun überreicht dir dein Schutzengel eine Blume, die wundervoll duftet und dich noch mehr und noch tiefer entspannt. Kannst du diesen bezaubernden Duft wahrnehmen? Welche Farbe hat die Blume? Vielleicht erinnert sie dich daran, verspielt zu sein und das Leben zu genießen. Während du diese Blume siehst und ihren Duft riechst, wird dein zweites Chakra aktiviert. Du

entspannst dich in dieses Wissen hinein, und während
dein Engel dich noch immer hält, verlässt du nun mit
ihm zusammen deinen Körper und gehst in deine
astrale Form über. So begebt ihr euch auf eine kleine
Reise.

– Dein Schutzengel bringt dich an einen wunderschönen
Ort, wo du über eine weite Wiese hinwegschwebst, die
mit weiteren Blumen übersät ist. Die Vögel zwitschern.
Kannst du das hören? Die Blumen sind wunderschön
und wiegen sich in der leichten Brise sanft hin und her,
hin und her, hin und her … Welche Farbe haben diese
Blumen? Ihr Anblick aktiviert dein drittes Chakra, und
du genießt es.

– Die Farbe der Blumen auf der Wiese erinnert dich
daran zu vertrauen, auf dich und deine Kraft, aber auch
auf die Geistige Welt und deine geistigen Helfer. Du
lässt alles Festhalten-Wollen los, du lässt einfach nur
los, los, los …

– Nun treibst du gemeinsam mit deinem Schutzengel mit
der sanften Brise fort und lässt die Wiese mit den
Blumen hinter dir. Du bewegst dich auf einen tropischen Wald zu und schwebst über ihn hinweg. Du
kannst die Blätter der Bäume sehen, wie sie sich im
Wind bewegen, wie sie sich sanft hin und her bewegen,
während du höher und höher schwebst. Kannst du dir
all das vorstellen?

– Du spürst nun, wie der Anblick des tropischen Waldes
beginnt, dein Herz, dein viertes Chakra, zu heilen und
es dafür zu öffnen, dass du in dir und deinem Leben
mehr Liebe erfahren kannst. Jetzt übst du auch Verge-

bung gegenüber allen, die dich jemals verletzt haben. Alles, was dir nicht mehr dient, wird nun vom Wald absorbiert. Es ist so entspannend und heilsam. Du bist frei, und alles wird aus deinem System gelöscht, was dir nicht dienlich ist. Du heilst dich selbst. Alles, was in der Vergangenheit passiert ist, ist und bleibt dort. Du bist im Jetzt. Alle energetischen Bande, die dich an vergangene Leiden koppeln, werden von diesem Wald absorbiert.

— Du bist nun frei und gelöst und schwebst einfach nur auf den Himmel zu. Du bist frei, dein gesamtes wahres Selbst zum Ausdruck zu bringen, alles, was in dir steckt, deine Potenziale und Talente, deine Wahrheit, ohne Angst vor Verurteilung oder Zurückweisung. Alles erstrahlt in einem leuchtenden Himmelblau. Kannst du das sehen? Dieser Himmel aktiviert und heilt dein fünftes Chakra. Du bist der perfekte Kanal für geistige Energie, ein Channel-Medium!

— Du schwebst jetzt noch höher hinauf, bis sich der Himmel auf magische Weise violett färbt. Du fliegst direkt in diese Strahlen der Sonne hinein, und es fühlt sich warm und angenehm an. Die ultraviolette Flamme umzüngelt dich, und dein Körper ebenso wie deine Seele werden von vergangenen Erinnerungen und Karma gereinigt. Dein sechstes Chakra ist geheilt und aktiviert.

— Du hast nun die dreidimensionale Welt verlassen und trittst in die vierdimensionale Vorstellungskraft und in dein Höheres Selbst ein. Dies ist das Feld der unbegrenzten Möglichkeiten. All deine Chakras, deine Hellsinne, deine Medialität und deine Intuition werden neu aktiviert und verstärkt.

– Nun verlässt du die Zone des ultravioletten Lichts
und trittst ein in das Feld der Reinheit mit seinen
goldenen Frequenzen, wie goldener Staub in den
Sonnenstrahlen. Du wirst ganz und gar eingehüllt in
eine liebevolle Energie der Heilung. Das ist die goldene
Zone deines Höheren Selbst. Du fühlst dich vollkommen in deiner Kraft und ganz und gar selbstbewusst.
Bleib so lange, wie es sich für dich gut anfühlt, in
dieser Energie …

– Nun ist es an der Zeit zurückzukehren. Du bedankst
dich zunächst bei deinem Schutzengel. Zähle dann
innerlich von 1 bis 5, und bei 5 wirst du wieder ganz
und gar im Körper zurück sein.

– 1: Du trittst nun über dein Kronen-Chakra wieder in
den Körper ein.

– 2: Du integrierst jetzt alles, was du aus dieser Sitzung
mitnehmen konntest, in deinen Körper und dein gesamtes System und ziehst den vollen Nutzen aus der
Heilung.

– 3: Du fühlst so viel Frieden und Liebe in deinem Herzen
und in deinem Körper, du bist glücklich, wieder zurückzukehren. Du erkennst, wie wundervoll es war, dass du
diese Meditation gemacht hast.

– 4: Du bist jetzt wieder ganz in deinem Körper zurück.
Du integrierst alle Erfahrungen in dein System, sodass
dir der volle Nutzen dieser Meditation zur Verfügung
steht, wenn du aufwachst und deine Augen öffnest. Du
spürst ein Glücksgefühl, das durch deinen Körper
strömt, alle Zellen werden nun neu programmiert, um

auf einer höheren Ebene und in positiver Energie zu schwingen.

– 5: Du bist wieder ganz im Hier und Jetzt und öffnest langsam die Augen.

Ich hoffe, du hast die Meditation genossen. Vielleicht fühlst du dich jetzt etwas verändert, leichter oder weiter. An dieser Stelle möchte ich dich auch dazu ermutigen, dich von gewissen Vorstellungen, wie Meditationen für dich persönlich ablaufen sollten, zu lösen. Jeder Mensch erlebt jede Mediation unterschiedlich stark und tief, man sollte da keine Vergleiche ziehen. In meinen Kursen gibt es immer wieder Teilnehmer, die unglaubliche Dinge in der Meditation erleben, mit viel Licht, Farben und Impulsen. Und dann gibt es solche, die weniger innere Bilder erhalten, aber gleich oder später deutlich spüren, dass etwas geschehen ist. Der Wirkungsgrad einer Meditation bezieht sich nicht darauf, wie viel du in der Meditation sehen oder erleben durftest. Es geht immer um die inneren Prozesse, die in Gang gesetzt werden, und die können sogar manchmal dem Meditierenden selbst verborgen werden. Es passiert aber dennoch etwas.

Die Vorstellungskraft beleben

Als Kinder besaßen wir alle eine blühende Fantasie. Leider können die meisten von uns diese Vorstellungskraft nicht am Leben erhalten, wenn sie älter werden und das Leben ernster wird. Ich habe es meiner Begeisterung für andere Welten, für Magie und Zauber zu verdanken, dass ich meine Visualisierungskraft nie eingebüßt habe – vielleicht kennst du das von dir auch. Sie ist sehr wichtig, wenn wir channeln wollen. Die Fantasie kann eine Brücke zur Geistigen Welt sein. Diese Brücke kannst du wieder aufbauen, indem du das Visualisieren immer wieder übst, so wie du es auch bei der Chakra-Balance-Meditation getan hast.

Vielen Menschen fällt es schwer, sich etwas vorzustellen, was für sie nicht real ist. Fordert man beispielsweise eine Person auf, die eigene Mutter oder den Vater vor dem inneren Auge zu sehen, funktioniert das auf Anhieb wunderbar. Geht es aber um eine lichtdurchflutete Pyramide, die sie sich vorstellen sollen, gelingt es weniger gut. Das hat viel mit dem inneren Wächter zu tun, der einen Riegel vor eine »ungewöhnliche« Erfahrung schiebt.

Arbeiten mit dem inneren Wächter

Für eine solide Grundlage fürs Channeln ist es unverzichtbar, mit dem inneren Wächter zu arbeiten. Du hast ihn ja bereits kennengelernt, daher möchte ich ihn hier nur der Vollständigkeit halber anführen. Es gehört einfach zu den Vorbereitungen auf das Channeln, mit ihm zu arbeiten. Lerne deinen inneren Wächter gut kennen, zum Beispiel mit der Übung auf Seite 79, und schicke ihn immer dann, wenn du medial oder übersinnlich arbeitest, in den Urlaub. Sprich zu ihm, und mach ihm deutlich, dass du sehr dankbar für ihn und seine Arbeit bist, dass er aber auch einmal etwas Pause benötigt. Ich weiß, dass klingt ziemlich komisch, aber versuch es einfach mal. Du wirst staunen, wie viel weniger Kontrolle danach bei deiner Medialität stören wird.

Achte aber darauf, dem inneren Wächter keine schroffen Befehle zu geben. Das hat er gar nicht gern. Gib ihm immer nur Optionen. Sage zum Beispiel, dass er gern da bleiben darf, während du channelst, dass das aber eigentlich gar nicht nötig ist. Besonders wichtig ist, dass du mit der Zeit beginnst, ihn zu durchschauen, und somit gezielter mit ihm arbeiten oder ihn ausschalten kannst. Das alles wird dir auch helfen, weniger ernst zu sein, wenn du channelst und mediale Kontakte herstellst. Erinnere dich daran, die Geistige Welt ist Freude und Licht! Diese Erinnerung kann auch durch Meditation oder ein anderes geistiges Training immer wieder in dir wachgerufen werden – und dazu kommen wir jetzt.

Geistige Reinigung durch Meditation

Ich begann bereits in sehr jungen Jahren zu meditieren und wollte sogar eine Zeit lang buddhistischer Mönch werden. Nach dem Tod meiner Großmutter, die meine Ansprechpartnerin und Lehrerin in Bezug auf meine übersinnlichen Wahrnehmungen war, fühlte ich mich in der Welt allein gelassen. Die Meditation half mir dann, mich zu fokussieren und mit meinen medialen Fähigkeiten bewusster umzugehen.

Heute ist Meditation ein fester Bestandteil meines Lebens, und ich empfinde sie als eine Dusche, die meinen Geist reinigt. Unser Geist ist der ständig aktive Teil in uns, der zwischen den unterschiedlichsten Welten und Dingen hin und her wandert. Dabei kommt er mit sehr vielen Energien und Impulsen in Kontakt und muss sich davon auch wieder lösen können. Vieles, was um uns herum gedacht oder anderweitig ausgesendet wird, kann im Geist hängen bleiben und uns dann beunruhigen oder stören. Wir sollten also wissen, wie wir unseren Geist fokussieren und unsere geistige Energie schützen können.

Bei der Meditation geht es darum, dich bewusst dafür zu entscheiden, worauf du deine Aufmerksamkeit richten willst, und das nicht nur für die Dauer der Meditation, sondern auch darüber hinaus in deinem Leben mit allen seinen Bereichen. Meditation lehrt dich, ein Resonanzfeld aufzubauen, dass dem entspricht, was du im Leben erreichen und erleben möchtest.

Wenn ich hier von Meditation spreche, dann geht es dabei vor allem um die Praxis der Meditation als Übung. Dabei richtet man den Fokus auf etwas im Außen oder im Innen. Im Außen kann dies eine Kerze, ein Mandala oder eine Figur sein, im Inneren ein Mantra, ein Licht oder ein inneres Bild. Es zählt der Fokus, der den Geist beruhigt und auf einen Punkt bringt. Somit sind viele der Übungen, die wir bereits als Meditation praktiziert haben, keine »echte« Meditation, sondern Visualisierungsübungen. Sie dienen dazu, bestimmte Energien in uns zu aktivieren und in Fluss zu bringen. Der Geist wird dabei eher aktiviert als beruhigt.

Zu meiner täglichen Meditationspraxis zählt die Vipassana-Meditation, die ich auf Sri Lanka in einem buddhistischen Kloster erlernen durfte. Eine vereinfachte Form davon möchte ich dir hier vorstellen, damit du sie als tägliche Praxis anwenden kannst.

Die Atem-Meditation

– Begib dich an einem ruhigen Ort in eine bequeme und aufrechte Sitzhaltung. Schließe bewusst deine Augen, und setze deine Intention, indem du innerlich sprichst: »Ich öffne mich jetzt der Möglichkeit eines starken geistigen Fokus und der Reinigung meiner Gedankengänge.«

– Werde dir nun deines Amtes gewahr. Spüre ihn entweder als Luftstrom an der Nase oder als sanfte Bewegung im Körper. Beobachte ihn einfach nur, ohne ihn zu verändern oder zu lenken. Einfach nur beobachten.

– Wenn der Geist vom Atem wegwandert, bringst du ihn einfach ganz gelassen wieder zurück zum Atem.

– Praktiziere diese Übung etwa fünf bis fünfzehn Minuten täglich, fang mit einer kurzen Dauer an, und steigere dich mit jedem Mal etwas.

Diese Meditation mag sehr simpel klingen, doch ihre Wirkung ist erstaunlich und bereits nach wenigen Tagen der Praxis spürbar. Man ist geistig klarer, zentrierter und lässt sich im Alltag viel weniger leicht aus der eigenen Mitte bringen. Auch Gefühle können sich ausgleichen, denn viele von ihnen sind emotionale Bewegungen in unserem Inneren, die vom Geist aus gesteuert oder erst initiiert werden. Ich nenne sie »unechte« Gefühle, da sie aus Gedanken entstehen.

Je klarer und ruhiger dein Geist ist, umso mehr Energie bleibt dir für deine Chakras, deine Aura und deine spirituelle Entwicklung. Denn es geht dann keine Energie in unnötigen Gedanken verloren. Dadurch kann langfristig gesehen die eigene Schwingung erhöht werden. Nun wollen wir uns anschauen, was es noch für Möglichkeiten dafür gibt.

Die eigene Schwingung an die der Geistigen Welt angleichen

Es gibt viele Wege, die du einschlagen kannst, um deine Schwingung zu erhöhen. Aber wieso ist es eigentlich so wichtig, dies zu tun? Wenn wir uns auf unser Thema Channeln und Medialität beziehen, geht es darum, dass die Schwingung des Mediums an die der Geistigen Welt angeglichen wird. Diese Welt hat eine viel höhere Schwingung als wir. Wir, die wir ja auch Geistwesen sind, haben einen Teil unserer seelischen Schwingung eingebüßt, als wir auf der Erde inkarnierten. Die Erde hat im Vergleich zu anderen Orten im Universum und in der Geistigen Welt eine extrem niedrige Schwingung und eine hohe materielle Dichte. Wenn ein Mensch sich mit dem physischen Körper und der dichten Materie der Erde identifiziert, gleicht er sich auf allen Ebenen seines Seins immer mehr an die irdische Frequenz an.

Dies erschwert den medialen Kontakt auch im Rahmen eines Channelings.

Wir erleben heute mit jedem Tag eine Erhöhung der Schwingungsfrequenz auf unserer Erde. Dies kann man als eine Art Rettungsaktion für die Erde durch die Geistige Welt verstehen. Durch diese Erhöhung der Schwingung verspricht sich die Geistige Welt auch einen Anstieg im Bewusstsein der Menschen. Heute ist es für uns viel einfacher, mit geistigen Ebenen in Kontakt zu treten, als noch vor wenigen Jahren. Aber es gibt noch immer sehr viele Menschen, die sich dem verschließen. Wir besitzen schließlich alle einen freien Willen. Wenn ein Mensch sich der Transformation nicht öffnet und nicht mit den Bewusstseinsveränderungen mitgeht, wird er nach dem alten Konzept Mensch weiterleben, und niemand darf an seinem System etwas verändern. Er möchte ja auf der »alten Erde« bleiben.

Seit einiger Zeit erhöht sich also die Schwingung des Planeten. Dies kann sogar über die sogenannte Schumann-Frequenz gemessen werden. Sie stellt die Grundresonanz in unserem Lebensraum dar und beträgt zwischen 9 und 11 Hertz anstelle der etwa 7 Hertz, die in den 1990er-Jahren gemessen wurden. Diese erhöhte Schumann-Frequenz wirkt sich natürlich auch auf den menschlichen Körper und sein Bewusstsein aus. Die Schumann-Wellen interagieren sogar mit unseren Hirnwellen. Aber jeder Mensch kann sich dieser Schwingungserhöhung auch verschließen. Vielleicht erscheint es dir als ein schwieriges Unterfangen, sich dem zu versperren, was global geschieht. Aber es ist in der Tat möglich, und ich treffe immer wieder auf Menschen, die an der »alten« Welt festhalten wollen. Zu dieser alten Welt gehören alte Strukturen von Geld und Macht, Hass, Gier und auch Nicht-Vergebung. All das kann uns an die alte Welt fesseln, ebenso wie die Angst vor etwas Neuem. Denn uns erwartet eine neue Erde mit einem neuen Bewusstsein, auch wenn das jetzt etwas kitschig klingen mag. Ich möchte auf die Teilung unserer Erde in zwei unterschiedliche Dimensionsebenen gleich etwas eingehen.

Die Frage ist ja: Wieso ist denn überhaupt eine Umstellung auf eine neue Energie so wichtig? Vielleicht hast du dich das auch schon einmal gefragt. Sie ist enorm wichtig, da der Mensch die Erde ausgebeutet und ihr Leid zugefügt hat. Unsere Erde ist vergiftet, und das verstärkt sich mit jedem Tag. Irgendetwas muss geschehen, um die Zerstörung der Erde aufzuhalten. Diese neuen Energien haben das Potenzial dazu!

Wir sind uns dessen meist gar nicht bewusst, aber das, was sich im Moment auf unserem Planeten vollzieht, ist etwas Einmaliges im Universum. Ja, sogar das ganze Universum schaut uns zu und ist gespannt, wie wir den Wechsel zur »neuen Erde« schaffen werden. Das gab es nämlich noch nie, dass sich ein Planet bzw. ein Lebensraum von Wesenheiten vor seiner Zerstörung, also vor einem konkreten Ende, teilte. Unsere Erde teilt sich tatsächlich, es passiert etwa seit September 2013. Es gibt seither energetisch gesehen zwei Erden, eine Erde mit dem alten Bewusstsein und eine mit dem neuen Bewusstsein. Teilweise leben die Menschen auf zwei verschiedenen Planeten, die sich auf unterschiedlichen Dimensionen befinden, ohne davon zu wissen. Es gibt aber auch die, die sich für eine Erde entschieden haben.

Für mich fühlt es sich sehr klar und deutlich an, auf der neuen Erde zu sein. Ich spüre zum Beispiel, wenn ich unter Menschen bin, ob am Flughafen oder beim Einkaufen, dass ich nicht von dieser Erde bin, fast wie ein Eindringling oder ein Besucher komme ich mir vor. Die Menschen erscheinen mir zum Teil als wären sie irgendwie nicht real. Besser kann ich es nicht erklären. Ich reagiere auch sehr heftig auf Dinge, die zur alten Erde gehören, beispielsweise TV, Radio, Zeitungen oder Zeitschriften. Darin versucht man meist, die alte Erde noch aufrechtzuerhalten. Ich hoffe, dass dir diese Erklärungen helfen, deine aktuelle Situation besser zu verstehen und deine Entscheidung klar zu treffen. Deswegen auch gleich noch ein Wort zum Thema Schwingungen.

Eine erhöhte Schwingung bringt uns gleichzeitig auch unserer Essenz, dem Höheren Selbst, näher, dem, was wir wirklich sind, ohne die Konzepte und die Matrix der (alten) Erde. Durch diese Nähe zum Höheren Selbst über eine erhöhte Schwingung erfahren wir gleichzeitig auch Ruhe und Gelassenheit, da wir erkennen, dass uns niemand Leid oder Schmerz zufügen kann und wir immer geliebt und sicher sind in unserer Essenz.

Nun aber zu praktischen Hinweisen, wie du im Alltag deine eigene Schwingung erhöhen und dich somit der Geistigen Welt annähern kannst. Es sind letztlich die gleichen Punkte, die ich auch in meinem Buch zum Aura-Coaching angegeben habe. Überhaupt wiederholen sich ein paar Übungen, denn letztlich brauchen wir für alles feinstoffliche Arbeiten die gleichen Grundlagen. Der energetische Metabolismus in deiner Aura wird von der Schwingungserhöhung insgesamt profitieren. Er ist dafür verantwortlich, dass deine Energie von äußeren weltlichen Einflüssen nicht beeinträchtigt wird.

Tanzen

Tanzen gehört zu meinen Lieblingsbeschäftigungen. Ich tu das vor allem gern, bevor ich Kurse beginne, und auch während der Seminare wird viel getanzt. Das gesamte System wird dabei aktiviert, und die eigene Schwingung kann innerhalb kürzester Zeit erhöht werden. Also probiere es einfach mal aus: Leg eine Musik ein, die dir gefällt, und beweg dich einfach. Es geht dabei gar nicht darum, wie es aussieht, sondern nur darum, wie es sich für dich anfühlt. Tanzen wird dich auch erden und die Energie vom Kopf in den Körper zurückbringen, wenn du geistig aktiv warst.

Lachen

Lachen ist wie eine Massage für die Seele. Es stärkt unser Immunsystem und verbindet uns mit der Essenz des Lebens, die Freude ist. Es gibt Menschen, die sich das Lachen regelrecht abgewöhnt haben. Die gute Nachricht ist aber, dass man sich das Lachen wieder angewöhnen kann. Auch wenn es gerade nichts zum Lachen gibt, lache einfach. Für dein Körper-Geist-System macht das gar keinen Unterschied. Und du wirst merken, dass Lachen erzeugt eine positive Wirkung.

Eine Alternative zum Lachen, die mindestens genauso effektiv ist, ist folgende Klopftechnik. Du ballst deine rechte Hand zu einer Faust und klopfst mit ihr im Dreier-Rhythmus auf die Mitte der Brust am Brustbein und sagst dabei laut »Ha, ha, ha«. Du kannst das einige Male machen, denke aber daran, immer im Rhythmus zu klopfen. Dadurch aktivierst du die Thymusdrüse, die auf die Zahl Drei reagiert. Beim Ha-Sprechen kannst du die Mundwinkel noch etwas nach oben ziehen, so als würdest du lachen. Das wird den positiven Effekt auf Körper, Geist und Seele verstärken.

Sex

Der sexuelle Austausch zwischen Menschen, die in Liebe miteinander verbunden sind, kann die Schwingung des gesamten Systems steigern und auf ein höheres Level bringen. Gewisse tantrische Schulen haben dies bereits vor Jahrhunderten entdeckt und ein ausgeklügeltes System entwickelt, um die sexuelle Energie zu bündeln und in erwünschte Bahnen zu lenken.

Ernährung

Essen kann uns sehr viel geben, aber auch nehmen, wenn wir unbewusst essen. Unsere Schwingung wird deutlich darunter leiden, wenn wir das Falsche essen und zu wenig Lichtvolles und Lebendiges über die Nahrung aufnehmen. Es ist wichtig, eine gewisse körperliche und geistige Stabilität zu besitzen, wenn du channeln möchtest. Meine Erfahrung hat gezeigt, dass die Ernährung dabei eine ganz große Rolle spielt.

Ich ernähre mich, seit ich denken kann, vegetarisch und lebe nun seit einem Jahr auch vegan, das heißt ich verzichte auf jegliche tierische Produkte. Bereits nach wenigen Tagen veganer oder auch einfach vegetarischer Ernährung kann man eine ganz deutliche Schwingungserhöhung am Menschen erkennen. Viele spüren es auch an sich selbst, dass sie leichter und beschwingter geworden sind und sich viel weniger träge fühlen. Es ist aber auch hellsichtig ganz klar zu sehen, ob jemand vegetarisch/vegan lebt oder nicht. Vegetarier haben in den meisten Fällen eine viel weitere Aura, die sehr viel Licht in sich trägt. Dies ist auch nicht verwunderlich, da über die pflanzliche Kost mehr Licht und Lebensenergie aufgenommen wird als über tierische Nahrungsmittel. Erschwerend kommt bei Fleisch und Fisch noch hinzu, dass die Angst vor dem Tod und der brutale Akt der Tötung die Energie des Fleisches auf eine unverdauliche und dem Menschen nicht zuträgliche Art und Weise umpolt. Ich finde es bemerkenswert, wie viele Menschen heute auf vegetarische oder vegane Kost umstellen. Ich denke, dass eine solche Lebensweise einen großen Beitrag zur Erhaltung lebenswichtiger Ressourcen auf unserer Erde leisten kann.

Der Fleischverzehr führt auch dazu, dass die Nadis in unserem System dicht werden, sie sind dann nicht mehr durchlässig für Energie. Dies stellt natürlich eine Erschwernis beim Channeln dar. Wenn die Energiekanäle zu dicht sind, kann es sogar passieren, dass die Geistige Welt ein Channeling komplett verhindert, und zwar aus Sorge um das Medium. Denn würde man in dichte Kanäle geballte Ladungen von geistiger Energie einschleusen, könnte es zu Rissen in den Nadis kommen, was sehr unangenehme Konsequenzen nach sich ziehen kann.

Die vegetarische bzw. vegane Ernährung hat sich für den Erfolg beim Channeln enorm bewährt. Unsere Lebensweise als spiritueller Mensch, zu der natürlich auch die Ernährung zählt, sollte unsere innere Haltung zum Leben wiederspiegeln. Nicht nur dafür ist die »gewaltlose« vegane Ernährung ein wundervolles Mittel, um die Spiritualität des Innen im Außen zu leben.

Ich war viele Jahre der Überzeugung, dass eine komplett vegane oder auch vegetarische Ernährung nicht für jedermann geeignet ist, und diese Position vertrete ich immer noch. Wichtig scheint mir nur, dass man darauf achten muss, was genau man isst, aus welcher Quelle es stammt und welche Konsequenzen der Konsum hat. Der moderne Mensch muss einfach bewusst entscheiden, ob eine Lebensstiländerung ein Weg für ihn sein kann, einen Beitrag zu einer heileren und friedlicheren Welt zu leisten.

Wie sieht es nun aber mit der Erdung und einer veganen bzw. vegetarischen Lebensweise aus? Widersprechen sich beide nicht? Ich beobachte im Kreise meiner Schüler und Klienten immer wieder, dass Veganer wie Vegetarier unter einer gewissen nicht geerdeten Energie zu leiden haben. Fleisch, Fisch und auch Milchprodukte scheinen dann die Lösung zu sein. Aufgrund ihrer dichten und niedrigeren Frequenz senken sie die Schwingung, aber sie täuschen eine Erdung letztlich nur vor. Zwar ist man durch den Fleischkonsum auf körperlicher Ebene eher geerdet, aber der Geist ist meist nervös, unzentriert und diffus – also genau das Gegenteil von Erdung. Die geistige Ebene ist bezüglich der Erdung viel wichtiger als die körperliche. Ein klarer Geist in einem beschwingten Körper wäre optimal – und dies ist meiner Erfahrung nach nur durch pflanzliche Kost und eine bewusste spirituelle Praxis zu erreichen: der Verzehr von reichlich

Wurzelgemüse, Achtsamkeitsmeditationen, bewusste Körper-übungen, Aufenthalt und Spaziergänge in der Natur, das Trinken von heißem Wasser. All dies ruft eine wohltuende Erdung in Geist und Körper hervor.

Es ist schon erstaunlich, dass wir Menschen mit solch einem Luxus der Entscheidungsfreiheit gesegnet wurden, uns jedoch meist davor scheuen, bewusste Entscheidungen zu treffen, wie eben zum Beispiel bezüglich unseres Lebensstils. Dabei ist dies etwas Einmaliges! Menschen sind die einzige Spezies, die über einen freien Willen verfügt. Andere geistige und auch kosmische Wesenheiten entscheiden meist in einem Kollektiv, sie besitzen keinen individuellen Geist, sondern einen Gruppengeist. Für uns klingt das unvorstellbar und fast schon unerträglich, dabei ist es für die Wesenheiten überhaupt kein Thema. Man entschei-det ja möglichst im Einklang mit einem kosmischen Prinzip und weiß um den Lauf der Dinge im Universum und in der Geisti-gen Welt. Für uns Menschen sind die wahren Hintergründe meist verschleiert, es sei denn, wir wollen unseren Blick jenseits der Illusionen lenken, wie wir es beispielsweise auch beim Chan-neln tun. Zunächst aber erst einmal weiter mit den Dingen, die unsere Schwingung erhöhen und der Geistigen Welt anpassen können.

Bewegung

Eines der ersten und wichtigsten Dinge, die ich meinen Klien-ten, egal mit welchen Themen sie zu mir kommen, empfehle, ist Bewegung. Ein unbewegter und starrer Körper führt zwangsläu-fig dazu, dass die Energie im System erstarrt. Energie, die in Be-wegung ist, schenkt Lebendigkeit, Freude und Harmonie. Ener-gie, die steht, ist im Grunde genommen tot. Energie darf nicht stocken. Wenn der Körper bewegt wird, kommen auch die Ener-gien in uns in Wallung.

Ich empfehle dir, für dich herausfinden, welche Sportart oder Bewegungsform dir Energie gibt. Wenn du sie gefunden hast, solltest du sie regelmäßig und maßvoll ausführen. Übertriebener Sport kann nämlich zum Gegenteil führen, einer Schwingungsabsenkung, wenn das System erschöpft ist.

Schlaf

Ähnlich wie die Ernährung kann uns auch der Schlaf viel Energie geben, uns aber auch Energie absaugen, wenn wir zu viel schlafen. Der Schlafbedarf ist von Mensch zu Mensch sehr unterschiedlich, dein Maß musst du selbst herausfinden. Immer mehr Menschen leiden unter Einschlaf- und/oder Durchschlafproblemen, die viel damit zu tun haben, wie tagsüber gelebt wird. Wenn du ein sehr hektisches Leben führst und abends Mühe hast runterzufahren, solltest du dir Gedanken darüber machen, wie du das ändern kannst.

Frage dich auch einmal, wie viel Schlaf du wirklich benötigst. Gibt es Tage, an denen du einfach nur aus Bequemlichkeit oder Trägheit im Bett liegst? Fakt ist, dass wir seit der Schwingungserhöhung auf der Erde viel weniger Schlaf benötigen, es sei denn, wir durchleben gerade innere Prozesse der Reinigung.

Diese Punkte können dir helfen, langfristig deine Schwingung zu erhöhen. Aber achte darauf, dass du mit Leichtigkeit an die Sache herangehst. Deine Schwingung kannst du nicht mit Zwang auf eine andere Höhe bringen. Wenn du zu viel willst und dich zwingst, Dinge zu tun, auf die du eigentlich gar keine Lust hast, wird das deine Schwingung absenken. Du wirst aber auch Folgendes spüren: Je mehr du dich mit der Geistigen Welt befasst, umso mehr Impulse wirst du in dir spüren, dir etwas Gutes zu tun und gut für dich und deine Energie zu sorgen. Ein weiterer wichtiger Aspekt ist dabei die Balance in deiner Aura, die auch eine wichtige Basis fürs Channeln schafft.

Ausgleichen der Aura

Ich beschäftige mich nun seit einigen Jahren intensiv mit der Aura, und mein Buch »Aura Coaching« behandelt die Themen Aura-Ausgleich und Aura-Harmonie im Detail. Ich bilde mittlerweile Menschen zum Aura-Coach aus und beobachte immer mehr die Wichtigkeit einer ausgeglichenen Aura für die Gesundheit und das umfassende Wohlbefinden des Menschen. Wenn wir uns mit Channeln und Medialität intensiver beschäftigen wollen, sollten wir das Thema Aura-Ausgleich ebenfalls anschneiden, denn eine harmonische Aura kann die Verbindung zu geistigen Wesen erleichtern und verstärken. Sie dient dann sozusagen als eine Einladung an die geistigen Wesen, sich mit dem Medium zu verbinden. Eine Aura im Einklang kann sehr anziehend auf geistige Wesen wirken, sie fühlen sich in der Aura eines solchen Mediums einfach wohl. Sollten Ungleichgewichte da sein, werden sie teilweise auch von den geistigen Wesen aufgehoben, die dann eine intensivere Verbindung zu dem Menschen herstellen können. Gibt es jedoch fremde und störende Energien in der Aura, kann dies den medialen Kontakt sogar gänzlich verhindern. Wenn die Aura des Mediums in sich eine Fremdenergie, beispielsweise in Form eines Elementarwesens, aufweist, kann sich diese Energie zwischen den Menschen und das geistige Wesen stellen und die Verbindung blockieren.

Grundsätzlich kann man die Aura durch die Methoden der Schwingungserhöhung wunderbar reinigen und ausgleichen. Auch »Sitting in the Power« eignet sich wundervoll dafür (siehe Seite 59). Ein weiteres Mittel, um die Aura auszubalancieren, kann die folgende spezielle Meditation sein. Sie erhielt ich, wie es bei vielen anderen Meditationen ebenso der Fall ist, von der Geistigen Welt übertragen und wende sie für mich und meine Klienten mit großen Erfolgen an. Auch bei Kindern wirkt sie, wie mir von Klienten beichtet wurde, sehr gut. Auch bei dieser Meditation ist es das Beste, mit einem Partner zusammenzuarbeiten, der dich anleitet, oder du zeichnest den Text der Meditation auf und spielst ihn dir für die Praxis dann ab.

Aura-Balance-Meditation

– Zieh dich an einen Ort zurück, an dem du dich sicher und gut fühlst und für die kommende Zeit ganz ungestört für dich sein kannst. Mach es dir im Sitzen oder Liegen bequem, und lass uns beginnen.

– Nimm einen tiefen Atemzug, und lass mit der Ausatmung deine Augen zufallen, sodass sich die Augenlider ganz sanft berühren. Wir gehen nun gemeinsam in tiefe Schichten und Ebenen deines Energiesystems, und wenn wir diese Reise beendet haben, wirst du wahrnehmen können, dass du dich im Innen und Außen absolut ausgeglichen und erholt fühlst. Dein ganzes Energiesystem, das auch mit deinem Körper verwoben ist, wird komplett harmonisiert sein. Emotionen, die vielleicht in Unruhe waren, werden sich beruhigt haben, und du wirst einen Ozean voller Frieden und Liebe in deinem Herzen spüren können. Mit diesen Worten ist nun eine kraftvolle Intention für diese Meditation gesetzt, und wir können fortfahren.

– Während deine Augen weiterhin geschlossen bleiben, richtest du nun deinen Blick nach oben zwischen deine Augenbrauen zur Stirnmitte. Versuche während der gesamten Meditation die geschlossenen Augen nach oben gerichtet zu halten, aber so, dass die Augen oder Augenlider nicht verkrampfen. Diese Haltung aktiviert Hirnareale, die der Meditation dienlich sind, und wird dich automatisch in einen veränderten Bewusstseinszustand der Entspannung versetzen. Dadurch wird es dir leichter fallen, abzuschalten und der Nutzen, den du aus der Übung ziehen wirst, verstärkt sich.

- Richte nun deine Aufmerksamkeit voll und ganz auf deinen Atem. Beobachte, wie die Luft die Nasenlöcher mit der Einatmung sanft streicht und dann in Bauch und Brustkorb wandert. Während du ausatmest, spürst du, wie etwas wärmere Luft über die Nase wieder nach außen gelangt. Der Atem verbindet dich auf ganz natürliche Art und Weise mit einer höheren Intelligenz, die uns allen innewohnt. Du kannst diese Instanz inneres Wissen oder Höheres Selbst nennen. Wenn du bewusst atmest, lauschst du gleichzeitig deinem Inneren, das dir vielleicht etwas zu sagen oder zu zeigen hat.

- Es kann sein, dass du nun spürst, dass es Körperpartien gibt, die sich angespannt anfühlen. Wenn ja, lass diese Anspannungen mit einer kraftvollen Ausatmung los.

- Nun, da Körper und Geist entspannt sind, stell dir bitte vor, dass es da einen langen goldenen Mantel gibt, in den du nun hineinschlüpfst. Dieser Mantel reicht bis ganz nach unten zu deinen Füßen und hat sogar eine Kapuze, die du dir jetzt über den Kopf ziehst. Sieh dieses Bild von dir vor deinem inneren Auge, sieh, wie das Gold des Mantels wundervoll leuchtet und feinste Lichtpartikelchen aussendet.

- Diese Lichtpartikelchen dringen sogar in deinen Körper hinein. Du kannst spüren, wie es auf deiner Haut sanft kribbelt und wie sich der gesamte Körper mit Energie aufzuladen beginnt. Du erkennst in diesem Moment, dass dieser Mantel kein gewöhnlicher ist, sondern ein magischer. Er ist angereichert mit Prana, mit Chi, mit frischester Lebensenergie direkt aus dem Kosmos. Du lädst diese Energie in deinen Körper und insbesondere auch in die erste Energieschicht an deinem Körper: die Vitalhülle. Diese Energieschicht, ganz nahe am Körper, ist dafür verantwortlich, wie fit und vital du dich fühlst, und genau diese Schicht wird nun mit Lebensenergie aufgefüllt. Spüre und genieße dieses Gefühl der Energetisierung im Innen und Außen.

– Jedes Mal ab diesem heutigen Tag, wenn du etwas Goldenes siehst, wirst du ganz automatisch ohne jegliches Zutun deine Vitalhülle stärken und mit kosmischer Energie aufladen. Dies wird ganz von allein geschehen. Diese Information wird jetzt in dein System integriert.

– Deine Vitalhülle ist jetzt an eine höhere Energiequelle angebunden, und jedes Mal, wenn du diese Meditation praktizierst, wird sich dies um ein Vielfaches verstärken. Eine kraftvolle Vitalhülle stellt sicher, dass du dein Potenzial entfalten und leben kannst. Du bist und bleibst in deiner Energie und Kraft.

– Wenn wir nun fortfahren, kannst du gern deinen goldenen Mantel anbehalten. Du bemerkst nun, dass dein Körper sich noch tiefer entspannt hat und dass sich diese Entspannung immer schöner anzufühlen beginnt. Du fühlst dich einfach rundum wohl. Stell jetzt noch einmal sicher, dass deine geschlossenen Augen noch immer nach oben gerichtet sind.

– Richte nun deine Aufmerksamkeit jenseits des goldenen Mantels in den Raum direkt um dich herum, etwa im Umkreis von einem Meter rings um deinen Körper. Jenseits deines Körpers und deiner Vitalhülle befindet sich die Aura – dein energetischer Körper. Wandere nun in diesem Feld umher und beobachte, was es dort für Farben, Formen und Symbole gibt. Sind es weiche Pastellfarben oder eher kraftvolle? Beobachte alles, ohne es zu bewerten. Nimm einfach an, welche Informationen deine Aura beinhaltet. Die Aura kann dir vieles von dem spiegeln, was in deinem Leben energetisch abläuft und welche Signale du nach außen abgibst. Entsprechend erhältst du auch vom Universum Antworten.

– Nun, da du deine Aufmerksamkeit bis in die Aura hinaus ausgedehnt hast, wollen wir gemeinsam ein Programm in deinem Energiesystem installieren, das sicherstellen wird, dass die Aura sich selbst reguliert und harmonisiert, wenn dies nötig ist. Stell dir dafür vor, dass von einem für dich unbekannten und weit entfernten Ort ein kristallklares Licht in dein energetisches Herz, genau in der Brustmitte, fließt. Dieses Licht wird von deinem Herzen aus in die Aura abgestrahlt, und das gesamte Feld um deinen Körper herum erstrahlt in diesem Licht. Dieses Licht ist das reinste und klarste, das du je gesehen hast. Es ist so leuchtend, dass es dich fast blendet. Du badest in diesem Licht und fühlst, wie sich alle Energie ausgleicht und in eine angenehme Schwingung gebracht wird – eine Schwingung der Liebe und Klarheit, eine Schwingung von Frieden und Vergebung, eine Schwingung von Annehmen und Loslassen. Einfach wunderschön.

– Jedes Mal ab diesem heutigen Tag, wenn du Licht
siehst, ganz gleich von welcher Quelle, wird sich deine
Aura ganz automatisch ausgleichen und in eine wundervolle Schwingung der Heilung gebracht werden.

– Jetzt lass uns gemeinsam das Feld der Aura verlassen
und in die nächste Schicht deiner Energie vordringen –
in das Morpho-Feld. Hierfür lassen wir nun die Visualisierung von Licht und Farben hinter uns. Das Einzige,
was du nun tust, ist mir im Geiste innerlich nachzuspre-
chen: »Auch wenn ich nicht weiß wie, trete ich jetzt in
mein Morpho-Feld hinein, in dem alle Informationen
enthalten sind, die aus meiner Familie, von meinen
Vorfahren, meiner Rasse und meinem Karma stammen.

– Ich lösche, lösche, lösche jeden Grund, jede Struktur,
jedes Muster und jede Information in meinem Morpho-
Feld, die meiner Kraft, meiner Gesundheit, meinem
Glück und meinem Erfolg im Weg stehen. Jetzt.

– Ich reprogrammiere, reprogrammiere, reprogrammiere
all meine Energie im Morpho-Feld mit unterstützenden,
kraftvollen Glaubensüberzeugungen und Strukturen für
Gesundheit, Glück und Erfolg. Jetzt.

– Ich installiere, installiere, installiere eine göttliche Matrix
für perfekte Gesundheit, Langlebigkeit, Erfolg und
Glück auf allen Ebenen.«

– Nachdem du diese Sätze gesprochen hast, öffne
deinen Geist, um Bilder und Informationen zu empfangen, die nun gelöscht und neu programmiert werden.
Bleib ganz entspannt und gelassen, und genieße
diesen Transformationsprozess.

– Du hast bis hierhin alles wundervoll gemacht. Lass uns nun das letzte Feld deiner Energie betreten: das Feld der göttlichen Matrix, der Liebe, der geistigen Welt und deines Höheren Bewusstseins. Stell dir nun vor, wie vom höchsten Punkt deines Scheitels aus ein kristallklarer Lichtstrahl nach oben zum Himmel geht – eine Straße aus Licht, die dich jetzt mit den höchsten Ebenen und Dimensionen verbindet.

– Sprich nun innerlich folgende Sätze nach: »Auch wenn ich nicht weiß wie, verbinde ich mich nun mit dem Feld der göttlichen Matrix und der unerschöpflichen Möglichkeiten und lade alle Informationen und Energien in mein System, die ich benötige, um noch gesünder, glücklicher und erfolgreicher zu sein. Ich erkenne nun, dass ich nie von diesem Feld getrennt war, und mache mir dies nun auf allen Ebenen bewusst. Ich bin die göttliche Matrix in menschlicher Form und beginne ab heute, dies in Besitz zu nehmen.«

– Nun öffne deinen Geist, und lass alle Bilder und Informationen aus der Geistigen Welt und von deinem Höheren Selbst kommen, ganz ohne Urteil oder Bewertung. Wenn du möchtest, schicke auch Bilder von deiner Wunschwirklichkeit über deine Lichtstraße ins Universum – wie siehst du dich in dieser Wunschwirklichkeit, wie sind deine Lebensumstände, deine Familie und Freunde? Jetzt ist genau der richtige Zeitpunkt, um eine klare Vision für deine Zukunft zu kreieren. Es ist so einfach! Freu dich jetzt schon daran, dass du deine Vision der perfekten Zukunft bereits manifestiert hast.

– Sei stolz auf dich, darauf, dass du dich entschieden hast, diese Reise durch deine Energiefelder anzutreten.

Du kannst alles schaffen und manifestieren, was du dir wünschst. Du hast alles in dir, was du benötigst, um im Fluss des Lebens zu sein. Alles geschieht ab heute mit Liebe, Leichtigkeit und Gnade in deinem Leben.

– Jedes Mal, wenn du diese Meditation praktizierst, fühlst du dich besser und besser. Du wirst jedes Mal noch schneller entspannen und loslassen können. Du freust dich jetzt schon auf das nächste Mal.

– Nun ist es an der Zeit zurückzukommen. Du kannst nun deine Augen wieder in ihre natürliche Position bringen. Lass sie aber bitte noch geschlossen.

– Ich werde von 1 bis 3 zählen. Wenn ich bei 3 bin, wirst du wieder vollkommen im Hier und Jetzt sein und dich einfach wundervoll und ausgeglichen fühlen.

– 1: Nimm die Energie in deinem Körper wahr, wie sie stärker und stärker wird. Dein Geist wird langsam wach, und du fühlst dich voller Freude und Leichtigkeit.

– 2: Du fühlst dich großartig, und du weißt, dass diese Meditation dir mehr Kontrolle über dein Leben und deine Energie gebracht hat und dich näher an deine Wunschwirklichkeit heranbringt.

– 3: Du bist jetzt hellwach, bereit für den restlichen Tag, und du fühlst dich einfach wundervoll!

Ich hoffe, es hat dir Spaß gemacht, diese Meditation zu praktizieren – es ist eine prima Vorbereitung für das eigentliche Channeln. Du kannst sie gern ganz nach Belieben mehrere Male in der Woche üben, um sicherzustellen, dass deine Aura stets ausgeglichen und harmonisch ist. Deine Verbindung zur Geistigen Welt wird dadurch ein nächstes Level erreichen. Dies kann allerdings dadurch etwas abgebremst werden, dass blockierendes Karma in deinem System liegt – und darum kümmern wir uns als Nächstes.

Neutralisieren von Karma

Karma, das ist ein sehr großes und komplexes Thema. In alle Details zu gehen würde ein eigenes Buch erfordern. Dennoch möchte ich diesen Bereich hier nicht außer Acht lassen, da ich sehr häufig beobachten konnte, wie Karma unterschiedlichsten Ursprungs das Channeln und den medialen Kontakt beeinträchtigt.

Ich definiere Karma so: Es besteht aus allen feinstofflichen und grobstofflichen Abdrücken von vergangenen und gegenwärtigen Taten, Worten und Gedanken, die sich als eine Wirkung im Jetzt oder als ein zukünftiger Trend manifestieren können. Vergangenheit kann dabei selbstverständlich auch auf vergangene Leben bezogen sein. Das Karma kann über unzählige Inkarnationen hinweg angesammelt werden, wenn es nicht aufgelöst wird.

Das Konzept Karma wird häufig auf das Ursache-Wirkungs-Prinzip, resultierend aus früheren Leben, beschränkt. Aber es kann weitaus mehr beinhalten als das, was wir aus früheren Leben als Resultate unseres Seins und Handelns in das jetzige mitbringen. Karma wird teilweise aus der Ahnenlinie übernommen, oder wir erschaffen in unserem gegenwärtigen Leben Karma, das sich bis auf DNA-Ebene auswirken kann. Karma beeinflusst unser Denken, Fühlen und unseren Lebensstil. Gleichzeitig wirkt es sich auf unsere Entwicklung als Mensch und spirituelles Wesen aus.

Es kann seinen Ursprung an unterschiedlichen Orten haben, zu denen insbesondere unser Geist gehört, das Denkinstrument, das mehr umfasst als unser Gehirn. Negative und chaotische Gedanken, die nicht im Einklang mit dem göttlichen Prinzip stehen, können zu Karma werden, wenn sie oft genug und mit einer bestimmten Intensität gedacht werden. Der Geist herrscht immer über die Materie und bestimmt auch die Qualität unseres Resonanzfeldes. Durch negative Gedanken und Handlungen, teilweise sogar aus früheren Inkarnationen, verankern wir sehr viel belastendes Karma in unserem Energiesystem. Dies führt zu einer gewissen Undurchlässigkeit des Systems für geistige Energien. Gleichzeitig kann Karma auch die Funktionalität der Chakras negativ beeinflussen. Besonders hartnäckiges Karma wird von einer Inkarnation zur anderen mitgenommen, und es kann sogar mehrere Seelen brauchen, damit es aufgelöst werden kann.

Dein wahres Bewusstsein ist in der Lage, in dein gesamtes energetisches System und darüber hinaus in alle existierenden Energiefelder auf der Erde und im Kosmos einzugreifen. Das impliziert, dass sich dein Bewusstsein mit der Schöpferkraft und allen geistigen Wesen verbinden kann. Dafür müsste dein System aber möglichst karmafrei sein. Es wäre fatal und spiritueller Hochmut zu denken, dass jeder Channeler karmafrei wäre. Es ist aber in der Regel so, dass die wirklich erfahrenen Medien frei von schwerem, seelisch belastendem Karma sind und dass sie sich mit ihrem Karma auch weniger identifizieren als andere Menschen.

Vergleichbar mit einem Schatten, der auf unser inneres Wissen und Können fällt, kann sich Karma stark auf unsere medialen und sensitiven Fähigkeiten auswirken. Je weniger karmische Belastung ein Mensch aufweist, umso mehr fühlt er sich im Einklang mit der Geistigen Welt und kann sie dadurch auch besser durch sich wirken lassen. Karma wirkt wie eine Art Kleber, der versucht, uns an die irdische Existenz mit ihren Einschränkungen zu binden. Wenn wir channeln, verlassen wir diese Ebene auf eine bewusste Art und Weise und kehren danach wieder willentlich zu ihr zurück. Mit einem schweren Karma ist das nicht möglich.

Karma ist meist auch stark an das Konzept Angst gebunden. Viele Menschen haben Angst vor ihrer eigenen Medialität, vor ihrem eigenen Können. Vielleicht mussten sie in einem früheren Leben für ihre Fähigkeiten und ihr Wissen büßen oder sogar mit dem Leben bezahlen. Es ist wichtig, der Angst, die man in sich spürt, den Nährboden und damit die Macht zu entziehen. Das heißt: Geh der Angst nach, und versuche sie mit einem positiven Gefühl wie Vertrauen, Dankbarkeit und Liebe zu überfluten. Angst kann dadurch neutralisiert werden. Vor allem deine Entscheidung, dem Karma nicht mehr unterlegen sein zu wollen, macht dich stärker, und du kannst es neutralisieren.

Je weniger Karma wir an uns haben, umso höher schwingen wir und umso näher kommen wir der Geistigen Welt. Dabei kann auch viel schneller eine gut durchlässige Verbindung zur Geistigen Welt hergestellt werden. Natürlich gibt es viele Wege, um Karma zu neutralisieren. Negative Energien lösen sich beispielsweise auf, indem wir gute Taten vollbringen. Dabei geht es nicht nur darum, anderen Menschen etwas Gutes zu tun, sondern auch sich selbst. Das vergessen wir sehr oft. Positives Karma lässt sich in der Tat am besten aufbauen, wenn du etwas Gutes und Erfreuliches für dich tust. Das kann beispielsweise Yoga, Meditation, genussvolles Essen oder einfach süßes Nichtstun sein. All das aktiviert die Selbstliebe in dir und versetzt dein Resonanzfeld in die Schwingung der stärksten Kraft im Universum, der Liebe.

Zudem gibt es spezielle Meditationstechniken, um Karma zu löschen. Die effektivste ist aus meiner Sicht die Verbindung zu Saint Germain und seinem violetten Licht. Er ist der Meister der Transformation und unterstützt uns in Prozessen der Karma-Bereinigung. In Verbindung mit der heiligen Geometrie können zusätzlich hochfrequente Schwingungen einbezogen werden, die den Prozess intensivieren.

»Re-Karma« mit Saint Germain

– Zieh dich für etwa zwanzig Minuten an einen ruhigen und geschützten Ort zurück, und schließe deine Augen. Achte darauf, dass dein Körper in einer ruhigen und aufrechten Position verweilt.

– Nimm ein paar bewusste Atemzüge, und stell dir vor, dass du inmitten einer goldenen Pyramide sitzt.

– Nun rufe in Gedanken den Aufgestiegenen Meister Saint Germain an, und bitte ihn darum, dich bei der Löschung von Karma auf allen Ebenen deines Seins zu unterstützen. Du wirst nun vielleicht unterschiedliche Phänomene wahrnehmen können, zum Beispiel eine Veränderung in der Temperatur, innere Hitze oder ein Gefühl von schwerem Atem. Es könnte sich so anfühlen, als wäre die Luft um dich herum plötzlich viel dicker und kompakter. Das ist sehr typisch für die Präsenz von Saint Germain. Nimm diese Dinge für einen Moment wahr, und lass sie dann gedanklich los.

– Nun versuche dir vorzustellen, dass du von einer violetten Flamme umgeben bist, die weder heiß noch kalt ist. Das Feuer lodert um dich herum. Du siehst dieses Bild vor deinem inneren Auge oder baust diesen Gedanken von der violetten Flamme für ein paar Momente auf – und lässt ihn dann wieder komplett los.

– Nun geht es darum, dass du einfach nichts tust. Es werden unterschiedliche Bilder, Symbole und Körperempfindungen hochkommen, die mit der Löschung von Karma zu tun haben. Vielleicht tauchen sogar Szenen von vergangenen Erlebnissen auf, bei denen du Karma

angehäuft hast. Es kann aber auch sein, dass nichts
Merkliches passiert und du auch nichts siehst. Das
kann darauf hinweisen, dass deine Psyche dich vor den
inneren Bildern schützt. Es heißt jedoch nicht, dass kein
Karma gelöscht wird.

– Du solltest die meditative Haltung so lange aufrechterhalten, bis du merkst, dass keine Bilder oder Empfindungen mehr aufkommen bzw. dass du innerlich
unruhig wirst. Dann bedanke dich bei Saint Germain,
und komm zurück ins Hier und Jetzt.

Anfangs ist es häufig so, dass sehr viele innere Bilder auftauchen.
Mit der täglichen Praxis geht die Intensität aber meist nach drei
oder vier Wochen zurück. Das zeigt dir dann, dass der Großteil
des alten Karmas gelöscht wurde. Du solltest die Meditation aber
auch dann in regelmäßigen Abständen praktizieren, um auch
neu erworbenes Karma gleich wieder zu neutralisieren.

Vergebungsprozesse

Neben der Karma-Neutralisierung ist die Vergebung eines der
wichtigsten Dinge, die eine solide Basis für die mediale Arbeit
und das Channeln schaffen. Es ist vielleicht nicht auf Anhieb
einleuchtend, wieso Vergebung die medialen Fähigkeiten beeinflussen sollte, deswegen möchte ich es genauer erläutern.

Wir schauen uns als Erstes das Thema der Selbstvergebung an.
Das ist sogar noch wichtiger als die Vergebung gegenüber jemand
anderem, denn nur jemand, der sich selbst vergeben kann, wird es
auch bei anderen Menschen tun können. Nichtvergebung gegenüber unserem eigenen Selbst impliziert, dass es da etwas gibt, was

wir an uns oder unseren Taten oder Gedanken nicht annehmen, nicht integrieren, nicht lieben können. Ein inneres Ungleichgewicht hat sich eingestellt und nagt an uns. Dies kann komplett im Unterbewusstsein geschehen, weil es von uns irgendwann dorthin weggepackt wurde. Vielleicht sind es alte Geschichten, mit denen wir nichts mehr zu tun haben wollen, aber verziehen haben wir uns oder anderen Menschen die Vorkommnisse nicht.

Vergebung uns selbst gegenüber kann uns von diesen alten Lasten befreien. Wenn wir nicht vergeben, werden wir unfrei in unserem Herzen, in unserem Denken und Sein. Ich konnte immer wieder beobachten, dass Menschen, die sich selbst oder anderen nicht vergeben hatten, nicht loslassen konnten. Es fühlte sich für mich fast so an, als hätten sie Fesseln an ihrer Seele, die sie an Illusionen banden. Meist sind es Menschen mit einem inneren Zwang, alles in ihrem Umfeld zu kontrollieren und zu ordnen. Sie tun dies, um ein inneres Ungleichgewicht oder ihr inneres Chaos, das aus der Nicht-Vergebung resultiert, ausgleichen zu können.

Oft scheitert unsere Vergebung auch daran, dass wir den Mut und die Kraft nicht aufbringen, vergangene Taten und Handlungen anzusehen und sie für uns auf eine Weise zu erklären, die das eigene Selbst nicht verletzt. Buddhisten gehen davon aus, dass »böse« Taten und Gedanken aus Gründen der Unwissenheit geschehen, und dies fühlt sich auch für mich sehr stimmig an. Manchmal reden uns unser Verstand und die Welt um uns herum Dinge ein, die nicht im Einklang mit der Schöpferkraft stehen – und wir tun sie dann wider besseres Wissen. Ein klarer und zentrierter Geist könnte dem entgegenwirken, ist aber nicht immer gegeben. Vergebung fühlt sich einfacher und leichter an, wenn wir unsere Fehlschritte mit unserer Unwissenheit erklären. Man wusste einfach nicht, wie man besser hätte denken, fühlen, sprechen oder handeln können.

Wenn du es schaffst, dir selbst in die Augen und in dein Herz zu blicken und alles in Liebe anzunehmen, was zur Vergangenheit gehört, wird sich dir im Jetzt eine große Möglichkeit der spirituellen Entwicklung eröffnen. Du wirst dich von der Last der Vergangenheit, aber auch gleichzeitig von der Bedrohung durch die Zukunft lösen. Und wenn du dir selbst vergeben hast, wirst du auch anderen Menschen vergeben können, da du erkennen wirst, dass wir letztendlich alle eins sind. Daher ist auch dies wahr: Es gab noch nie etwas zu vergeben, und es wird auch nie etwas zu vergeben sein.

Ich weiß nicht, ob es nur mir aufgefallen ist oder vielleicht auch dir, dass es in letzter Zeit einen spürbaren und nicht zu leugnenden Trend in der Esoterik-Szene gibt: Vergebung hat sich zu einer Eintrittskarte in die spirituelle Welt verwandelt. Dann heißt es: Bevor du nicht vergeben hast, kannst du dich selbst nicht als spirituell bezeichnen. Ich halte nichts davon. Ich ging dem Thema etwas nach und fand sehr interessant, was bei meiner Google-Suche für Vergebung herauskam: Ganz häufig erschien Vergebung im Zusammenhang mit Sünde. Wenn wir das nun im philosophischen Sinne zu deuten versuchen, dann heißt es, dass man nur dann Vergebung erteilen oder empfangen kann, wenn man davon ausgeht, dass es so etwas wie Sünde oder Fehler gibt. Für einen spirituell erwachenden Menschen ist jedoch dieser Schritt einer der wichtigsten: Er sollte alle gedanklichen Konstrukte wie »böse«, »schändlich« oder »sündhaft« hinter sich lassen. Denn sie implizieren, dass es einen Täter und ein Opfer gibt. Das jedoch ist eine Illusion.

Ich gebe es offen zu: Es gibt Menschen, denen ich bis heute wahrscheinlich nicht komplett vergeben habe, und zwar aus dem Grund, dass sie anderen, die mir am Herzen liegen, wehtaten. Ein Aspekt meines menschlichen Seins hat das nie komplett akzeptiert. Aber: Ich habe erkannt, dass diese Menschen einfach unwissend und unklug gehandelt haben. Das entschuldigt gewisse Dinge nicht, aber es besänftigt mein Herz. Wenn ich an diese Menschen denke oder sie sehe, fühle ich einfach nichts. Eine Neutralität, die mein Herz sogar heilt. Dadurch konnte ich letztlich mit der Sache abschließen.

Noch einmal der wichtigste Punkt, wenn es um Vergebung geht: Es gibt nie ein Opfer oder einen Täter, sondern alles ist Energie, die sich wandelt und versucht, sich auf ihre Art und Weise zu entfalten. Das nimmt dem Thema der Vergebung die Schwere, und mit der so entstehenden angenehmen Leichtigkeit können wir zur nächsten Übung übergehen, die die Selbstvergebung voranbringt. Sie ist aus der buddhistischen Mitgefühlsmeditation weiterentwickelt, und ich habe sie auch schon im »Aura Coaching« beschrieben, da sie für die mediale Arbeit insgesamt hilfreich ist.

Mitgefühlsmeditation

— Nimm eine bequeme und stabile Sitzhaltung ein. Spüre, wie geerdet und in dir ruhend du bist, und nimm wahr, dass die Erde dich liebevoll stützt. Atme in dieser vollkommenen Position bewusst ein und aus, ohne den Atem auf irgendeine Art und Weise beeinflussen zu wollen.

— Nun richte deine Atmung auf dein Herz, und spüre, wie von diesem Ort aus ein warmes Licht nach außen strahlt und du dich in diesem Licht angenehm behütet und geliebt fühlst.

— Rufe dir jetzt einen Menschen ins Gedächtnis, den du liebst, mit dem du vollkommen im Reinen bist und der auch dich liebt. Diese Person kann jemand aus deiner Familie oder aus deinem Freundeskreis sein. Sieh diese Person vor dir, und beginne, sie in das Licht deines Herzens einzuhüllen. Erlaube dir, dass dein Herz noch offener und weicher wird, und sende dein ganzes Mitgefühl zu diesem Menschen. Konkret musst du dir dabei nichts vorstellen, und es geht auch nicht darum, was du denkst, sondern um das, was du fühlst. Rufe dir ins Gedächtnis, was für Schwierigkeiten und Leiden diese Person schon zu durchleben hatte, und spüre, dass du für all diese Dinge ein tiefes Mitgefühl in dir trägst.

– Und nun sprich innerlich folgende Sätze zu der Person, der du dein Mitgefühl geben möchtest: »Möge dein Herz voller Güte und Liebe sein, und mögen alle Schwierigkeiten der Vergangenheit von deinem Herzen abfallen. Mögest du getragen sein von den sicheren Flügeln deines Herzens. Mögest du immer glücklich und gesund sein und die Buddhanatur in dir selbst erwecken.«

– Nun kannst du sehen, wie die Person lächelt und strahlt und wie sich ihr Herz nun auch für dich öffnet. Direkt aus dem Herzen des anderen kommt ein Licht auf dich zu und bringt dich zum Leuchten. Du blickst tief in die Augen dieses Menschen und kannst sehen, wie sie leuchten und dich mit tiefer und inniger Liebe anblicken. Du spürst das Mitgefühl, das dieser Mensch für dich spürt, und die Liebe, die er für dich empfindet. In ihr beginnt sich jetzt die Liebe zu reflektieren, die du für dich selbst empfindest.

– In diesem Moment erkennst du, wie liebenswert, voller Mitgefühl zu dir selbst und wertvoll du doch bist. Du öffnest dein Herz immer mehr für die Selbstliebe und erlaubst dir, alle Schwierigkeiten und Probleme der Vergangenheit loszulassen. Dein Herz beginnt sich zu heilen und für dich selbst zu öffnen. Gleichzeitig breitet sich in dir nun ein Gefühl von tiefer Dankbarkeit aus für alles, was du bist.

- Du siehst und hörst, wie die geliebte Person nun Worte des Mitgefühls zu dir spricht: »Möge sich dein Herz in diesem Moment erweichen, und mögest du den Ozean der Liebe in dir spüren. Das Hier und Jetzt ist frei von allen vergangenen Schmerzen und Leiden, und du lässt zu, dass dein Herz aufblüht.«

- Während der andere zu dir spricht, ist es fast so, als wärest du derjenige, der zu dir spricht. Und tatsächlich beginnt sich der andere Mensch nun in dich zu verwandeln, und du siehst, wie du direkt vor dir selbst stehst und dich selbst anlächelst. In wenigen Momenten verwandelst du dich nun in deine kindliche Form. Du nimmst dich als Kind in deine Arme und schenkst dein tiefstes Mitgefühl diesem Erdenkind, das du bist.

- Genieße das Getragensein und die Selbstliebe. Wenn du dich so weit fühlst, komm langsam aus der Meditation zurück, und lass die erweckte Energie des Mitgefühls in dir nachschwingen.

Die Vergebung schließt unsere Techniken für eine gesunde Basis fürs Channeln ab. Zum Schluss dieses Kapitels möchte ich noch einmal betonen, dass es bei den angeführten Dingen und Übungen nie darum geht, Meisterin bzw. Meister zu werden. Ich möchte mit diesen Ausführungen deine Aufmerksamkeit und deine Energie in eine bestimmte Richtung lenken, die dir als spirituelles Wesen in einer irdischen Inkarnation das Leben und das mediale Arbeiten verschönern und erleichtern kann.

Ich glaube, dass das Glück des Menschen von vielen unterschiedlichen Komponenten abhängt und dass wir jeden Tag unser Glück mehren und andere Menschen daran teilhaben lassen können. Glücklich zu sein erhöht deine Schwingung natürlich ebenso und bringt dich der Geistigen Welt näher. Alle Übungen wollen dir Wege zum Glück aufzeigen, zu deinem wahren Selbst und zu deiner ewigen Verbindung zur Geistigen Welt.

Klarheit der inneren Absichten

Ein letzter Punkt zu den Vorbereitungen hängt mit dir als Person zusammen, denn letztlich ist es immer entscheidend, wie derjenige gestimmt ist, der medial arbeitet. Für mich ist es wichtig, dass alles, was ich übermittle, einer sehr zuverlässigen und »echten« Quelle entspringt. Das heißt nicht, dass ich mich nur an meine eigenen Channelings halte. Ganz im Gegenteil. Es geht nie darum, wer channelt, sondern was gechannelt wird und wie qualitativ hochwertig und beweisbar die erhaltenen Informationen sind. Das aber hängt dann eben doch wieder mit der »Reinheit des Kanals« zusammen. Ich habe bereits mit Menschen gearbeitet, die in ihrem Leben noch nie gechannelt hatten, die aber bei der ersten Session gleich zu einem Kanal für ein Mitglied aus dem Rat der Weisen wurden. Das zeigt mir, dass es nie darum geht, wie »weit« eine Person aus unserer menschlichen Sicht spirituell oder medial entwickelt ist. Glaub mir, ich habe auch schon viele Menschen getroffen, die sich selbst Medien nennen und mir alles andere als spirituell erschienen. Oft sind es »ganz einfache« Menschen, die ein extrem hohes spirituelles Potenzial haben.

Medialität, wie sie beispielsweise nach dem englischen Spiritualismus praktiziert wird, ist ein Handwerk wie Schustern oder Schreinern. Das Können und Wissen in diesem Handwerk setzt definitiv keinen gutmütigen, erhabenen und spirituellen Geist voraus. Die Kombination aus beidem, das heißt mediales und spirituelles Potenzial in einer Person, ist natürlich das Beste und langfristig gesehen auch das, was den größten Nutzen für alle bringt. Solche Menschen zeichnen sich vor allem durch eine mitfühlende Selbstlosigkeit aus, und ihre Erscheinung allein ist schon erhebend und erleuchtend. Ich hatte die Ehre, einige wenige solche Menschen zu treffen, und sie haben mein Leben bereichert. Eine nicht auf spirituelle Art gelebte Medialität wird letztlich keine Basis haben. Schlimmstenfalls kann sie das Medium sogar unglücklich oder krank machen. Auch das durfte ich an gewissen Channelern beobachten.

Ich möchte dir daher ans Herz legen, deine Motive hinter der medialen Arbeit und dem Channeln zu hinterfragen und dir ein klares Bild darüber zu machen, was das Channeln mit dir machen und wie es dein Leben verwandeln kann. Vielleicht unterscheidet sich dieses Buch von vielen anderen spirituellen Praxisbüchern auch darin, dass du als ganzheitliches Wesen aufgefordert wirst, Verantwortung für deine medialen Gaben zu übernehmen und zu lernen, sie wertzuschätzen und in den Dienst an anderen Menschen zu stellen.

Medialität, Channeln und ihre Bedeutung für dich

Für diese Übung musst du dich nicht an einen vollkommen geschützten und ruhigen Ort zurückziehen. Dennoch sollte deine Umgebung dich darin unterstützen, in eine innere Kontemplation zu gehen. Leg dir ein Stück Papier und einen Stift bereit, und lies dir in Ruhe die folgenden Fragen durch. Finde deine ehrlichen, persönlichen Antworten, und notiere sie.

– Warum möchte ich channeln?

– Was ist die Basis meiner Medialität?

– Was ist die Geistige Welt für mich?

– Was ist »böse«, was ist »gut«?

Die Liste der Fragen ließe sich noch weiterführen. Aber wenn du den Fokus auf diese Fragen richtest und sie ausführlich beantwortest, hast du dir bereits das Wesentliche klargemacht. Es gibt hierbei keine falschen oder richtigen Antworten. Sie sollten jedoch für dich stimmig sein und deine Intention spiegeln. Das Wichtigste ist, dass du ehrlich zu dir selbst bist.

Vielleicht gibt es da einen Teil in dir, der sich durch das mediale Arbeiten profilieren möchte. Es kann auch sein, dass sich dein Ego in die spirituelle Arbeit einmischt und sich von anderen Menschen durch die Ausübung von spirituellen Techniken absetzen möchte. Vielleicht geht es dir nur um das »Anders-Sein« und nicht um das Thema. Solche Anteile in sich aufzuspüren ist wichtig, es wird deinen weiteren Weg klären.

Ich wollte dir diese Impulse unbedingt geben, da auch die innere Kontemplation und Beschäftigung mit deinen Absichten darüber bestimmen wird, wie gut du dir selbst oder anderen als Medium helfen kannst. Ich muss ehrlicherweise sagen, dass ich mit solch einer Übung in keiner von den Ausbildungen und Fortbildungen, die ich absolviert habe, konfrontiert wurde. Man fragte mich nie, wieso ich eigentlich als Heilerin und als Medium arbeiten wolle. Ich möchte es aber in diesem Buch, das das Thema allumfassend behandelt, nicht versäumen, dich auch auf deine inneren Absichten zu stoßen. Du wirst dann umso klarer merken, dass sich diese Absichten mit der Zeit immer mehr verlagern und verändern werden.

Ich persönlich erlebte es zu Beginn meiner Arbeit als Medium an mir, dass ich sehr darauf bedacht war, Dinge zu beweisen: die Existenz der Geistigen Welt, der Aura, des Feinstofflichen und so weiter. Je mehr ich aber etwas zu beweisen versuchte, umso mehr wurde mir klar, dass wir als Medien anderen Menschen nie etwas direkt beweisen können. Unsere Aufgabe sollte sein, Menschen die Erfahrung des Geistigen, Jenseitigen oder Göttlichen zu schenken, und nicht, ihnen unsere Erfahrungen und Beobachtungen aufzudrängen. Aus diesem Grund arbeite ich heute vor allem als Lehrende, die die spirituellen Techniken für andere erfühlbar machen möchte. Denn wenn man die Geistige Welt einmal klar an seiner Seite gespürt hat, ihr Wirken wirklich gefühlt hat, benötigt man nie wieder einen Beweis. Und genau das ist das Stichwort für das nächste Kapitel, in dem du deine ersten Channel-Erfahrungen machen und all die Wesen kennenlernen wirst, die dir dabei begegnen könnten.

DAS CHANNELN
UNTERSCHIEDLICHER
WESENHEITEN

Wenn wir auf eine Reise gehen, dann wollen wir wissen, wohin uns diese Reise führen wird und wem wir dort begegnen werden. Du wirst durch das Channeln eine komplett neue Welt betreten, die auch Dinge bereithalten wird, die absolut jenseits deiner Vorstellungen liegen. Auch wird dein innerer Wächter öfter seine Stimme erheben und dich vielleicht auch warnen, dass du deinen »Verstand verlieren« wirst. Das wird aber nicht passieren. Halte dich einfach möglichst genau an die Schritte eines professionellen und vertrauensbasierten Channelns, wie ich es in diesem Buch in unterschiedlichen Varianten beschreibe.

Ich denke, dass dies wirklich ein heikler und wichtiger Punkt ist. Die Menschen heute channeln alles und jeden, der ihren Weg kreuzt, und übermitteln wild Botschaften, ohne zu wissen, was diese Informationen alles anrichten könnten. Ich möchte vor allem in Bezug auf das Channeln immer ein kritisches Auge behalten. Das heißt nicht, dass ich mich neuen Möglichkeiten verschließe. Ich musste nur schon mehrfach Zeuge davon werden, wie Menschen ihre Verbindung zu sich selbst verlieren und die Anbindung an andere Ebenen missbräuchlich benutzen. Das Channeln sollte immer eine Technik sein, die selbstermächtigend auf die beteiligten Menschen wirkt und sie ihre eigene Vollkommenheit auf allen Ebenen sehen lässt. Dies kann aber ausschließlich dann passieren, wenn höhere Energien kontaktiert werden und nicht einfach »irgendwas« gechannelt wird. Aus diesem Grund möchte ich dieses größte Kapitel des Buches all den Wesenheiten widmen, die uns beim Channeln begegnen könnten, all den vielfältigen Wesen, die vor allem eines wollen: uns erheben und erleuchten. Während ich dir diese Ebenen, Dimensionen und Wesenheiten vorstelle, leite ich dich in Übungen und Meditationen zu ersten Channel-Erfahrungen an. Du übst also immer gleich ganz praktisch mit. Und wenn du dir dann einen Überblick über die Dimensionen der feinstofflichen Wesen verschafft hast, wirst du gleichzeitig auch wissen, wie das Channeln funktioniert. Auf dieser Basis kannst du dann sehr gut selbstständig – und natürlich mit Unterstützung deines immer stärker werdenden geistigen Teams – weiterforschen und deine Medialität ausbauen.

Einen Gesamtüberblick über die unterschiedlichen Seinsebenen und Wesen gibt dir ein Schaubild, die »Map of Creation«. Ich möchte dir gern vorab sagen, wie sie einzuschätzen ist: Diese Übersicht ist nichts anderes als eine Struktur für deinen bewussten Verstand. Ob es letztendlich in der Geistigen Welt oder in den anderen Ebenen wirklich so aussieht, weiß ich schlichtweg nicht. Alle Informationen, die du insbesondere in diesem Kapitel erhalten wirst, entspringen zu 100 Prozent Channelings, die entweder von mir, gewissermaßen als Guardian, durchgeführt oder durch mich erhalten wurden. In den meisten Fällen wurde ich selbst in eine tiefe Trance geführt, und es wurde ein Wesen gerufen, dass uns Auskunft über die unterschiedlichen Dimensionen geben kann. Die Informationen, die wir dadurch erhielten, wurden dann durch einen anderen Channeler und ein anderes gechanneltes Wesen gegengeprüft.

Diese Übersicht ist also dafür gedacht, deinen inneren Wächter zu beruhigen und deinem Hirn »Futter« zu geben, sodass auch der Verstand beruhigt ist und nicht dazwischenfunkt. Ob alle

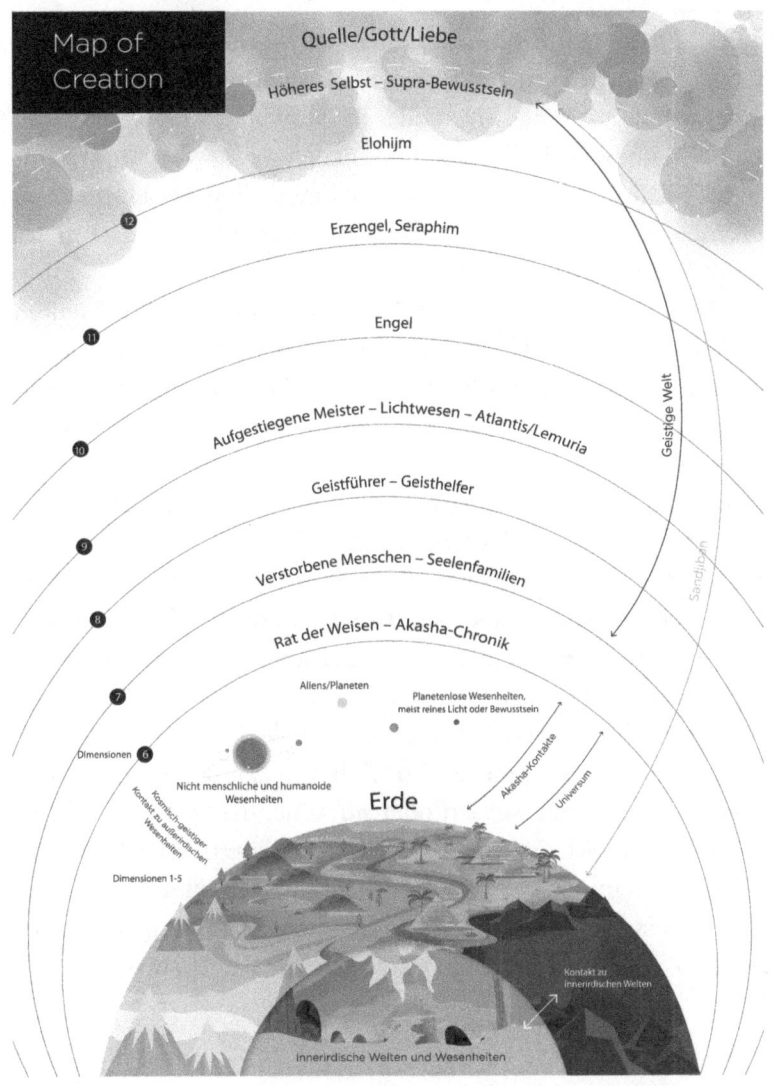

Map of Creation

Quelle/Gott/Liebe

Höheres Selbst – Supra-Bewusstsein

Elohijm

Erzengel, Seraphim

Engel

Aufgestiegene Meister – Lichtwesen – Atlantis/Lemuria

Geistführer – Geisthelfer

Verstorbene Menschen – Seelenfamilien

Rat der Weisen – Akasha-Chronik

Geistige Welt

Seeldüben

Aliens/Planeten

Planetenlose Wesenheiten, meist reines Licht oder Bewusstsein

Dimensionen

Nicht menschliche und humanoide Wesenheiten

Kosmisch-geistiger Kontakt zu außerirdischen Wesenheiten

Akasha-Kontakte

Universum

Erde

Dimensionen 1-5

Kontakt zu innerirdischen Welten

Innerirdische Welten und Wesenheiten

Details in der Übersicht den Tatsachen entsprechen oder einfach nur eine Illusion sind – keine Ahnung. Natürlich stammen sie aus vertrauenswürdigen Channelings, aber ein vollständiges Bild können wir wohl nie erlangen. Fakt ist, dass es gar nicht möglich ist, in unserem menschlichen Denken ein Konzept zu verstehen, das all unsere geistigen Kapazitäten des Wachbewusstseins übersteigt. Treten wir hingegen in den Zustand der Trance ein, erscheint uns mit einem Mal alles so sinnvoll und einleuchtend. Dann können und sollten wir versuchen, es in Worte und Konzepte zu gießen, um es unseren Mitmenschen verständlich zu machen. Wir sollten uns dabei nur bewusst bleiben, dass dieses Verstehen Grenzen hat.

Das Channeln, wie ich es heute an mir und meinen Klienten praktiziere, ist das offenste und durchlässigste System, das ich je im spirituellen Bereich kennengelernt habe. Wenn du denkst, dass ein Channeling absehbar oder berechenbar ist, hast du schon verloren. Vielleicht mögen dir die Schritte in die Trance bekannt sein und strukturiert vorkommen – der Rest, alle weiteren Schritte und wie das Channeling letztendlich ablaufen wird, das wird nur in geringem Maße von dir beeinflussbar sein. Wie ich bereits erwähnt habe, kann man natürlich ein bestimmtes Wesen, zum Beispiel einen Engel, anrufen, aber ob dieser Engel sich dann mit dem Channeler verbinden kann oder will, können wir nicht wissen. Das Medium muss vor allem die entsprechende Resonanz zu der Energie des Engels haben, sonst kann keine Verbindung hergestellt werden oder nur eine, die sehr schwach ist. Wenn wir als Medien eine gewisse Brandbreite an Wesen und Energien channeln wollen, ist es wichtig, einen offenen, flexiblen und anpassungsfähigen Geist zu haben. Das ist ein ganz wichtiger Punkt, auf den ich noch etwas genauer eingehen will.

Die Resonanz des Channelers

Ganz klar ist: Du als Medium entscheidest mit darüber, welche Wesen aus welcher Ebene du channelst. Kein Wesen kann sich mit dir verbinden, wenn du das nicht willst und wenn seine Energie nicht mit deiner Energie harmonisiert oder einfach kompatibel ist. Die meisten Channeler arbeiten immer nur mit einem oder höchstens zwei geistigen Wesen. Diese Wesen sind meist sogar ein bedeutender Teil ihrer Seele und somit sehr gut kompatibel mit ihrer eigenen Energie. Viele dieser Channeler haben Probleme damit, ein anderes Wesen durch sich wirken zu lassen. Dies liegt keineswegs an mangelndem Talent oder ungenügenden medialen Fähigkeiten, sondern einzig und allein an ihrer eigenen Schwingung. Sie senden immer nur eine bestimmte Form von Energie aus, die nur einen Bruchteil der kosmischen Energie ausmacht.

Nehmen wir mal an, das Medium channelt Saint Germain und dies bereits seit Jahrzehnten. Seine Energie und sein Resonanzfeld werden dadurch »faul«. Das Medium öffnet sich nicht für weitere Möglichkeiten der Verbindung mit anderen geistigen Wesen. Ich finde das fast schon ein wenig unfair gegenüber der unendlichen Vielzahl an Wesen, die am liebsten durch alle Menschen gleichzeitig wirken würden. Das Channeln von allein einem Wesen stellt also eine gewisse Komfortzone für das Medium dar. Über die Zeit hinweg lernt man das Wesen kennen und adaptiert vielleicht sogar gewisse Eigenschaften und insbesondere den Wortschatz und die Themen. Dies birgt auch die Gefahr in sich, dass man das Wesen eher nachahmt als channelt, insbesondere dann, wenn man sich als Medium nicht in Voll-Trance befindet.

Fazit für uns sollte sein, dass wir als Medien versuchen, unsere Energie offen und den Geist flexibel zu halten und ihn zu einem von der Geistigen Welt vielfältig nutzbaren Werkzeug werden zu lassen. Bis zum heutigen Tage waren es wohl schon Hunderte von Wesenheiten aus unterschiedlichsten Ebenen, die durch mich gesprochen haben. Wenn du eine enge Verbindung mit einem Lieblingswesen haben möchtest, ist das natürlich möglich und sicher auch wertvoll. Aber denke einmal daran, wie außergewöhnlich gut es sein könnte, wenn man es als Medium schafft, ein offener Kanal für das zu sein, was jeweils für das große Ganze wichtig ist.

Was heißt das alles praktisch? Viele der Ansatzpunkte, um Offenheit in deine mediale und allgemein spirituelle Arbeit zu integrieren, liegen im Alltag. Prüfe und beobachte deinen Geist und dein Verhalten bezüglich deiner Offenheit in den unterschiedlichsten Lebensbereichen. Wie reagierst du auf Veränderungen, wie auf unerwartete Vorkommnisse? Wie leicht oder schwer fällt es dir, deine Perspektive zu wechseln?

Ein ganz wichtiger Punkt sind dabei Empathie und Mitgefühl gegenüber Menschen, Tieren und anderen Lebensformen. Kannst du dich in andere hineinversetzen? Wie sieht es dabei mit Pflanzen, Blumen und Bäumen aus? Wenn du dich hierin hinterfragst und die Offenheit übst, wird das deinen Geist und deine Energie prägen und sie flexibler und durchlässiger machen. Dein Vermögen, im Alltag weich, offen, flexibel und spontan zu bleiben, wird über die Bandbreite der von dir gechannelten Wesen bestimmen. Und nebenbei gesagt: Es hält dich auch jung!

Dieser Punkt der Offenheit wird jetzt besonders wichtig, wenn wir uns die unterschiedlichen Ebenen, aus denen wir in Channelings Botschaften und Energie erhalten können, im Detail anschauen. Nimm all die Dinge beim Lesen mit einem offenen Geist auf und versuche keine Vergleiche zu Dingen, die du bereits gehört hast, zu ziehen oder sogar zu urteilen. Was ich dir hier übermittle, ist letztlich nicht von einem menschlichen Geist erdacht worden, sondern wurde zu 100 Prozent von höheren Bewusstseinsebenen übertragen. Meist waren es Mitglieder des Rates der Weisen und Wesen aus der Gruppe der Elohijm und Sandjiban, die uns die Informationen übergeben haben. Sie haben sie dabei meist so verpackt und vereinfacht, dass sie für unseren menschlichen Geist fassbar wurden. Was also sind die Welten und Ebenen, aus denen wir Channel-Botschaften empfangen können?

Die Erde und die irdischen und innerirdischen Wesenheiten

Lasst uns mit unserem Heimatplaneten beginnen, dem Teil der Schöpfung, der viele Besonderheiten im Vergleich zu anderen Orten im Universum und in der geistig feinstofflichen Welt aufweist. Um den Grund dafür zu verstehen, müssen wir dort ansetzen, wo alles begann – wenngleich es sich nur sehr vereinfacht darstellen lässt:

Das Göttliche will sich ständig in der Schöpfung ausdrücken und sich selbst erfahren, da es in sich nur Bewusstsein, absolutes Sein ist. Aus diesem Grund wurde und wird der Rat der Weisen, gewissermaßen die ausführende Instanz und Kontrollstelle im Universum, immer wieder von Gott damit beauftragt, Planeten und unterschiedliche Wesenheiten zu erschaffen. So ist auch unser Planet Erde, und sehr zeitnah dazu noch dreizehn weitere Versionen davon, entstanden. Wir sind also nicht die einzigen Lebewesen, die einen Lebensraum wie die Erde bewohnen. Es haben sich die unterschiedlichen Erden und mit ihnen natürlich auch die dort lebenden Menschen jedoch sehr unterschiedlich entwickelt. Es gibt Erden, die sich schon längst selbst zerstört haben, und wieder andere, die florieren und sich auf eine sehr hohe Stufe hin entwickelt haben. Laut den Angaben aus den Channelings befinden wir uns auf der Erde eher auf einer mittleren Entwicklungsebene, sind aber momentan eher in einer Stagnation: Wir entwickeln uns zu langsam. Wir hätten aber die Chance, unsere Entwicklung schnell wieder auf Vordermann zu bringen. Voraussetzung dafür ist, dass der Großteil der Menschen die gleiche Intention teilt, die auf Achtsamkeit, Liebe und Mitgefühl gegenüber allen Wesenheiten der Schöpfung ausgerichtet ist.

Für mich war es faszinierend zu hören, dass es noch weitere Menschen auf anderen Erden gibt. Ich dachte sofort daran, welche Möglichkeiten sich eröffnen könnten, wenn wir es schaffen würden, uns auszutauschen und unser Wissen und Können miteinander zu teilen.

Die Erden wurden einst erschaffen, um auf ihnen eine perfekte humanoide Rasse entstehen zu lassen, die von Grund auf gravierende Unterschiede gegenüber anderen planetaren Experimenten aufweisen sollte. Diese menschlichen Wesen sollten einen vollkommen freien Willen haben und bestimmten einschränkenden Bedingungen, aber auch Vorzügen ausgesetzt sein. Für uns Menschen erscheint es ganz selbstverständlich, einen freien Willen zu haben. Wir können ja in gewissen Grenzen alle handeln und entscheiden, wie wir wollen. Das ist aber für etwa 99 Prozent der Wesenheiten, egal ob im Universum oder in der Geistigen Welt, nicht so. Sie teilen sich meist ein eher kollektives Bewusstsein oder greifen auf einen gemeinsamen »Geist« zurück und handeln immer im Einklang mit den Motiven einer größeren Gruppe. Besonders stark ausgeprägt ist dies beim Rat der Weisen. Dort bekommen alle Mitglieder das, was ein Einzelner aus der Gemeinschaft erlebt, sofort und immer mit. Es kann also gar nicht passieren, dass man sich anlügt oder betrügt. Auf die Idee würde dort ohnehin keiner kommen, weil die Wesen kein wirkliches Ego, wie wir es haben, besitzen. Sie sind selbstloses Bewusstsein auf einer sehr weit entwickelten Stufe.

Eine der womöglich wichtigsten irdischen Bedingungen ist die physische Erscheinung, insbesondere die Getrenntheit der Wesenheiten voneinander. Wir verfügen, obwohl wir Geistwesen sind, zusätzlich noch über einen grobstofflichen Körper, der für uns auf der Erde überlebenswichtig ist. Wir benötigen ihn also nicht, um an sich zu sein, sondern um auf der Erde leben zu können. Wenn der physische Körper stirbt, dann sterben nicht wir. Denn der Körper ist nur ein Vehikel, das wir benötigen, um auf der Erde leben zu können. Für unser Sein und unser wahres Selbst benötigen wir ihn keineswegs. Das heißt, der Tod ist für uns, die wir im Selbst vollkommen eins mit dem All-Bewusstsein sind, nur ein Prozess des Abstreifens der menschlich-materiellen Hülle.

Das soll nicht implizieren, dass wir den Körper missachten oder vernachlässigen sollten, weil wir ihn ja eigentlich gar nicht brauchen. Das ist keineswegs so, vielmehr gilt das komplette Gegenteil. Wir Geistwesen, die wir nun in einem menschlichen Körper sind, haben uns entschieden, auf die Erde zu kommen, um uns auf geistiger Ebene weiterzuentwickeln. Nirgendwo im Universum oder der Geistigen Welt ist eine solch schnelle Entwicklung wie auf der Erde möglich – wie man diese Gelegenheit nutzt, liegt dann natürlich wieder am freien Willen. Geistige Wesen blicken auf uns Menschen mit Begeisterung und auch Erstaunen und loben jede Seele, die sich für eine menschliche Inkarnation entscheidet.

Auf der Erde gibt es potenziell sozusagen den »Short-Cut«, die Abkürzung zur Erleuchtung. Dieser Erleuchtungsweg kann uns aber auch ziemlich fordern, und er ist vielleicht sogar mit viel Schmerz gepflastert. Es dauert einfach, bis wir unseren Seelenplan erkennen. Du selbst hast ja sicher auch schon schwierige Situationen im Leben durchgemacht, und vielleicht erkennst du jetzt, dass das Sinn macht und warum du dich dafür entschieden hast hierherzukommen. Die Erde gibt uns mit ihren erschwerten Bedingungen die einzigartige Möglichkeit, uns in einem rasanten Tempo weiterzuentwickeln. Wir müssen nur herausfinden, wie das am besten für uns funktioniert, und uns daran erinnern, warum wir hier sind. Eins ist dabei klar: Wir sind mit Sicherheit nicht hierhergekommen, um den Wünschen unseres Egos nachzugehen. Das Beenden der Identifikation mit dem Ego und das Erkennen der eigenen Göttlichkeit sind wichtige Schritte. Ganz egal, was um uns herum geschieht, welchen Bedingungen wir ausgesetzt sind, wir sind innerlich frei.

Aufgrund der Tatsache, dass wir einen physischen Körper besitzen und physikalischen Kräften ausgesetzt sind, sind wir Lebewesen auf der Erde voneinander getrennt. Diese physische Trennung erleben wir im Normalfall auch im emotionalen, mentalen und energetischen Sinne. Aber es ist eine Illusion, der wir Menschen, vor allem im Wachbewusstsein, ausgesetzt sind. Wir denken, dass unser Nachbar, den wir vielleicht nicht so gern haben, das ja nicht wissen kann, weil wir dennoch nett zu ihm sind. In Wirklichkeit aber gelangen alle Informationen zu ihm, auf einer gewissen Ebene weiß er also durchaus, wie wir ihn finden. Meist ist es zudem so, dass Gefühle und Gedanken, die wir gegenüber einem anderen hegen, auf Gegenseitigkeit beruhen, es sei denn, es sind andere karmische Zusammenhänge bestimmend.

Das Gefühl, voneinander getrennt zu sein, kann uns dazu verleiten, Dinge zu tun, die uns selbst nutzen und anderen schaden. Evolutionstechnisch ist es in uns angelegt, dass wir immer zuerst auf unser eigenes Überleben und das unserer Familie bedacht sind. Dies bezieht sich aber einzig und allein auf unsere menschlichen Aspekte. Die machen jedoch keineswegs unser wahres Sein aus. Wir sind keine Egos, sondern hochspirituelle Wesenheiten, die in sich Gott erfahren und erleben wollen, trotz widriger Umstände auf der Erde. Für uns Menschen ist das womöglich die größte Lektion des Erden-Daseins: Mitgefühl und Liebe gegenüber jedem Lebewesen entwickeln und so das Ego lahmlegen. Buddhisten praktizieren das auf eine wundervolle Art und Weise und zeigen allen anderen einen Weg auf, ihre eigene Vollkommenheit durch die Liebe zu anderen zu entdecken. Liebe findet nur den, der liebt. Sonst bleibt auf der Erde alles ein Kampf. Das mag jetzt vielleicht etwas brutal klingen, aber man muss nur mal in die Politik oder Wirtschaft blicken, um zu sehen, wie verkrampft Menschen kämpfen, und zwar nicht um das Wohl der Erde und ihrer Bewohner, sondern um das Wohl ihres Kontos, ihres Stolzes und ihres Egos. Dabei wissen die meisten von diesen Menschen nicht, dass sie niemand anderem wehtun können, ohne sich selbst auch zu schaden. Karma ist eine Art von Naturgesetz und kommt immer zum Zuge. Dass negatives Karma, das man erschaffen hat, abbezahlt werden muss, ist sicher. Wie und wann es geschieht, das ist vielfältigen kosmischen Gegebenheiten unterworfen.

Nimm dir am besten einen Moment Zeit, um diese Informationen in dir nachwirken zu lassen. Gerade diese Abschnitte des Buches sollten nicht einfach nur runtergelesen werden. Auch wenn du die Fakten vielleicht schon kennst, lass sie noch einmal nachwirken. Dazu dient auch die folgende Übung.

Trennung und Verbundenheit

– Spüre in dich hinein, und frage dich, ob wir wirklich getrennt sind. Hat es jemals eine Trennung zwischen dir und mir gegeben oder eine Trennung zwischen dir und anderen Lebewesen auf der Erde?

– Wie sieht es mit deinem inneren Getrennt-Sein aus? Hast du das Gefühl, in dir nicht eins zu sein, ja sogar vielleicht uneins im Körper? Wenn das zutrifft, beginne bei dir selbst, und tauche deinen ganzen Körper ins Licht deines Bewusstseins. Lass jeden Körperteil spüren, dass er zu dir gehört. Es mag vielleicht komisch klingen, aber ich rede sehr gern mit meinem Körper, mit den einzelnen Teilen und Organen. Lenke immer wieder die Aufmerksamkeit auf dich, deinen Körper und deinen Geist, und spüre die Einheit darin. Der Atem kann dabei ein wichtiges Hilfsmittel sein. Praktiziere dies immer wieder auch im Alltag.

Dimension Zeit

Lass uns nun die nächste irdische Besonderheit unter die Lupe nehmen: Wir alle leben in einem Zeit-Raum-Kontinuum, von dem wir ein lineares Verständnis haben. Das heißt, für uns gibt es Vergangenheit, Zukunft und Gegenwart. Im Moment ändern sich diesbezüglich viele Dinge, wir beginnen zu erkennen, dass Zeit keine feste Größe ist, sondern ein offenes und flexibles System, das wir sogar für uns nutzen und das wir beeinflussen können.

Für die meisten von uns ist es so, als würde uns die Zeit wegrennen. Es findet in der Tat derzeit eine Zeitbeschleunigung statt: Wir haben für all das, was unseren Tag ausfüllt, nicht mehr genug Zeit. Zeit, wie wir sie linear messen und kennen, ist aber ohnehin nicht existent. Unser menschlicher Geist, der den Dimensionen auf der Erde unterworfen ist, gaukelt sie uns sozusagen vor. In anderen Galaxien erleben die dortigen Lebensformen eher zyklische Zeit. Das heißt, die Zeit läuft in gewissen Zyklen ab und man kann Dinge problemlos rückgängig machen oder korrigieren. Womöglich rebelliert jetzt dein innerer Wächter, meiner tut es auch. Es ist für unseren bewussten Verstand einfach nicht nachvollziehbar, wie das gehen soll.

Vielleicht fragst du dich jetzt, ob es denn dann auch kein Altern oder dergleichen gibt. Ja, das ist so. Das Konzept des Älterwerdens ist zwar nicht nur auf der Erde anzutreffen, aber anderswo gibt es das nur sehr selten. Auch Tod oder Sterben gibt es in der Form, wie wir es erleben, nicht häufig. Meist ist der Tod für die geistigen Wesen eine bewusste Entscheidung, und es findet lediglich eine Transformation von einer Form in die andere statt. Das Schlimmste am irdischen Tod ist womöglich die Tatsache, dass man geliebte Menschen (scheinbar) zurücklassen muss. Aber auch dies passiert eigentlich nicht wirklich. Auch wenn eine verstorbene Person ins Jenseits geht, ist sie für die Hinterbliebenen immer noch greif- und fühlbar, und andersherum genauso. Zwar muss dann die Kommunikation auf eine andere Art verlagert werden, beispielsweise eben mithilfe der Trance oder durch ein Medium. Aber sie ist definitiv möglich.

Die Zeit und ihre heutige Entwicklung, das sind sehr spannende Themen. Da warten mit Sicherheit noch viele Überraschungen auf uns. Im Moment ist es jedoch noch so, dass wir phasenweise gegen die Zeit arbeiten und die Zeit damit dann auch gegen uns. Daher ist es wichtig, sich klar dafür zu entscheiden, in die Zeitlosigkeit einzutreten oder die Zeit aktiv für sich zu nutzen.

Es ist definitiv möglich für uns Menschen, die wir ein höchstes Bewusstsein besitzen, willentlich in die Unendlichkeit einzutreten oder die Zeit zu manipulieren. Zwar nicht für die gesamte Dauer unserer irdischen Existenz, aber immer länger und bewusster, wenn wir dies üben.

In die Zeitlosigkeit eintreten

– Setze dich einfach hin, und sei absolut im Jetzt. Schau dieses Jetzt an, mit all den Gegebenheiten, die es ausmachen. Dazu gehören der Raum, seine Temperatur und die Geräusche in ihm und außerhalb davon. Wie fühlen sich der Körper und der Atem an?

– Die Kraft des Jetzt liegt darin, dass du deine ganze Aufmerksamkeit auf die Gegenwart lenkst. Dort wirst du Unendlichkeit finden, deine Ur-Essenz. Je öfter du dies praktizierst, umso stärker kannst du dieses Gefühl der Zeitlosigkeit in dein Leben integrieren. Es wird nicht zuletzt auch deinen Alltag entschleunigen.

Die folgende Übung empfehle ich dir bei unangenehmen Warte- und Reisezeiten und vor allem dann, wenn du das Ende eines Ereignisses positiv beeinflussen möchtest. Da es in Wirklichkeit weder Vergangenheit noch Zukunft gibt, ist jedes Ereignis zu jedem Zeitpunkt manipulierbar.

Zeitbeschleunigung

– Um eine gewisse Zeitspanne zu komprimieren und
  das Ergebnis ins Positive zu verwandeln, stellst du dir
  den Anfangs- und den Endpunkt des Ereignisses vor.
  Versuche dich ganz genau in diese Zeitpunkte hinein-
  zufühlen. Stell dir vor allem das ideale Ende vor. Zum
  Beispiel könnte das bei einer Prüfung sein, dass du
  mit einem guten Gefühl den Prüfungsraum verlässt, in
  dem du die Aufgaben mit Leichtigkeit gelöst hast.

– Nun stell dir vor, dass von deinem Herzen aus ein
  Lichtstrahl vom Anfangs- bis zum Endpunkt fließt.
  Alles, was zwischen diesen Punkten geschieht, füllt
  sich mit Licht, Liebe und Leichtigkeit an und gelangt
  mit all diesen Informationen über dein Herz wieder in
  dein System.

Diese Technik wende ich sehr häufig an und weiß daher: Je häufiger man sie einsetzt, umso effektiver wird sie. Gleichzeitig lehrt
sie dich, wie du aus der linearen Zeit heraustreten und die Gesetzmäßigkeiten der Zeit für dich neutralisieren kannst. Es gibt
sogar Techniken, mit denen man rückwirkend die Ursache für
etwas löschen kann. Das würde uns hier aber zu weit führen. Ich
wollte dir nur bewusst machen, dass in Bezug auf die Zeit vieles
für uns möglich ist und dass wir da umlernen müssen.

Ich bin der Überzeugung, dass wir Menschen altern, weil wir
denken, dass Altern normal ist. Das ist es aber keineswegs. Die
Menschen lebten zu Zeiten vor und während Atlantis sehr lange
Zeit ohne irgendwelche Alterungserscheinungen. Das Übel des
Alterns begann, als es den ersten Menschen gab, der Alterser-
scheinungen zeigte. Es geschah aufgrund »negativer Gegenkräf-
te«, die ihn einfach alt werden ließen. Das war niemals von der

Natur vorgesehen gewesen, aber nun ist es so, dass wir uns fast alle daran halten und eben altern. Ich habe mich dazu entschlossen, in der Zeitlosigkeit zu leben. Wie sieht es mit dir aus?

Kommunikation auf der Erde

Nun kommen wir zu einem ganz wichtigen Punkt, der uns Menschen von anderen Lebensformen im Universum oder in der Geistigen Welt unterscheidet: unsere Kommunikationsweise. Wir Menschen kommunizieren in erster Linie über Worte, die in unserem Verstand geformt und dann ausgesprochen werden. Dies birgt die Gefahr in sich, dass wir Dinge so in Worte verpacken, dass sie gar nicht mehr dem entsprechen, was wir mitteilen wollen. Missverständnisse sind die Folge. Wir sind dadurch außerdem in der Lage zu lügen. Dies wäre gar nicht möglich, wenn es eine telepathische Kommunikation zwischen Menschen gäbe und wir sozusagen direkt in die Köpfe aller anderen hineinblicken könnten.

Noch schöner ist aber die Herzenskommunikation, die im Universum sehr oft anzutreffen ist. Sie läuft dann über Gefühle und Emotionen, man kann das Gegenüber auf Anhieb verstehen. Dabei kann nichts verfälscht werden, und man kann leichter Mitgefühl und Zuneigung empfinden.

Nun, bei uns auf der Erde sieht es etwas anders aus, und wenn wir mal ehrlich sind, ist Lügen zu einem Teil unseres Lebens geworden. Auch wenn es teilweise harmlose Dinge sind, die wir »un-wahr« sprechen, hat es doch eine energetische Wirkung. Jede Lüge, wie klein sie auch sein mag, verschmutzt unsere Kommunikationswege zueinander. Wenn man sich ständig anlügt, steigt die Gefahr, dass man sich irgendwann überhaupt nicht mehr verständigen kann. Die Informationen, die man übermitteln möchte, kommen beim Partner bald nur noch verfälscht an. Missverständnisse und Streit gelangen auf die Tagesordnung.

Es geht nichts über Ehrlichkeit. Wenn wir belogen werden und dies nicht wissen, fühlen wir in unserem Inneren doch ständig, dass irgendetwas nicht stimmt. Ich kenne das sehr gut: In einer Lebensphase, die nun hinter mir liegt, erging es mir genauso wie beschrieben. Ich wurde ständig belogen und spürte die ganze Zeit über, dass irgendetwas nicht stimmig war. Zwar konnte ich es zu diesem Zeitpunkt nicht benennen, aber da war etwas, was eine blockierende Energie ausströmte. Erst als die Wahrheit ans Licht kam, wusste ich, woher diese Gefühle in mir kamen.

Ich möchte dich ermutigen, immer die Wahrheit zu sagen, zum Beispiel auch dann, wenn man dich fragt, wie es dir geht. Intuitiv sagen die meisten, dass es ihnen gut geht, auch wenn dies nicht der Wahrheit entspricht. Auch so etwas hinterlässt gewisse negative Karma-Partikelchen im Energiefeld.

Die Erde – ein Ort des Vergessens

So wie unsere Kommunikation einzigartig im Universum ist, so ist es auch mit dem nächsten Punkt. Er beeinflusst und beeinträchtigt uns Menschen womöglich am stärksten: die Amnesie, das vollständige Vergessen. Genau das passiert nämlich, wenn wir geboren werden. Nachdem sich die Seele entschieden hat, in welche Familie und an welchen Ort sie inkarnieren möchte, durchquert sie die »Erdschicht des Vergessens« und verliert ihre gesamte Erinnerung an ihre Herkunft, an das Wieso und Warum ihrer Existenz und an ihre Göttlichkeit. Dieses Wissen bleibt allerdings ihr gesamtes Leben hindurch in ihr erhalten, und manche erwecken es durch eine spirituelle Praxis welcher Form auch immer wieder zum Leben.

Wenn es ganz schlecht läuft, erinnern wir uns aber gar nicht mehr an das, was vor dem jetzigen Leben war. Das, was wir hier auf der Erde erleben, ist im Vergleich zu dem, wo wir herkommen, die Hölle. Das mag brutal und sehr negativ klingen, aber es ist so. Wenn wir auf der Erde sind, können wir uns das Leben natürlich auch sehr schön gestalten. Aber das schönste Leben auf Erden ist immer noch in keiner Weise vergleichbar mit dem Sein in der Geistigen Welt, das einfach nur Wonne und Freude ist.

Menschen, die an Himmel und Hölle glauben, fürchten, aufgrund ihrer »Schandtaten« in die Hölle geschickt zu werden. Dabei ist die Hölle hier auf der Erde, wenn wir es nicht schaffen, den Himmel, der unsere wahre Heimat ist, zu sehen. Das Channeln ist nun gewissermaßen der schnellste Weg dorthin und eine der besten Heilungen für die Amnesie. Von Tupac Shakur, einem verstorbenen Hiphop-Künstler, gibt es dazu einen passenden Ausspruch: »Hell is empty and all the devils are here« (auf Deutsch: »Die Hölle ist leer, und alle Teufel sind hier«).

Nun lassen wir aber das Thema, bevor wir noch in Depressionen über unser Erden-Dasein verfallen. Denn ganz schlecht ist es ja auf der Erde auch nicht, wie sogar geistige Wesen bestätigen. In Channelings hören wir immer wieder von der Begeisterung der Wesenheiten über die Schönheit und Vielfalt unserer Natur. Es gäbe solch eine Artenvielfalt nur auf der Erde, und das Spiel der unterschiedlichen Elemente miteinander sei absolut einzigartig. Die Erde wurde erschaffen, indem man allem den göttlichen Geist einverleibte. Man wusste anfangs gar nicht so genau, was daraus entstehen würde. Was dann wirklich herauskam, war ein blauer Planet mit vielen Wundern und Gaben, die im Universum einmalig sind. Wir Menschen wissen all das heute leider nicht mehr zu schätzen, und es ist größte Brutalität, was wir der Tierwelt und der Natur antun, nur um unsere Gier nach mehr zu befriedigen. Dabei wurde uns noch eine weitere Besonderheit, oder sagen wir lieber eine Fähigkeit mitgegeben, die viele Wesen in dieser Form auch nicht besitzen: Wir können genießen.

Wir besitzen die Fähigkeit, uns Dingen hinzugeben, sie mit unseren unterschiedlichen Sinnen aufzunehmen und Freude an ihnen zu empfinden. Das passiert, wenn wir essen, Berührungen teilen, Sex haben und bei vielen anderen schönen Dingen des

Lebens. Unsere Empfindungen sind in der Lage, uns mit den schönsten Gefühlen wie Freude und Glück zu beschenken. Natürlich gibt es auch den Schmerz, wobei ich ihn nicht grundsätzlich als »schlecht« oder »böse« einstufen würde. Schmerz kann der größte Motivator für uns Menschen sein und unsere Entwicklung extrem vorantreiben.

So sieht es also mit unserer Erde aus. Wie du sehen kannst, haben wir uns für einen sehr speziellen Ort für unsere Weiterentwicklung entschieden. Oder sagen wir es so: Der göttliche Plan sah es als hilfreich für unsere Seelen an, auf die Erde zu kommen. Damit möchte ich nun zu den Wesenheiten auf und in der Erde kommen, die wir potenziell channeln und mit denen wir spirituell arbeiten können.

Irdische Wesenheiten

Als Erstes wollen wir uns die Naturwesen anschauen. Zu diesen zähle ich unter anderem die Feen bzw. Elfen, die Zwerge und die Elemente-Wesen. Auch wenn es viele Menschen gibt, die diese Welt als blanken Unsinn abtun, Naturwesen existieren tatsächlich. Sie haben meist eine halb- oder gänzlich feinstoffliche Form oder können sogar willentlich vom Feinstofflichen ins Sichtbare wechseln. Viele von ihnen, wie die Elfen und Feen, kennen wir durch Sagen, Märchen und vor allem durch die Mythologie. Ihre Welt ist ein riesiges und unglaublich vielfältiges Reich. Einige dieser Wesen stehen den Menschen, vor allem im Kindesalter, sehr nahe. Sie leben meist an Orten von großer Reinheit, in unberührter Natur und sind dort oft ihr Leben lang.

Auf eine konkrete Einteilung der Naturwesen möchte ich verzichten, zumal ich persönlich bislang nicht alle getroffen habe und es bevorzuge, immer aus eigener Erfahrung zu berichten. Dennoch möchte ich hier auf ein paar Wesenheiten eingehen, die ich bereits in Channelings oder abseits davon kennenlernen durfte oder von denen in Channelings anderer Medien in meinem Umfeld gesprochen wurde.

Die Feen

Den Anfang machen die Feen, meist sehr eigenwillige, etwas launische und extrem begabte Wesenheiten mit einer geistigen, aber auch materiellen Form. Das heißt, sie können sich in zierlichen und sehr hübschen Körpern zeigen oder eben auch nicht, je nachdem, wie sie es wünschen. Sie beherrschen die Kunst der Magie und haben Zauberkraft. Jede einzelne Fee hat ihren Zuständigkeitsbereich, wie zum Beispiel einen Fluss, ein Meer oder einen Wald.

Die Übergänge zu Wesen wie Devas (Naturgottheiten) oder anderen Naturgeistern sind sehr fließend. Zu den wichtigsten Eigenschaften der Feen zählen ihre Flatterhaftigkeit, ihr Eigensinn sowie ihre Freude am Tanzen und Lachen, dazu kommt ihre starke Verbundenheit mit der Natur. Eine Fee kann man nicht herumkommandieren oder ihr Vorschriften machen. Ihr freier Wille ist ihr das Wichtigste. Wenn es ihr also als erforderlich erscheint, einen Menschen zu ärgern oder ihm Unglück zu bereiten, dann wird sie das tun.

Ich kann mich noch deutlich daran erinnern, wie ich als Kind noch mit fünf oder sechs Jahren Feen in unserem Zuhause sehen konnte. Zu der Zeit lebte meine Oma bei uns, und sie war es, die aufgrund ihrer liebenswerten und herzlichen Art ein Magnet für diese Wesen war. Zwar konnte ich die Feen nie ganz deutlich erkennen oder direkt ansehen, weil sie sich immer so schnell bewegten, doch ihre Anwesenheit tauchte den Raum in viele bunte Farben und Lichtfetzen. Das war wunderschön. Nachdem meine Oma verstorben war und damit auch meine Welt der übersinnlichen Beobachtungen ein wenig einbrach, waren die Feen verschwunden. Ich wünsche mir, Feen noch heute sehen zu können, aber das klappt leider nicht so richtig. Manchmal, wenn ich in unberührter Natur bin, wo nur wenige Menschen hingelangen, sehe ich hier oder da etwas huschen, und dann weiß ich, dass es sie noch immer gibt.

Feen und Elfen kann man in diesem Kontext gleichsetzen. Mir wurde weder berichtet, noch habe ich irgendwo erfahren dürfen, dass es zwischen Elfen und Feen einen Unterschied gibt. Manche Autoren oder Traditionen kennen aber vielleicht doch einen.

Treffen mit den Feen

– Wenn du das nächste Mal in der Natur bist und einen ruhigen und unberührten Ort findest, lehn dich an einen Baum, und spüre die Kraft und die Stabilität, die von ihm ausgeht. Spüre, wie sie in deinen Körper fließt. Bedanke dich innerlich für die Gaben der Natur und ihre Schönheit, mit der wir Menschen beschenkt wurden. Ehre den Ort, den Baum und die Natur. Du kannst dich so fühlen, als hättest du einen heiligen Tempel betreten. Das gefällt den Naturwesen und auch den Feen sehr. Sie lieben nichts mehr als Wertschätzung, Achtung und Respekt vor ihrem Sein und ihrem Lebensraum.

– Atme die frische Luft ein, verwurzele dich in der Erde, während du noch immer am Baum lehnst. Entspann dich, und freu dich darauf, Feen oder andere Naturwesen sehen oder spüren zu dürfen. Das wirkt einladend auf die Wesenheiten der Natur.

– Bleib entspannt, beobachte, und fühle mit geschlossen Augen, was geschieht. Sei achtsam für alles, was du vielleicht wahrnehmen kannst: Bilder, Gerüche, Worte, die in dir aufsteigen.

- Wenn du den Ort wieder verlässt, solltest du dich bedanken und deine Freude darüber kundtun, dass du dich mit den Naturwesen verbinden durftest.

Diese Übung wird dir helfen, eine Verbindung zur Natur aufzubauen und deine eigene Erdung zu stärken. Du wirst dabei auch energetisch mit den Feen verbunden, was eine ganz besondere Erfahrung sein kann. Es gibt Menschen, deren Energie besonders anziehend auf die Naturwesen wirkt. Dies kann an ihrer seelischen Herkunft liegen oder an ihrer ehrlichen Liebe gegenüber der Erde und ihren Geschöpfen.

Ich liebe die Natur sehr und versuche, so oft es geht, ins Freie zu gehen. Das gibt mir Kraft. Dennoch habe ich nicht das Gefühl, besonders gut in der Kommunikation mit Naturwesen zu sein. Jedes Medium hat seine Spezialgebiete. Diese für dich ausfindig zu machen kann ein wichtiger Schritt in deiner Entwicklung sein. Auch darin kann dich dieses Buch unterstützen. Probier dich einfach an den Übungen, dann findest du für dich heraus, wie das Channeln für dich funktioniert.

Als angehendes Medium solltest du dich unbedingt fragen, was du mit dem Channeln bezwecken möchtest. Das bestimmt dann auch, mit wem du in Kontakt treten wirst. Wenn es dir beispielsweise um Botschaften zum Werdegang der Erde geht, könntest du die Elohijm einladen, da sie die Schöpferengel sind und am meisten Auskunft über unseren Lebensraum geben können. Wir channeln für Gruppen meist so, dass wir die Intention darauf setzen, dass ein Wesen durchkommt, das momentan die besten und für die Gruppe hilfreichsten Botschaften durchgeben kann. Das kannst du für dich persönlich genauso tun. Wenn ich für eine andere Person channele, bitte ich immer als Erstes um das Höhere Selbst, und sollte dies nicht durch einen »fremden« Körper sprechen wollen, bitte ich um ein Wesen, das mindestens genauso viele Infos durchgeben kann wie das Höhere Selbst.

Wie sieht es aber nun mit dem Channeln von Feen aus? Es ist definitiv möglich, Feen zu channeln, zumal sie in ihrer Wesensart sehr wandelbar sind und problemlos in die feinstoffliche Form wechseln können, wenn sie das wünschen. Das ist ja die Voraussetzung dafür, dass sie sich für die Übermittlung von Energie und Information mit einem Medium verbinden können. Es gibt jedoch ein Problem dabei: Die Fee muss ein Interesse an der Verbindung haben, sie muss gerade Lust darauf haben. Sie lässt sich nicht einfach von einem Menschen anrufen, es sei denn, es besteht eine spezielle Verbindung zwischen ihr und dem Medium. Das Anrufen einer Fee durch einen Menschen kann sie sogar verärgern, weshalb ich es niemandem empfehlen würde, eine Fee bewusst zu channeln.

Ich hatte bis heute nur ein einziges Mal die Ehre, dass eine Fee durch mich sprach. Dies geschah an einem Ausbildungstag in Oy und war alles andere als geplant. Letztendlich lieferte uns die Fee dann aber fast keine relevanten Infos. Sie sagte, sie sei hier entlanggelaufen und habe sich gedacht, dass es doch lustig wäre, durch mich zu sprechen. Aber eigentlich kicherte sie mehr, als dass sie viel sagte. Dennoch war es eine schöne Erfahrung für mich, im Nachhinein anhand der Aufzeichnung einer Fee zu lauschen, die durch mich gechannelt wurde.

Ich denke, dass die Zeit kommen wird, wo sich Feen unter die Menschen mischen und viel direkter mit uns zusammenarbeiten werden, um die Balance in der Natur wiederherzustellen. Denn sie haben mindestens ein genauso großes Interesse daran wie wir, das sie ja ihr Lebensraum ist. Ohne die Natur gäbe es auch keine Feen oder Elfen und auch keine Elemente-Wesen.

Die Elemente-Wesen

Elemente-Wesen stehen, wie es der Name schon verrät, in einem intensiven Verhältnis zu den Elementen Erde, Wasser, Luft, Feuer und Äther. Zu den Erd-Wesen, die die Oberfläche der Erde bewohnen, gehören vor allem Zwerge und Kobolde. Sie sind die Hüter der Erde und der Wurzeln von Bäumen und Pflanzen. Nixen und Meereswesen hingegen gehören zu den Wasser-Wesen und sind die Herrscher und Erhalter der Meere, Flüsse, Seen und aller anderen Gewässer. In diesem Zusammenhang könnte man nun die Feen, Elfen und Devas zusammen mit ein paar anderen zu den Luft-Wesen zählen. Sie bewohnen Baumkronen und die Lüfte und können fliegen. Einige Luft-Wesen sind bekannt dafür, dass sie die Luft reinigen und mit positiven Schwingungen aufladen. Zu guter Letzt gibt es noch die Feuer-Wesen, zu denen salamanderartige Wesen, Feuer-Devas und andere Wesenheiten gehören, zu denen ich selbst bis heute am wenigsten Kontakt hatte.

Alle genannten Wesenheiten, bis auf die Elfen, Feen und Devas, haben eine grobstoffliche Erscheinung wie der Mensch. Ihre seelische Ablösung vom Körper bedeutet den Tod, wobei die meisten von ihnen nahezu ewig leben. Somit ist das Channeln von ihnen nicht möglich.

Was man aber channeln kann, ist der Geist von Mutter Natur. Wir nennen sie Gaia. Gaia kann Aufschluss darüber geben, wie es um unsere Erde steht und welche Wege wir Menschen einschlagen müssen, um die Erde zu retten. Man kann sie sich wie eine fürsorgliche Mutter vorstellen, die immer um ihre Kinder besorgt ist. So kam es einst vor, dass sie in einem Channeling durchkam und sehr weinerlich davon erzählte, dass sie ja solche Schmerzen habe. Ich hätte gedacht, dass Schmerz ein menschliches Konzept sei, aber sie erklärte mir, dass ich mir ihren Körper als die Erde selbst vorstellen solle. So war mir klar, dass sie natürlich Schmerzen haben muss, da die Erde ja ständig ausgebeutet wird. Sie sprach von einem Dilemma, in dem sie sich befinde. Zum einen wolle sie den Lebensraum Erde und die Menschen beschützen, zum anderen bleibe ihr fast nichts anderes übrig, als sich gegen die Menschen zu wehren, die ihr und somit auch sich selbst immer wieder wehtaten.

Ich erachte es als die Aufgabe eines jeden Menschen, mit Gaia zu arbeiten, mit ihr zu kommunizieren und ihr durch die positiven Schwingungen der Liebe zu helfen. Ihre Wichtigkeit, ihre absolut überlebenswichtige Bedeutung für uns wird viel zu oft vergessen. Wir richten unseren spirituellen Fokus meist nach oben zur Geistigen Welt, dabei ist der Geist der Mutter Erde letztlich das wichtigste Geistwesen für uns. In der nächsten Übung kannst du daher Gaia begegnen, ihre Energie in dein Wesen channeln und auch Informationen von ihr erhalten.

Begegnung mit Gaia

– Ideal wäre es, diese Meditation im Freien, vielleicht sogar auf einer grünen weiten Wiese liegend, zu praktizieren. Wenn dir das nicht möglich ist, machst du es dir an einem ruhigen Ort in deinem Zuhause bequem. Wähle eine Position im Sitzen oder Liegen.

– Bring beide Hände ungefähr auf Höhe des Bauchnabels, die Handinnenflächen zeigen nach oben, so als hättest du einen Basketball in den Händen. Schließe deine Augen, und spüre in den Raum zwischen deinen Händen hinein.

– Setze nun deine Intention darauf, zwischen deinen Händen einen Ball des Lichts und der Liebe zu erschaffen. Spüre, wie sich zwischen deinen Händen eine Energie aufbaut. Meist geschieht das sehr schnell und auf Anhieb. Wenn nicht, dann stell dir vor, dass du diesen Lichtball aus Liebe tatsächlich in deinen Händen trägst.

- Nach einer Weile beginnt sich der Lichtball mehr und mehr in die Erde, den blauen Planeten, zu verwandeln. Du hältst die Erde in deinen Händen und spürst dabei auch Gaia, die Seele der Erde. Vielleicht erhältst du Impulse, Gefühle oder Gedanken von Gaia. Beobachte einfach, bleib entspannt, und lass es geschehen. Alles geschieht aus der Liebe heraus, die deine Intention ist.

- Wenn du das Gefühl hast, dass es nun abgeschlossen ist und sich die Energie zwischen den Händen zurückzieht, kannst du wieder in das Hier und Jetzt zurückkehren. Lass dir noch ein wenig Zeit zum Nachwirken.

Ich empfehle dir insbesondere bei dieser Übung, aber natürlich auch bei anderen, das Erlebte niederzuschreiben. Ich gebe ehrlich zu, dass ich das selbst nur sehr selten mache, da ich lieber im Inneren über die Dinge nachdenke. Aber es aufzuschreiben wäre definitiv sinnvoller. So kannst du nämlich auch deine eigene Entwicklung dokumentieren und rückverfolgen. Durch das Schreiben können sich viele Dinge auch besser in dein System integrieren, und vieles wird dir beim Aufschreiben erst richtig klar.

Die Inner-Erde

Unser Fokus lag bisher auf der Oberfläche der Erde. Wie sieht es aber mit dem Inneren der Erde aus? Das Innere unserer Erde besteht nicht nur, so wie es die Wissenschaft glaubt, aus unterschiedlichen Gesteinsschichten und einem Erdkern mit extremer

Hitze. Es gibt dort noch viel mehr. Als ich das erste Mal mit einem Wesen aus dem Inneren der Erde in Kontakt trat, war es nicht direkt ein innerirdisches Wesen, das sprach, sondern die Seele einer Person, die einst in einer früheren Inkarnation das Innere der Erde bewohnte. Das war total neu für mich. Wie konnte es sein, dass es dort auch Wesen gab, und wie konnten sie überleben? Diese Fragen gingen mir durch den Kopf. Ich hatte wirklich schon viele verrückte und unglaubliche Dinge gesehen und gehört, aber dies überstieg meinen Verstand. Als ich aber weiterdachte, wurde mir klar, dass das gar nicht so abwegig sein muss, wie es im ersten Moment scheint. Wieso sollte der All-Geist nicht auch diesen Ort für seine Schöpfung nutzen, wenn das gesamte restliche Universum ebenfalls bewohnt ist?

Die Seele damals sprach davon, dass es im Inneren der Erde, wie ja auch in der Geistigen Welt, unterschiedliche Schichten und Dimensionen gebe und dass die Wesen eine Artenvielfalt aufwiesen, die die auf der Oberfläche unserer Erde um ein Vielfaches übersteige. Man könne die Wesen weder mit Menschen noch mit anderen Geschöpfen vergleichen. Sie seien einmalig und extrem anpassungsfähig an äußere Gegebenheiten. Für die meisten von ihnen sei es möglich, in Sekundenschnelle die Form zu verändern oder sogar ganz durchsichtig zu werden. Auch sollten sie eine ganz andere Art von Augen besitzen, nicht wie wir ein Augenpaar, sondern eher eine Art Schlitz.

Damit musste mein Verstand erst mal klarkommen. Ich fragte nach, wieso man auf der Erde noch nie von ihnen gehört habe. Das Höhere Selbst sprach, dass das nicht stimme und dass es immer wieder mal Begegnungen gebe. Meistens verwandelten sich die Wesenheiten im Kontakt mit Menschen auch in Menschen, um sie nicht zu verstören. Es sei auch schon etliche Male vorgekommen, dass Menschen über Portale, die meist mit einem X gekennzeichnet und von einem Code geschützt sind, in ihre Welt gelangt seien. Die innerirdischen Wesen ließen sie dann aber nicht wieder gehen, da sie viel zu viel Angst davor hatten, dass die Menschen sie angreifen und ihre Welt plündern würden, wie sie es mit der Erdoberfläche getan haben und noch immer tun. Früher waren die Portale offen, und man konnte einander begegnen. Heute ist dies nicht mehr möglich. Die einzigen Boten, die sie haben, sind Kobolde und Hunde, die beide Welten bereisen und auch Informationen und Materialen zwischen dem Außen und dem Innen austauschen können. Ich finde es sehr spannend, dass Hunde als Botschafter der Inner-Erde genannt werden und in der Lage sind, beide Welten zu verbinden.

Auch Elohijm nahm einmal direkt Bezug auf die Inner-Erde. Im Rahmen eines Channeling im Herbst 2013 erhielten wir folgende Information von ihr: »Es ist wichtig, dass Menschen sich mit dem Inneren der Erde verbinden, der innerirdischen Welt. Denn die Wesenheiten dort besitzen sehr wertvolles Wissen darüber, wie der Erde geholfen werden kann, um sich zu heilen und in die nächste Bewusstseinsstufe aufzusteigen. Es ist wichtig, dies noch in den kommenden zwölf Jahren zu tun, denn danach wird die Inner-Erde umgesiedelt werden. Anfangs kann die Herstellung der Verbindung nach innen schwierig sein, denn die innerirdischen Wesen wollen einen Kontakt zur Außen-Erde verhindern, da die Menschen ihnen und der Erde bis jetzt nur Leid zufügten. Es gibt aber dennoch eine Möglichkeit, mit ihnen zu kommunizieren, und das kann über ihre Botschafter geschehen, die Hunde. Hunde sind die einzigen Tiere, die Botschaften von der Inner-Erde an die Außen-Erde übergeben können. Sie können zudem, auch wenn sie sich auf und nicht in der Erde befinden, mit den innerirdischen Wesen sprechen. Die Hunde sind sehr wichtig, denn sie geben die Energie der Inner-Erde zur äußeren Erde ab. Sie sind in der Lage, die Erde von innen und außen zu heilen.

Etwas, was die innerirdischen Wesen von euch Menschen unterscheidet, ist die Tatsache, dass sie immer Kinder bleiben. Altern existiert für die Inner-Erde nicht.

In etwa zwölf Jahren wird die Inner-Erde umziehen. An achtzehn unterschiedlichen Orten auf der Erde wird die Inner-Erde austreten. Dabei kann es zu gewissen Störungen auf der Erde kommen. Einige Tiere und insbesondere alle Hunde werden mit der Inner-Erde den Planeten verlassen.«

Auch dieses Channeling ist sehr eindrucksvoll und bestätigt unsere Annahmen über die Existenz einer inneren Erde, die den Planeten stützt und stabilisiert. Dass dabei Hunde eine wichtige Rolle spielen, wundert mich nicht, da diese Tiere für mich und viele Menschen immer ganz besondere Seelen sind, die unglaublich viel Liebe geben können.

Die Inner-Erde werde den Planeten verlassen, hieß es, und ich frage mich, woran das wohl liegt. Daran, dass wir die Erde in einen für diese Wesen unbewohnbaren Planeten verwandeln? Oder liegt ihr Umzug in anderen, eher persönlichen Gründen? Dazu erhielten wir leider keine konkrete Antwort. Wie es auch kommen mag, ich denke, wir sollten versuchen, mit ihnen Kontakt aufzunehmen und ihr Wissen und Können für die Heilung von Mensch, Tier und Natur nutzen.

Es wird von Elohijm ja auch betont, dass wir mit der Inner-Erde arbeiten sollten, was auf direkte Art und Weise aber fast gar nicht umsetzbar ist, wie wir gehört haben. Aber vielleicht gibt es doch einen Weg, uns mit diesen Bereichen zu verbinden, auch direkt, ohne die Kobolde oder Hunde einzuschalten. Die folgende Meditation, die dich auf eine Reise ins Innere der Erde führen wird, kann vielleicht ein Weg sein, über den du dich mit diesen ganz besonderen Wesen verbinden und im Sinne des Channelns mit ihnen kommunizieren kannst.

Eine Reise ins Innere der Erde

– Auch diese Übung empfehle ich dir draußen in der
Natur zu praktizieren und dir dafür einen Baum an
einem ruhigen Ort zu suchen. Es sollte ein Baum sein,
der dich wie magnetisch anzieht und etwas Besonderes
abstrahlt. Sobald du ihn gefunden hast, setzt du dich an
seinen Stamm in eine aufrechte bequeme Position.
Vielleicht hast du ja sogar an ein kleines Sitzkissen
oder etwas Ähnliches gedacht.

– Schließe dann deine Augen, und verbinde dich mit dem
Baum, an dem du lehnst. Spüre das Leben in ihm, die
Energie der Natur, die durch ihn fließt. Sauge diesen
Moment mit all deinen Sinnen auf, während du ent-
spannt und gleichmäßig atmest. Es fühlt sich gut an,
mit der Natur und mit dir selbst verbunden zu sein.

– Nun stell dir vor, dass es dort an dem Baum ein X-Zei-
chen gibt, eingeritzt in die Baumrinde. Dies ist ein Portal
zur Inner-Erde. Viele dieser Portale sind inaktiv, vor
allem für alle jene, die sich ihrer ohne Achtung und
Liebe bedienen wollen. Du gehst einen anderen Weg,
voller Liebe und Achtung. Stell dir vor deinem inneren
Auge vor, dass du direkt vor diesem X stehst und nun
zu den innerirdischen Wesen sprichst: »Ich bin hier für
einen liebevollen Austausch und voller Achtung vor
jedem Leben, das sich in der Inner-Erde befindet. Ich
bitte um Erlaubnis, mich mit euch verbinden zu dürfen.«

– Nachdem du dies so oder ähnlich innerlich oder laut
gesprochen hast, legst du im Geiste eine Hand auf
dem X ab. Beobachte, was nun geschieht. Manche
Menschen berichten vom Aufkommen von Bildern aus

der Inner-Erde, direkten Botschaften, Gefühlen und Empfindungen. Auch kann es passieren, dass du eine Wärme im Inneren spürst, denn das Innere der Erde ist um einiges wärmer als das Außen.

– Lass all das, was geschehen mag, geschehen, und löse dich erst dann von der Inner-Erde, wenn du das Gefühl hast, dass es an der Zeit dafür ist. Denke daran, den Wesen deine Achtung und deinen Dank entgegenzubringen. Notiere dir abschließend alles, was du empfangen hast.

Für uns mag es unvorstellbar sein, aber die innerirdische Welt sieht unserer Erde gar nicht so unähnlich aus. Dort gibt es Flüsse und andere Gewässer, und es gibt mehrere Sonnen, die eine etwas andere Art von Licht abstrahlen als unsere Sonne. Die physische Erscheinung der innerirdischen Geschöpfe entspricht wohl kaum dem Aussehen von uns Menschen. Sie sind sehr geerdet, manche sehr groß, andere sehr klein. Es gab dazu bis heute keine genauen Informationen, wir wissen nur, dass viele dieser Wesenheiten vom Fliegen schwärmen. In einer Channeling-Session berichtete das Höhere Selbst meines Klienten davon, dass es einen Grund gebe, wieso er sich im jetzigen Leben den Beruf des Flugbegleiters ausgesucht habe: In einer früheren Inkarnation war er ein innerirdisches Wesen und hatte sich nichts mehr gewünscht, als fliegen zu können.

Wissen um das Innere der Erde

Als ich im Rahmen eines Seminars vom Inneren der Erde und ihren Bewohnern sprach, machte mich einer der Teilnehmer darauf aufmerksam, dass es bereits Veröffentlichungen und auch einen Artikel zu diesem Thema gebe und dass die Menschheit sehr wohl wisse, dass das Innere der Erde nicht nur aus Gestein und Feuer bestehe. Netterweise ließ er mir einen Artikel aus der »ZeitenSchrift«, Nummer 1, November 1993, verfasst von Ursula Seiler-Spielmann zukommen. Ich konnte es kaum fassen, dass die Dinge, die wir im Channeling erfahren durften, somit eine faktische Bestätigung fanden.

Es war 1818 ein amerikanischer Ex-Offizier, der erstmals davon berichtete, dass das Innere der Erde bewohnbar und hohl sei. Seine These wurde aber von der Gesellschaft nicht ernst genommen. Im Jahr seines Todes sollte es aber geschehen, dass zwei Skandinavier auf die Reise ins Innere der Erde aufbrachen. Jens und Olaf Jansen verbrachten zwei Jahre, wie es in der Zeitschrift heißt, »bei einer Menschheit, die uns weit überlegen ist an Weisheit, Liebe und Macht«. Die gefährliche Rückkehr zurück auf die Erdoberfläche überlebte leider nur einer von ihnen, und der wurde bald darauf in eine geschlossene Anstalt verbannt. Seine Botschaft an die Menschen breitete sich dennoch aus, und es gab viele Autoren, die daraus Romane und Geschichten verfassten, beispielsweise schrieb Edward Bulwer-Lytton »Das Geschlecht der Zukunft«.

Es gab viele Wissenschaftler und Forscher, die immer wieder versuchten, die Wahrheit über das Innere der Erde ans Licht zu bringen. Sie sprachen von einer Sonne im Zentrum, die einer hoch entwickelten Spezies Leben schenkte. Es gebe auch am Süd- und Nordpol riesige Öffnungen ins Erdinnere, über welche Tiere in diese Welt eintreten würden. Auch sind von etlichen Piloten, die versehentlich zum Inneren der Erde geflogen sind, eigenartig anmutende Tiere in gigantischer Größe gesichtet worden.

So wie wir es in einem Channeling empfangen hatten, wird in dem Artikel auch bestätigt, dass beim Untergang von Atlantis viele der Bewohner ins Erdinnere geflüchtet seien. Die Bewohner des Erdinneren seien viel weiter entwickelt als die Bewohner der Oberfläche und hielten sich an die Regeln eines Lebens im Einklang mit den kosmischen Prinzipien.

Wie sieht es nun mit dem Channeln der innerirdischen Wesen aus? In den meisten Fällen verfügen sie über einen Körper. Auch wenn der sehr wandelbar ist, er ist da, sie sind keine reinen Geistwesen. Somit wird es etwas schwierig, sie direkt zu channeln. Man kann aber natürlich über das Höhere Selbst einer Person, die bereits ein Leben dort verbracht hat, Informationen einholen oder auch über eine geistig-meditative Verbindung, so wie es auch mit außerirdischen Wesenheiten möglich ist und wie du es mit der letzten Übung ja schon gemacht hast. Ich finde dieses Thema extrem spannend und freue mich schon darauf, was es noch alles im Inneren der Erde zu entdecken gibt und wie wir es trotz allem schaffen können, mit den Wesen dort zu arbeiten und von ihnen zu lernen.

Wir haben gesehen, dass wir Menschen eine einzigartige Gruppe von Wesen sind und dass unsere Erde ein sehr spezielles Experiment zu sein scheint. Auf ihr treffen wir nicht nur Tiere und Pflanzen, sondern auch Wesen, die eine Art Zwischenwelt bewohnen, die Feen und Naturwesen. Das Innere der Erde ist genauso belebt wie das Äußere, wobei das Channeln von diesen Wesenheiten nur mittelbar funktioniert.

Kosmische Wesenheiten

Wenn wir die Erde verlassen, gelangen wir ins Universum und stoßen dort auf Lebensformen und -arten unterschiedlichster Natur. Ich möchte all die Wesenheiten dort ungern Außerirdische oder Aliens nennen, da diese Worte in den Köpfen der Menschen mit Angst und Unbehagen behaftet sind. Ich werde sie im weiteren Verlauf des Buches kosmische Wesen und den Kontakt zu ihnen kosmischen Kontakt nennen. Wenn wir in Dimensionen sprechen wollen, befinden wir uns nun auf den Ebenen drei bis sechs, wobei die ersten drei zu unserer Erde gehören (und natürlich entsprechend auch zu den anderen Versionen der Erde).

Ich finde es bedauerlich, dass kosmische Wesen solch ein schlechtes Image auf der Erde haben, vor allem da sie sehr oft eine ausführende Instanz für den göttlichen Plan sind. Die kosmischen Aufträge werden ihnen meist in Form von Gedanken oder Bewusstsein vom Rat der Weisen übertragen, und sie sind dann diejenigen, die Dinge manifestieren, ordnen und geradebiegen, wenn es nötig ist. Sie greifen auch oft, wenn es das erfordert, in das Weltgeschehen ein, aber immer ohne den freien Willen der Menschen zu verletzen.

Der Mensch selbst wird von kosmischen Wesen nur dann kontaktiert oder aufgesucht, wenn er es ihnen erlaubt. Diese Erlaubnis kann auf unterschiedliche Art und Weise erteilt werden. Meist werden gewisse Abmachungen vor der eigentlichen Inkarnation auf der Erde zwischen Seele und kosmischem Wesen getroffen, woran sich die wenigsten von uns erinnern können. In tieferen Schichten unseres Bewusstseins liegt diese Information jedoch vergraben, und man kann sie in Trance nach vorn holen. Dies geschieht aber nur dann, wenn unsere Psyche und unser innerer Wächter dies zulassen. Auch kommt es gelegentlich vor, dass wir in Traumzuständen mit diesen Wesen auf Seelenebene Kontakt haben und so mit ihnen kooperieren. Auch dies kann in unserem System verschlossen bleiben, wenn es unsere Psyche und unser Leben ansonsten negativ beeinflussen könnte.

Ich achte in meiner persönlichen spirituellen Praxis und in der meiner Schüler immer ganz genau darauf, das »normale« Menschsein nicht zu stark auszublenden. Ich möchte dir damit keine Angst machen, aber wir befinden uns hier auf einem gefährlichen Gebiet. Gefährlich in dem Sinne, dass unsere innere Ordnung, die auf illusionären Prinzipien der Welt basiert, gestört werden könnte. Deswegen ist es so wichtig, eine solide Basis der spirituellen Arbeit zu schaffen, die sicherstellt, dass du geerdet bleibst. Dies haben wir bereits ausführlich angesprochen, und ich möchte hier noch einmal auf all die Vorbereitungen praktischer Art, die im Buch beschrieben sind, verweisen. Sie sind und bleiben einfach wichtig.

Nun aber zu den kosmischen Wesen. Die meisten von ihnen haben eine Heimat. Wenn sie eine physische Erscheinung tragen, ist dies meist ein Planet, eine Galaxie oder eine andere Seinsebene im Universum. Wenn sie aus reinem Bewusstsein oder Licht bestehen, dann ist ihre Heimat überall. Das sind die sogenannten planetenlosen Wesen, die sich für Channelings sehr gut eignen, da sie ja keine Anbindung an irgendeine Form der Materie haben. Sie verfügen meist über sehr spezifische Informationen in ihrem Gebiet. Meist haben sie Aufgaben, die die Verteilung und Übertragung von Informationen zwischen den kosmischen Völkern sicherstellen. Das heißt, alle kosmischen Wesen sind ein wichtiger Bestandteil des schöpferischen Plans und brauchen von uns Menschen nicht immer gleich als böse oder schlecht eingestuft zu werden. Sie können sehr einfühlsam und liebevoll sein und haben zum Teil auch humanoide Züge. Zudem haben sie einen großen Vorteil gegenüber uns Menschen: Sie haben nicht vergessen, sie wissen immer um den Stand der kosmischen Abläufe und um ihre Aufgabe und Zuordnung im göttlichen Plan. Wir hingegen tendieren dazu, zu irren und zu vergessen. Diesen Vorteil teilen sich übrigens die innerirdischen Wesen mit den kosmischen. Auch sie müssen nicht die Erdschicht des Vergessens durchstoßen, wenn sie inkarnieren, und somit vergessen sie nie ihre göttliche Bedeutung.

Auch die geistige Welt scheint ein enges Verhältnis zu kosmischen Wesen zu pflegen, ihre Wichtigkeit wurde schon mehrere Male in Channelings angedeutet. Die Zusammenarbeit von geistiger und kosmischer Welt trage, so hieß es, zur Erhaltung und Weiterentwicklung der Schöpfung bei. Das Channeln von kosmischen Wesen ist für den Menschen ebenfalls möglich, sofern das Wesen in der Lage ist, sich von seiner physischen Form (wenn es denn eine hat) komplett zu lösen. Andere erleben ihr Sein und Wirken in Licht- oder Bewusstseinsform, dann ist das Channeln sowieso möglich.

Nun lass uns Verbindung zu diesen kosmischen Wesenheiten oder besser gesagt zur Welt der kosmischen Wesenheiten aufnehmen. Diese Channel-Übung solltest du wieder mit einem Guardian üben, der dich stimmlich und energetisch passend durch den Prozess führt (und du dann später auch ihn). Wenn ihr möchtet, könnt ihr sogar mit ein paar Freunden gemeinsam üben, dadurch verstärkt sich das Signal.

Reise ins Universum

– Für diese Übung solltest du dir ungefähr zwanzig Minuten Zeit nehmen und dich an einen ruhigen und geschützten Ort zurückziehen. Mach es dir im Sitzen oder Liegen bequem, und schließe deine Augen. Nimm einen tiefen Atemzug, und richte deinen Blick mit geschlossenen Augen nach oben in Richtung Stirnmitte, ohne dabei in den Augen zu verkrampfen. Augen und Augenlider sind ganz entspannt. Lass deine Augen für die Dauer der gesamten Meditation geschlossen und nach oben gerichtet.

– Nun setzen wir als Erstes eine Intention für die Meditation und den kosmischen Kontakt. Sprich mir dafür folgende Sätze nach: »Auch wenn ich nicht weiß wie öffne ich mich jetzt für die heilvollen Schwingungen und Frequenzen aus dem Kosmos und von den kosmischen Wesen. Diese Verbindung kann nun hergestellt werden. Ich lade alle mir noch fehlenden Informationen aus meiner Seelenessenz in mein System, um einen Kontakt herstellen zu können. Ich erlaube mir jetzt, eine heilvolle und inspirierende Erfahrung zu machen.« Mit dieser klaren und starken Intention wird es dir ganz leichtfallen, dich zu öffnen und zu einem wundervollen Kanal für Heilung und Information zu werden.

– Jetzt lass uns entspannen. Stell dir vor, dass du an einem wundervollen Ort in der Natur bist. Einem Ort, wo du dich richtig entspannen und wo du loslassen kannst. Vielleicht ist das ein schöner Wald, eine grüne Wiese oder vielleicht eine Berglandschaft oder ein Strand. Ganz gleich, wo dieser Ort ist, nimm ihn jetzt mit all deinen Sinnen wahr. Sei dort, und sauge alle Eindrücke auf. Bist du allein an diesem Ort? Ist es warm? Gibt es Geräusche um dich herum?

– Spüre, wie du dich an diesem Ort so wundervoll und leicht entspannen kannst. All die Dinge, die dich im Alltag beschäftigten, sind nun ganz, ganz weit weg. Das Einzige, was in diesem Moment zählt, bist du und diese schöne Stille und Ruhe in deinem Inneren.

– Erlaube dir, dass dieser Moment deinen ganzen Körper entspannt. Denk daran, Entspannung ist kein Gedanke, sondern ein Loslassen.

– Jetzt stell dir vor, dass tiefe kraftvolle Wurzeln von deinem Becken, deinen Beinen und Füßen aus in die Erde hineinwachsen. Diese Wurzeln reichen bis in das Innerste der Erde hinein, wo sich eine innere Sonne der Transformation befindet. Dieses Feuer ist das Feuer der heilvollen Umwandlung. Über deine Wurzeln erlaubst du jetzt, dass all das, was beim Channeln hinderlich sein könnte, in die Erde abfließt und in diesem Feuer der Transformation in Energie und Kraft verwandelt wird. Karma, belastende Glaubensüberzeugungen und Denkmuster – all das wird verbrannt und dir als Energie und Kraft zurückgegeben. Es fühlt sich so wundervoll an, und du hättest nie gedacht, dass es so einfach ist, sich von altem Ballast zu befreien. Lass diesen Prozess der Transformation nun weiterlaufen, und denke daran, auch der Erde etwas zurückzugeben: Dankbarkeit, Liebe und Heilung aus deinem Herzen. Jetzt ist also der Moment, wo du auch der Erde, die dich so liebevoll trägt, etwas zurückgeben kannst.

– Während du noch immer über deine Wurzeln mit der Erde verbunden bist, stell dir vor, dass sich um dich herum eine goldene Pyramide aufbaut. Diese Pyramide gibt dir sicheren Schutz zu allen Seiten, und es fühlt sich so angenehm an, unter einem solch mächtigen Schutz zu stehen. Die Pyramide ist ein uraltes Symbol für Schutz und stellt nun sicher, dass du nur mit wohlwollenden Wesen und heilvollen Informationen verbunden wirst.

– Vielleicht kannst du nun auch beobachten, dass du nicht allein bist in deiner Pyramide. Deine Begleiter aus der Geistigen Welt sind da, Engel und Seelen von Menschen aus dem Jenseits. Es ist schön, hier zu sein: geerdet und geschützt und bereit, ein Kanal für Heilung zu sein.

– Du bemerkst, dass die Spitze der Pyramide offen ist und von dort kristallines Licht einströmt – das Licht deines Höheren Selbst. Sauge es auf, und genieße einfach, wie du erleuchtet wirst.

– Du bist komplett entspannt, und in dieser Entspannung verbindest du dich nun mit deinem Atem. Beobachte ihn, wie er ganz sanft durch deinen Körper strömt. Dein Atem ist das kraftvollste Werkzeug, wenn es darum geht, sich mit höheren Frequenzen zu verbinden. Er kann dein gesamtes Energiesystem umpolen und es schaffen, dass du zu einem perfekten Kanal wirst.

– Das nächste Mal, wenn du einatmest, stell dir vor, dass der Strom der Atemenergie vom untersten Punkt deines Beckens aus nach oben fließt zu deinem Solarplexus, etwa drei Finger über dem Bauchnabel. Während du ausatmest, fließt die Atemenergie vom Solarplexus wieder nach unten ins Becken.

– Vielleicht möchtest du dir sogar vorstellen, wie sich eine feine Lichtlinie vom Becken zum Solarplexus bildet, während du einatmest, und vom Solarplexus zum Becken, während du ausatmest. Atme in diesem Muster weiter, lass den Atem weit und offen sein, und denke daran, immer wieder komplett auszuatmen. Atme neunmal auf diese Weise ein und aus.

– Als Nächstes atmest du die Energie vom Becken nach oben zu deiner Brustmitte, dorthin, wo dein energetisches Herz liegt – das vierte Chakra. Deine Ausatmung lenkt die Energie wieder vom Herzen nach unten zum Becken. Atme neunmal auf diese Weise.

– Genau das Gleiche tust du nun, während die Atemenergie bis zur Halsmitte geht. Du atmest ein und lenkst die Energie vom Becken zum Hals, du atmest aus und lenkst die Energie vom Hals nach unten zum Becken. Vielleicht merkst du, dass du nun ganz automatisch tiefer zu atmen beginnst, um bis nach oben zum Hals zu gelangen. Da ist gut. Atme neunmal so.

– Ab dem nächsten Mal atmest du vom Becken nach oben zur Stirnmitte und gehst von dort mit dem Ausatem wieder zum Becken zurück. Jetzt wird dein Atem noch voller und tiefer. Er ist reinigend und öffnend, und es tut so gut, bewusst zu atmen. Atme neunmal auf diese Weise.

– Nun lass uns noch weiter nach oben atmen, und zwar bis zum Scheitel-Chakra, dem höchsten Punkt an deinem Kopf. Spüre, wie die Atemenergie bis dort hinauf gelangt. Denke daran, immer wieder bis zum Becken hinunter auszuatmen. Sehr, sehr gut. Atme neunmal so hinauf und wieder hinunter.

– Jetzt ist es nur noch ein kleiner Sprung, bis du es schaffen kannst, in den Raum über deinem Kopf zu atmen. Dafür atme tiefer und vollständiger aus und dann wieder ein. Und vielleicht geht es noch weiter hoch bis in den Himmel hinein, bis ins Universum. Dein Atem trägt dich sicher. Tauche ein in diese Freiheit, die dein Atem dir zu geben vermag. Denke daran, immer wieder zum Becken zurückzukehren, wenn du ausatmest. Nun ist dein Energiesystem gereinigt und geöffnet.

– Lass nun den Atem frei weiterlaufen, ohne ihm deine Beachtung zu schenken. Jedes Mal ab diesem Moment, wenn du das Wort »jetzt« hörst oder sprichst, wirst du dich noch tiefer entspannen können. Beginne nun, mit mir innerlich oder laut von 10 bis 1 zu zählen. Mit jeder Zahl wirst du dich noch tiefer entspannen und noch weiter loslassen können. Lass uns beginnen:

- 10 ... 9 ... 8 ... 7 ... 6 ... 5 ... 4 ... 3 ... 2 ... 1, jetzt.

- Und noch einmal: 10 ... 9 ... 8 ... 7 ... 6 ... 5 ... 4 ... 3 ... 2 ... 1, jetzt.

- Und ein letztes Mal: 10 ... 9 ... 8 ... 7 ... 6 ... 5 ... 4 ... 3 ... 2 ... 1, jetzt.

- Nun bist du tiefenentspannt und bereit für die Verbindung zu den kosmischen Wesen. Bau nun mit deiner Intention eine Lichtstraße auf. Sie führt vom Scheitel aus nach oben ins Universum.

- Dein Licht wird in Kürze auf das Licht eines kosmischen Wesens oder eines Ortes im Universum treffen, denn du trittst nun in diese Resonanz ein. Lass alles geschehen, was geschehen möge. Du wirst Informationen und Bilder erhalten, und vielleicht wird das Wesen durch dich sprechen oder auf eine andere Weise wirken. Genieße es, und bleib in der Verbindung, so lange es sich für dich gut anfühlt.

- (längere Pause)

- Nachdem du nun Energie, Botschaften und vielleicht auch Heilung aus kosmischen Ebenen erhalten hast, ist es an der Zeit zurückzukehren. Alle Dinge, die du erfahren durftest, werden jetzt auf allen Ebenen deines Systems integriert, sodass du den vollen Nutzen aus diesem Kontakt ziehen kannst. Jedes weitere Mal, wenn du diese Meditation praktizierst, wird es dir noch leichter fallen, dich zu entspannen und in die Verbindung zu gehen. Es wird für dich mit jedem Mal schöner und intensiver werden.

– Ich zähle nun von 1 bis 10, und wenn ich bei der 10 bin, wirst du wieder im Hier und Jetzt sein und in der Lage, deine Augen zu öffnen. Du wirst dich so gut fühlen wie lange nicht mehr.

– 1: Sieh jetzt noch ein letztes Mal deine Pyramide und deine Wurzeln, die in die Erde reichen. Spüre, wie reich beschenkt du bist und wie einfach es für dich war, dich zu entspannen.

– 2: Spüre die Energie und Wärme in deinem Körper, den Mut und die Kraft in dir.

– 3: Spüre, dass du mit all deinen Ebenen immer mehr zurückkommst. Du kannst auch fühlen, dass sich etwas verändert hat. Du fühlst dich erfrischt und erholt.

– 4: Beginne jetzt, deinen Atem und den Körper bewusst zu spüren.

– 5: Atme tief ein und aus.

– 6: Spüre, wie gut es dir geht und wie sich ein breites Lächeln auf deinem Gesicht zeigt.

– 7: Atme noch mal tief ein …

– 8: … und tief aus.

– 9: Beginne, dich sanft zu bewegen.

– 10: Du bist wieder vollkommen im Hier und Jetzt, bereit, die Augen zu öffnen und den Rest des Tages mit Freude und Dankbarkeit zu begrüßen.

Die Abfolge der einzelnen Stufen ist sehr wichtig und sollte unbedingt eingehalten werden. Folgende Schritte gehören immer dazu, wenn du in eine solch tiefe Entspannung und einen Channel-Kontakt gehst:

Intention: Ohne deine Intention bist du ein zielloses Licht im Universum, und dein Bewusstsein kann sich nicht bündeln. Der Ausspruch:»Auch wenn du nicht weißt wie...«, ist dabei enorm wichtig, um den inneren Wächter abzuschalten. Für ihn ist das alles ja nicht nachvollziehbar, und wir befreien ihn mit diesem Satz von seiner Aufgabe, alles verstehen zu müssen. So kann er sich besser zurückziehen. Zusätzlich werden mit der Intention alle Energien geladen, die erforderlich sind, um einen Kontakt herzustellen, da es ja sein kann, dass wir momentan nicht alle Ressourcen zur Verfügung haben. Wesentlich ist außerdem die Orientierung auf heilsame Erfahrungen und Begegnungen.

Reise an einen schönen Ort in der Natur: Dieser Ort stellt eine Brücke zwischen der »realen« Welt und einer Welt jenseits davon dar. Du kannst ihn frei wählen, je nachdem, wo es dir am besten gefällt.

Erdung über den Feuerkern: Als Nächstes verbindest du dich mit der Erde und der inneren Sonne, die dich mit Kraft speist. Über diese Verbindung werden alle blockierenden Energien gelöscht.

Goldene Pyramide: Sie wird zu deinem Schutz aufgebaut und stellt sicher, dass du nur mit höher schwingenden Wesenheiten in Kontakt trittst. Die Mehrzahl der kosmischen Wesenheiten ist ohnehin so gestimmt. Wir nutzen aber immer die Pyramide, ein Symbol der heiligen Geometrie, die einen sehr stabilen Schutz gewährt.

Verbindender Atem: Die Atemtechnik reinigt unseren Verbindungskanal. Sie stärkt zudem die Energieleitbahnen, was sehr wichtig ist, wenn wir channeln. Der verbindende Atem verläuft in unterschiedlichen Stufen. Wir führen ihn als Erstes vom Becken zum Solarplexus, danach vom Becken zum Herzen, dann zur Halsmitte, zur Stirnmitte und zum Scheitel und schließlich jenseits davon. Neun Wiederholungen jeweils, wobei diese Zahl sehr wichtig ist. Sie stellt eine göttliche Zahl dar, die dir helfen wird, im Einklang mit dem göttlichen Prinzip zu arbeiten.

Runterzählen: Das Zählen von 10 bis 1 wird dir helfen, dich noch tiefer zu entspannen und von deinem bewussten Verstand zu distanzieren.

Lichtstraße: Du baust deine Verbindung nach oben über eine Lichtstraße auf, eine Straße aus Liebe und positiven Intentionen. Über sie kommen nun auch die Informationen und Energien aus der kosmischen Ebene.

Rückkehr: Nach einer gewissen Zeit, wenn die Eindrücke und Impulse sich abschwächen, kehrst du zurück. Du verwendest dabei die Technik des Hochzählens von 1 bis 10. Das bringt dich wieder ins Hier und Jetzt.

Wir haben uns bis hierher mit der Erde und dem Kosmos beschäftigt und geschaut, welche Wesenheiten wir aus diesen Bereichen channeln können. Nun wollen wir mit einer weiteren Gruppe von Wesenheiten fortfahren, die mit fortschreitender Transformation auf der Erde ein immer größer werdendes Interesse an einer direkten Kommunikation mit uns zeigt.

Der Rat der Weisen und die Akasha-Chronik

Den Übergang vom Kosmos zur Geistigen Welt bildet die Akasha-Chronik, die untrennbar mit dem Rat der Weisen verbunden ist. Wie bereits erwähnt, ist der Rat der Weisen ein Gremium hoch entwickelter Wesen, die stark humanoide Züge haben. Sie sind von ihrer Erscheinung her fast genauso wie wir Menschen, nur dass sie viel feinstofflicher sind. Man kann also fast durch sie hindurchsehen. Allerdings sind sie in der Lage, ihren Körper zu verdichten. Man könnte sie auch Forscher oder Wissenschaftler nennen, denn sie studieren die höheren Zusammenhänge im Kosmos und auf der Erde. Sie sind immer auf der Suche nach perfekten Lösungen für alle Beteiligten, und das scheint eine wirklich große und schier unmögliche Aufgabe zu sein. Sie sind auch diejenigen, die – ohne den freien Willen des Menschen zu verletzen – in das Erdgeschehen eingreifen dürfen, und dies taten sie auch schon einige Male, um die Dinge zum Besseren zu wenden.

Der Rat der Weisen stellt eine Zwischenstation dar, die die Kommunikation zwischen der Geistigen Welt und dem Universum aufrechterhält. Die Weisen brechen sozusagen die hohe Frequenz der Energie aus der Geistigen Welt herunter, sodass sie für die Wesen im Kosmos und für uns Menschen »erträglich« wird. Sie sind auch diejenigen, die Straßen und Wege zwischen der Geistigen Welt und dem Kosmos bauen und dadurch Portale schaffen. So können Verstorbene ins Jenseits hinübergeführt werden oder Engel in die Erdatmosphäre hinabsteigen. Fälschlicherweise wird oft gesagt, dass Medien selbst Portale seien. Das ist aber nicht möglich, da Portale niemals von einem menschlichen Körper ausgehen können, sondern immer nur vom Rat der Weisen. Sie sind die Wächter der Portale und haben als Einzige die Kontrolle darüber. Ein Medium kann lediglich diese Portale nutzen, um in die Verbindung mit dem Jenseits zu gehen.

Als ich in einem Channeling einmal die Möglichkeit hatte, zum Rat der Weisen zu sprechen, fragte ich, wie sie es denn dulden könnten, was wir Menschen mit unserer Erde anstellten. Ein Mitglied sprach, dass sie den freien Willen des Menschen zu 100 Prozent respektierten und uns immer die freie Wahl lassen müssten, was wir mit den Geschenken Gottes anstellen. Sie dürften nicht direkt eingreifen, außer wenn wir kurz davor wären, die Erde komplett zu zerstören. Dieser Eingriff geschehe dann nicht nur zum Wohle der Lebewesen auf der Erde, sondern auch zu dem anderer Wesen im Kosmos. Sobald sich ein Lebensraum im Universum selbst zerstört, kommt es nämlich zu gravierenden Störfrequenzen für alle anderen kosmischen Geschöpfe, und dies müssten sie in allen Fällen aufhalten.

Der Rat der Weisen verfügt nun über die Akasha-Chronik, die bereits beschriebene Datenzentrale. Das gesamte Wissen der Weisen stammt von den Informationen, die darin enthalten sind: alles, was im Universum jemals geschehen ist und geschehen wird. Du kannst dir vielleicht vorstellen, welche Unmengen an Informationen das sein müssen. Man kann es sich wie unser Internet vorstellen, nur mit dem Unterschied, dass auf die Chronik nur der Rat der Weisen zugreifen kann.

Die Akasha-Chronik unterliegt nicht der Zeit, in ihr ist auch alles Zukünftige dokumentiert. Auf ihr baut daher eine besondere Art der Zukunftsschau aus Indien auf: Readings in Palmblattbibliotheken. Die Urschriften der dort archivierten Palmblätter wurden von alten Weisen, den Rishis, vor etwa 7000 Jahren verfasst. Sie besaßen außerordentliche spirituelle Kräfte und konnten sogar direkt aus der Akasha-Chronik lesen. Wie sie dies taten, ist leider nicht überliefert, aber ich gehe stark davon aus, dass es in einem Trance-Zustand stattgefunden haben muss. Die Rishis waren in der Lage, die gesamten Lebensläufe von Millionen Menschen zu lesen und schriftlich auf den Palmblättern niederzuschreiben. Sie taten dies in Alt-Tamil, was nur noch von sehr wenigen Eingeweihten übersetzt werden kann. Für die Rishis gab es weder ein Gestern noch ein Heute oder Morgen, ihre Botschaften unterliegen einem ganz anderen Zeitverständnis. Um all das begreifen zu können, müssen wir unsere Vorstellung vom Begriff der Zeit, wie wir sie kennen, vollständig revidieren.

Es ist auch für den heutigen Menschen möglich, in der Akasha-Chronik zu lesen, und zwar vorzugsweise in der tiefen Trance, wo der bewusste Verstand komplett ausgeschaltet ist. Die Informationen sind alles andere als begreiflich für unser bewusstes Denken. Außerdem muss man natürlich auch den Zutritt vom Rat der Weisen gewährt bekommen. Meist passiert dies, wenn der Mensch eine wichtige Übermittlerfunktion in der Gesellschaft hat und ausreichend spirituelle Reife mit sich bringt. Er muss nicht unbedingt ein ausgebildetes Medium oder ein Mönch oder Yogi sein. Die spirituelle Reife zeigt sich nie in dem, was Menschen nach außen tun oder sagen, sondern immer in ihrem Herzen. Selbst wenn du noch nicht viel in diesem Bereich getan hast, möchte ich dich doch ermutigen, dich zu trauen, das Channeln ernsthaft zu üben. Alles ist für dich möglich, wenn du es zulässt. Es werden dir neue Fenster geöffnet werden, und deine spirituelle Reise wird eine Beschleunigung erhalten, wie sie durch kaum etwas anderes erreicht werden könnte.

Die Weltenwanderer

Der Rat der Weisen arbeitet mit einer Gruppe von ganz besonderen Wesen zusammen, die ich gern die Weltenwanderer nenne. So wie es auch die Mitglieder des Rats der Weisen tun können, bewandern diese Wesenheiten alle Welten, die es gibt: die Geistige Welt, die Sphären des Rats der Weisen und den Kosmos. Für sie gibt es eigentlich keinerlei Restriktionen, solange sie sich an die Vorgaben des Rats der Weisen halten. Ich arbeite mit solch einem Weltenwanderer sehr eng zusammen, seit er erstmals bei einem Channeling für meine Schwester durchkam.

Er stellte sich als Sandjiban vor, und als ich nach dem Channeling zurückkam, konnte ich mich zwar an keine von den übermittelten Informationen erinnern, an eine Sache jedoch sehr genau: seine äußere Erscheinung. Ich wusste, dass dies Sandjiban selbst gewesen sein muss, dem es anscheinend wichtig war, dass ich bzw. wir wissen, wie er aussieht. Er war komplett blau und schien mehr fein- als grobstofflich zu sein. Sein ganzer Körper erschien sehr drahtig und groß, sein Gesicht glich aber stark dem eines Menschen. Sein Anblick war wunderschön, und er bewegte sich in riesigen sprunghaften Schritten vorwärts. Er berichtete davon, dass sie, die Sandjibans, eine sehr komplexe Form der Kommunikation führen, die es ihnen ermöglicht, größte Daten- und Informationsmengen untereinander auszutauschen. Sie verwenden dafür vor allem Codes in Form von Symbolen und Zahlenkombinationen.

Wir channeln nun seit etwa einem Jahr Sandjiban, und auf Malta wurde ich dann darauf angesprochen, ob ich denn schon einmal etwas von den »Sanjeevinis« gehört hätte. Nein, sie waren mir vollkommen unbekannt, aber die Verwandtschaft mit dem Namen Sandjiban machte mich neugierig. Ich fand eine weitere Übereinstimmung: Sandjiban arbeitet wie erwähnt über Heilsymbole und Codes – und Sanjeevinis seien Heilsymbole! Dies berührte mich sehr, da wir anscheinend über Sandjiban einen direkten Zugang zu diesem höheren und heilvollen Wissen erhalten hatten und durch uns heilvolle Informationen weitergegeben werden konnten. Außerdem war dies natürlich wie eine Art Beweis für die tatsächliche Existenz dieser hochentwickelten Weltenwanderer, die uns mit ihrem Können weiterzuhelfen versuchen.

Ich bin mir sicher, dass es noch etliche den Sandjibans ähnliche Wesenheiten gibt, die als Wanderer die Aufgabe haben, beiden Seiten zu helfen, der Geistigen Welt und uns im Universum. Sie verfügen über eine große Flexibilität und Offenheit auf geistiger Ebene, sodass sie in der Lage sind, zwischen den Dimensionen zu wandeln und dort einzugreifen, wo es notwendig ist. Sie gehen laut Sandjiban manchmal so weit, dass sie sich sogar für einen gewissen Zeitraum auf einem Planeten manifestieren, um Dinge herauszufinden, die sie von außen nicht erfahren könnten. Dabei durchlaufen sie keineswegs den Zyklus von Geburt und Tod, sondern werden einfach in das Leben hineingeschleudert, erledigen ihren Job und verschwinden dann wieder. Meist kriegen wir Menschen das gar nicht so genau mit, und das ist auch gut so. Uns soll nie das Gefühl gegeben werden, dass wir nicht in der Lage seien, unsere Erde zu erhalten, auch wenn es im Moment so ist. Sandjibans, der Rat der Weisen und sicher noch viele weitere versuchen uns das Gefühl zu vermitteln, dass wir die Macht und Kraft besitzen, mit allem, was uns begegnet, klarzukommen. Das könnten wir in der Tat auch, wüssten wir nur, wie wir unsere inneren Kräfte aktivieren können. Das Channeling kann auch dabei eine wichtige und wegweisende Methode sein.

Bis jetzt konnten wir auf unserer Reise bereits ein Channel für die Energie und die Botschaften der Wesenheiten des Universums, der Weltenwanderer und des Rates der Weisen sein, und im Laufe der weiteren Kapitel werde ich immer wieder auf ihr Wirken eingehen. Ich finde es erstaunlich, dass man sich in unserer Welt mehr mit Engeln, Geistführern und verstorbenen Menschen beschäftigt als mit denen, die uns eigentlich viel näher wären – eben jene bislang beschriebenen Wesen. Ich bin auch immer wieder erstaunt darüber, dass ein Großteil der Menschen an Engel und Lichtwesen zweifelsfrei glaubt, wenn man sie aber auf Außerirdische anspricht, verdrehen sie die Augen. Das erscheint mir nicht ganz logisch. Wieso glauben wir denn, tatsächlich die einzigen lebenden Wesen im weiten All zu sein? Vielleicht konnte ich dich mit meinen Anführungen für die kosmische Welt, die uns doch so nah ist, etwas sensibilisieren.

Die Geistige Welt

Nun treten wir in die Welt der geistigen Wesenheiten ein, die man meist unter dem Begriff der Geistigen Welt kennt und zusammenfasst. Ich kam mit diesem Begriff relativ spät in Berührung und war eigentlich immer davon ausgegangen, dass beispielsweise Engel unter uns leben. Ich konnte sie ja auch sehen und mit ihnen sprechen. Und auch wenn ich nun von der Geistigen Welt als einem Ort getrennt von unserer Welt spreche, ist diese Welt dennoch hier unter uns. Wir Menschen denken in Dimensionen und Ebenen der Zeit. So fällt es uns schwer zu erkennen, dass etwas da sein kann und zugleich eben auch nicht. Bevor die Verwirrung noch steigt, lass uns lieber die unterschiedlichen Dimensionen der Geistigen Welt und die dazugehörigen Wesenheiten betrachten. Den Anfang macht das Jenseits.

Das Jenseits

Das Jenseits befindet sich nach der mir übertragenen Konzeption auf der siebten Dimension. Über ein Portal, das sich öffnet, wenn die Seele den Körper abgestreift hat, gelangt sie mithilfe des Erzengels Azrail, anderer Engel und zuvor verstorbener Freunde oder Familienmitglieder ins Jenseits. Dabei kommt die Seele auch beim Rat der Weisen vorbei und liefert dort sozusagen alle Karma-Päckchen ab, die erschaffen, verändert oder aufgelöst wurden. Meist findet dort auch ein liebevoller Austausch statt, und man wird für eine kurze Zeit in den Kreis des Rates aufgenommen. Es gibt weder eine Anhörung noch eine Verurteilung, ganz gleich, was der Mensch in seinem Leben vollbracht oder angestellt hat.

Das Erdenleben verlangt der Seele so einiges ab, sodass sie ruhen muss, bevor sie ins Jenseits weitergeht. Es gibt eine Ruhestätte für die Verstorbenen, einen Ort, der für ihre Erholung und

Reinigung von irdischen Eindrücken bestimmt ist. Unsere Informationen zu dieser Stätte sind noch sehr lückenhaft, aber wir erhielten bereits die unterschiedlichsten Beschreibungen dazu. Manche sprachen von einem Ort wie in Watte oder in weißes Licht gehüllt, andere von einem Gebäude mit vielen Ebenen und Türen. Es gab Türen, durch die man hindurchgehen durfte, und andere, die verschlossen blieben. Hinter den Türen fand die Seele Erkenntnisse, die für sie vor ihrer Weiterreise wichtig waren. Wie lange die Verstorbenen hier bleiben, kann auch nicht genau gesagt werden. Als Jenseits-Medium weiß ich jedoch, dass der Verstorbene meist erst ein Jahr nach dem Tod kontaktiert werden kann. Erst dann zumindest ist die Verbindung stark und genau. Vorher ist es möglich, mit dem Verstorbenen zu reden, aber die Verbindung kann immer wieder unterbrochen werden. Erst wenn die Seele im Jenseits ist, kann auch ein klarer und verlässlicher Jenseitskontakt hergestellt werden.

Die Ablösung der Seele von der Erde kann ebenfalls einige Zeit in Anspruch nehmen, je nachdem, wie viele unerledigte Dinge da noch sind und wie stark der Mensch mit dem Erdenleben verhaftet ist. Zudem muss sich die Seele an die veränderte Form des Seins erst anpassen. Sie ist uns zwar mehr als vertraut, aber dennoch kann es zu einer Art Schock kommen, wenn wir die dichte Energie der Erde verlassen und ins Feinstoffliche wechseln. Unsere Erde mit ihrer Schwerkraft wurde von geistigen Wesen schon des Öfteren als lästig beurteilt, sie sagten, dass es ja nicht verwunderlich sei, wenn wir uns manchmal schwer und unfrei fühlten. Die Gravitation gebe uns dies ja gewissermaßen vor. Aber sich umgekehrt umzustellen ist eben auch nicht so einfach.

Du hast bestimmt schon mal davon gehört, dass es Menschen gibt, die verwirrte Seelen ins Licht schicken können oder zumindest behaupten, dies tun zu können. Ich bin mir ehrlich gesagt der Glaubwürdigkeit und Echtheit dieses Phänomens des »Ins-Licht-Schickens« nicht so sicher. Die Seele hat in jedem Fall eine mehr als professionelle Assistenz durch die eigenen Geistführer, durch Engel und natürlich den Engel Azrail. Müssen wir Menschen da wirklich noch eingreifen? Ein Jenseitskontakt, so wie er nach dem englischen Spiritualismus praktiziert wird, erfordert, dass die Seele bereits ins Jenseits übergegangen ist. In der Zwischenwelt kann kein adäquater Kontakt hergestellt werden.

Manchmal kommt es jedoch auch vor, dass Hinterbliebene noch so stark an der verstorbenen Person festhalten, dass der Übergang für sie erschwert wird. Es ist nicht möglich, eine Seele vom Übergang abzuhalten, aber wenn der Verstorbene geliebte Menschen nicht allein lassen will, kann es zu Verzögerungen auf der Reise ins Jenseits kommen. Fakt ist, dass jede Seele den Weg nach Hause kennt. Und das Zuhause ist die Geistige Welt.

Wenn die Seele dann im Jenseits angekommen ist, passieren unterschiedliche Dinge, die erforderlich sind, um den Geburtenkreislauf aufrechtzuerhalten. Auf der einen Seite gelangt der Verstorbene in Form eines Geistwesens in die Geistige Welt auf der siebten Ebene, die dafür ausgelegt ist. Dort trifft er auch auf alle anderen verstorbenen Menschen, die ihm zu Lebzeiten wichtig waren. Man findet sich auch aus früheren Inkarnationen wieder, und es muss wohl ein wundervolles Gefühl und freudiges Wiedersehen sein. Zum anderen landen alle Erfahrungen, die die Seele in dieser spezifischen Inkarnation auf der Erde gemacht hat, im »Topf« der Seelenfamilie. Dort findet man dann auch alle karmischen Seelenanteile und ungelösten Themen. Was heißt dies aber nun genau?

In jedes Leben, das wir auf der Erde verbringen, bringen wir »altes« Karma, das noch nicht aufgelöst wurde, aus unserer Seelenfamilien hinein. Unser Ziel ist es dann, diese mitgebrachten karmischen Themen so gut wie möglich aufzulösen, ohne dabei zusätzliches Karma zu erschaffen. Denn dieses würde nach unserem Tod wieder in der Seelenfamilie landen und sie damit belasten. Letztendlich ist es das Ziel jeder einzelnen Seele aus einer bestimmten Seelenfamilie, den Karma-Anteil zu reduzieren und die Entwicklung so voranzubringen. Dadurch bestimmt sich auch der Grad der Entwicklung einer Seelenfamilie. Je karmareiner eine Seelenfamilie ist, umso weniger Seelen müssen aus ihr für eine Inkarnation geformt werden, und umso näher ist die Seelenfamilie ihrer absoluten Befreiung: dem Austritt aus dem Geburtenkreislauf. Je mehr Seelen diesen Austritt schaffen, umso mehr Menschen gibt es auch auf der Erde, die von einer höheren Stufe aus der Geistigen Welt stammen und nicht inkarnieren müssen, sondern wollen.

Ein anderes spannendes Phänomen bezüglich der Seelenfamilien ist die Seelenverwandtschaft. Vielleicht ist dir auch schon einmal jemand begegnet, der in dir ein Gefühl von Vertrautheit auslöste, obwohl du ihn gar nicht kanntest. Dies passiert sehr oft aufgrund der Tatsache, dass deine und die Seele der anderen Person aus der gleichen Seelenfamilie stammen. Man fühlt auf beiden Seiten, dass eine Anziehung wirkt, die vielleicht sogar so weit geht, dass man denkt, man sei ineinander verliebt. Leider funktionieren Beziehungen, die sich so gründen, langfristig gesehen meist nicht so gut. Da beide Partner aus der gleichen Seelenfamilie stammen und ähnliche Themen mitbringen, kann es vorkommen, dass man aneinander nicht so gut wachsen kann wie mit jemandem aus einer anderen Seelenfamilie. Meist verfügt man dann auch noch über ähnliche Fähigkeiten, aber auch über die gleichen blinden Flecken, sodass die Beziehung zu einer Art Komfortzone ohne Wachstumschancen wird.

Bessere Entwicklungschancen hat man mit einem Partner, der aus einer anderen Seelenfamilie stammt, neue Impulse ins Leben bringt und andere Themen hat als man selbst. Wenn wir es von einer höheren Perspektive aus sehen, sind aber letztendlich alle Seelenfamilien miteinander verwandt und verfolgen ein Ziel: auch als Menschen sehen und fühlen, dass es ein All-Eines hinter allem gibt und dass sie selbst dieses All-Eine sind.

Ich finde dieses Thema rund um die Seelenfamilie sehr spannend und denke, es gibt noch einiges, was wir hierzu noch nicht erfahren haben. Immer wenn wir in Channelings tiefer bohren und nachhaken, heißt es, dass zu viel Wissen uns Menschen blockieren und lebensunfähig machen könne. Wir sollen weiterhin mit einem Teil unseres Wesens in der Illusion des Weltgeschehens bleiben, während ein anderer Teil unseres Bewusstseins auf eine uns nicht immer zugängliche Art und Weise allwissend ist und bleibt.

Fakt ist, es gibt ein Ziel: frei von Karma zu werden. Aber es gibt ja auch Wesenheiten, die freiwillig auf der Erde inkarnieren und kein Karma erzeugen. Es sind beispielsweise die sogenannten Hybridseelen, auf die später noch eingegangen wird. Wir wollen uns nun erst mal anschauen, wen wir in der Geistigen Welt noch alles antreffen können, jenseits vom Jenseits sozusagen.

Die Ebene der Geistführer

Verstorbenen Menschen wird im Jenseits auch die Möglichkeit eröffnet, sich weiterzuentwickeln und beispielsweise auf die Dimension der Geistführer und Geisthelfer zu wechseln. Von dort aus sind sie dann in der Lage, Menschen auf der Erde geistig zu begleiten und sie in ihrem Werdegang als spirituelle Geistwesen zu unterstützen. Je nachdem, welchen Tätigkeiten wir nachgehen, werden uns Geistführer zugeordnet. Sie begleiten uns manchmal ein ganzes Leben lang oder nur für eine bestimmte Lebensspanne. Geisthelfer werden dabei die Geistführer genannt, die zu Lebzeiten oder familiär bedingt einen persönlichen Bezug zu »ihrem« Menschen haben, wie zum Beispiel der verstorbene Vater zur eigenen noch lebenden Tochter.

Ich finde die Vorstellung wundervoll, dass wir Menschen von jemandem, der in der Geistigen Welt ist, Unterstützung erhalten. Nur leider kriegen das die meisten von uns gar nicht bewusst mit. Je mehr wir uns aber mit dem eigenen geistigen Team beschäftigen, umso mehr sind diese Wesen auch für uns da und können konkret eingreifen, wenn wir Hilfe benötigen. Denn wir wissen ja mittlerweile, dass geistige Wesen nur dann in unserem Leben aktiv werden dürfen, wenn wir sie konkret einbinden und darum bitten. Wenn wir dies nicht tun, begleiten sie uns zwar dennoch, sind aber traurig darüber, eigentlich nicht direkt helfen zu können.

Für unser Thema ist besonders wichtig: Mithilfe der Unterstützung aus der Geistigen Welt kann es uns möglich werden, noch schneller und leichter in den für das Channeln nötigen Zustand zu kommen. Deswegen wollen wir uns jetzt ganz praktisch mit dem geistigen Team beschäftigen, das meist aus einem Hauptführer und weiteren geistigen Freunden besteht. Mit der folgenden Übung kannst du sie kennenlernen.

Lerne deine Geistführer kennen

– Mach es dir an einem ruhigen und entspannten Ort bequem, und schließe deine Augen. Stell dir vor, dass du in einer Lichtsäule sitzt. Diese Säule erhebt sich aus dem Kern der Erde und reicht bis zu Gott hinauf, bis zum allgültigen Prinzip, in dem auch dein Höheres Selbst wohnt. Diese Säule aus Licht ist eigentlich immer da, nur jetzt beginnst du sie bewusst wahrzunehmen. Diese Lichtsäule ist unglaublich groß und stark um dich herum aufgebaut.

– Nun stell eine Verbindung zu deinem Herzen her, denn das ist der Ort, an dem du spüren kannst, dass alles in dir eins ist und du nicht getrennt bist von der Geistigen Welt. Nun sage dir innerlich, dass du eine Verbindung zu deinem geistigen Team aufbauen möchtest, um mit ihm zu kommunizieren.

– Du bist noch immer mit deinem Herzen verbunden und stellst dir dein Herz nun als einen Raum mit unterschiedlichen Türen vor. Dabei fällt dir eine Tür auf, die leuchtet und die zu dir sagt, dass sie der Übergang zur Geistigen Welt ist.

– Wenn du dich bereit fühlst, geh auf die Tür zu, und öffne sie. Jenseits der Tür liegt ein Korridor angefüllt mit Licht, und du erinnerst dich nun an diesen Korridor. Ja, er ist dir sehr gut bekannt. Du läufst den Korridor mit Leichtigkeit entlang und weißt, dass er dich zur Geistigen Welt führt.

– Rufe nun dein geistiges Team herbei, und du wirst sehen, dass es vom Licht her auf dich zukommt. Vielleicht winken dir die einzelnen Wesen sogar zu und freuen sich, dich hier zu sehen. Und so findet jetzt eine Kommunikation zwischen dir und deinen Geistführern statt. Es kann sein, dass du sie in einer konkreten menschlichen Form sehen kannst oder als Lichtwesen. Vielleicht sind auch Engel dabei.

– Manchmal passiert es, dass Menschen nun in ein telepathisches Gespräch mit den Geistführern gehen. Es werden viel mehr Energien und Gedanken ausgetauscht als Worte. So kann es sich auch für dich anfühlen. Stell deine Fragen, die dir wichtig sind, oder genieße einfach nur den energetischen Austausch, der jetzt stattfindet.

– Nach einer gewissen Zeit wird die Kommunikation zwischen dir und deinem geistigen Team beendet. Du verabschiedest dich von deinen Geistführern und läufst nun den Korridor wieder hinab. Du gehst wieder durch die Tür zurück und bist nun im Raum deines Herzens. Du fühlst dein Herz und auch die geistigen Energien, die du mit dir bringst, während du nun immer mehr und mehr in unsere Welt zurückkehrst.

– Du befindest dich dabei noch immer in der Lichtsäule, die dich mit dem Kern der Erde und dem höchsten Bewusstsein verbindet. Über die Verbindung kannst du nun die geistige Energie, die du mitbringst, auch der Erde zur Verfügung stellen. Fühle, wie die Erde auf eine warme und liebevolle Weise auf diese Energie reagiert und dich stützt. Sie schickt goldene und grüne Energien über deine Füße in deinen Körper. Von dort fließt diese Erdenergie nach oben und schließlich durch deinen Scheitel hindurch und weiter durch die Lichtsäule nach oben zum höchsten Bewusstsein. Du stellst eine Verbindung zwischen der Erde und dem höchsten Bewusstsein her.

– Bleib so lange, wie du möchtest, in der Lichtsäule und lass dir Zeit beim Zurückkommen. Lass die Meditation dann etwas nachwirken.

Mit dieser Übung hast du deine Geistführer kennengelernt, und du kannst den Kontakt zu ihnen damit auch intensivieren. Aber kann man Geistführer im engeren Sinne channeln? Da Geistführer ebenso wie Geisthelfer über eine feinstoffliche Form verfügen, ist es möglich. Meine Erfahrung hat aber gezeigt, dass sie eher zurückhaltend sind und lieber im Hintergrund bleiben wollen als gechannelt werden. Dies hat aber auch viel mit den Charakterzügen des jeweiligen geistigen Wesens zu tun. Manche reden einfach lieber als andere. Meist sind es Geistführer, die einen nichtmenschlichen Ursprung haben, die in Channelings durchkommen. Diese Wesenheiten waren noch nie als Menschen inkarniert und bewohnen nicht nur die Ebene der Geistführer und Geisthelfer in der siebten Dimension. Sie können von jedem Ort im Universum und in der Geistigen Welt abstammen und verfügen über eine feinstoffliche oder halbfeinstoffliche Form. Sie sind erst seit Kurzem für uns da, um der Erde neue und kraftvolle Impulse zur Heilung zukommen zu lassen. Der Rat der Weisen war es, der dies beschloss, und seither können beispielsweise auch Engel oder sogar Erzengel Geistführer eines Menschen sein. Aber auch hier gilt: Sie greifen nur dann ein, wenn wir sie darum bitten.

Das spirituelle Bewusstsein von dem Teil der Menschheit, der sich der Transformation öffnet, ist in den letzten Jahrzehnten extrem gewachsen, und Spiritualität ist nicht mehr nur ein Gebiet, für das sich ein paar wenige interessieren. Immer mehr Menschen wählen für sich eine spirituell ausgerichtete Lebensweise, und ich denke, dass wir dies unter anderem unseren geistigen Begleitern zu verdanken haben. Unsere Zusammenarbeit mit ihnen kann aber künftig ein ganz neues Level erreichen, wenn so viele Menschen wie möglich zu Kanälen werden, über die man wichtige Informationen aus geistigen Ebenen erhalten kann. Wir alle suchen nämlich nach Antworten und Impulsen, um unsere Welt in eine bessere zu verwandeln – für alle auf ihr lebenden Wesen. Das Channeln kann uns dabei sehr stark weiterhelfen und zeigt auf eine schöne Weise unseren geistigen Freunden, wie wichtig es uns ist, etwas zu ändern, bevor es zu spät ist.

Wir haben nun gesehen, dass es unterschiedliche Arten von geistigen Begleitern für uns Menschen gibt. Zum einen Geistführer, die noch nie als Menschen inkarniert waren, und zum anderen solche, die von der Erde abstammen. Auch wenn die erste Art von Geistführern eher fürs Channeln offen zu sein scheint, ist es möglich, alle Geistführer unabhängig vom Medium anzurufen und ihre Energie auf die Erde zu bringen. Meist sprechen Geist-führer natürlich lieber durch einen ihnen vertrauten Kanal, bei-spielsweise eben durch ihren eigenen »Schützling«. So oft, wie Sandjiban mich seine Präsenz spüren lässt, gehe ich heute davon aus, dass er mittlerweile zu einem Teil von meinem geistigen Team geworden ist. Denn in meiner Arbeit als Medium und spi-ritueller Coach sehe ich immer wieder seine Gestalt vor meinem inneren Auge oder erhalte direkte Botschaften in meinem Kopf, von denen ich weiß, dass sie zu den Sandjiban gehören.

Wie sieht es aber mit Propheten, Aufgestiegenen Meistern, Göttern und anderen Lichtwesen aus? Auch sie haben ihren Be-reich in der Geistigen Welt und sind meist für weitreichendere Themen zuständig, während Geistführer eher auf individueller Ebene arbeiten. Neuerdings können aber auch Aufgestiegene Meister einzelne Seelen begleiten. Es ist aber wohl sehr viel selte-ner der Fall.

An dieser Stelle möchte ich dir ein weiteres Mal ins Gedächt-nis rufen, dass es eigentlich keine wirkliche Trennung zwischen den Dimensionen gibt und auch nicht geben kann. Die Geistige Welt ist eins, auch wenn es unterschiedliche Entwicklungsebe-nen für die Wesenheiten gibt. Im Jenseits können Verstorbene auch mit Aufgestiegenen Meistern zusammenkommen, und En-gel bewegen sich frei durch alle Ebenen. Die Unterteilung in unterschiedliche Dimensionen soll uns einfach nur helfen, eine gewisse Struktur in die Geistige Welt zu bringen.

Aufgestiegene Meister

Die neunte Dimension, die wir den Aufgestiegenen Meistern, Göttern, Lichtwesen und auch Atlantis und Lemuria zuordnen wollen, ist womöglich die Ebene mit der größten Vielfalt an We-senheiten. Die Wesen dort, ganz egal welcher Form und welcher

Abstammung, können alle Orte des Kosmos und der Geistigen Welt bereisen, wenn sie es für notwendig erachten. So kann es sein, dass ein Mensch beispielsweise Buddha als Geistführer bei sich hat oder ein Atlantis-Wesen. All das ist heute möglich, die Grenzen verschwimmen immer mehr, fast so, als würden wir uns immer näher kommen. Deswegen ist es eben auch von größter Wichtigkeit, dass wir eine Verbindung zu unserem eigenen Höheren Selbst aufbauen und halten können – wir kommen noch dazu.

Nun wollen wir uns aber einige der Wesen in der neunten Dimension genauer anschauen, ohne Anspruch auf Vollständigkeit natürlich. Ich beschäftige mich seit Jahren intensiv und beruflich mit Spiritualität und Medialität und habe immer noch das Gefühl, nur einen winzigen Bruchteil von all dem gesehen zu haben, was es gibt.

Beginnen wir in diesem Bereich mit den Aufgestiegenen Meistern. Sie sind mittlerweile sehr bekannt, und ihr Wirken ist deutlich spürbar. Zwar inkarnieren sie nicht mehr auf unserer Erde, haben aber die Möglichkeit, in menschliche Körper zu schlüpfen. Sie sind die wichtigsten Botschafter des Göttlichen für uns Menschen, zumal sie in ihrer Form sehr leicht wandelbar sind. Zu den bekanntesten Aufgestiegenen Meistern gehören Saint Germain, Lady Nada, Kuthumi und Lady Kwan Yin, die unsere Welt mit ihrer spirituellen Größe bereichert haben.

Die Aufgestiegenen Meister sind menschliche Wesen, die früher auf unserer Erde gelebt und im Zuge einer Reihe von Inkarnationen spirituell ein sehr hohes Level erreicht haben. Sie wurden erleuchtet und somit fähig, sich in völliger Bewusstheit von der materiellen Welt zu befreien und aus dem Geburtenkreislauf auszusteigen. Sie sind fähig, sich selbst und die Welt um sich herum zu verändern und Wunder zu bewirken.

Sie müssen nicht mehr auf die Erde zurückkehren, um sich weiterentwickeln zu können. Sie haben eine spirituelle Stufe erreicht, auf der es keinerlei Beschränkungen mehr gibt. So haben sie ihre Energien gebündelt und wirken meist in einem kollektiven Sinn. Die Meister haben aber immer noch ihren Charakter und ihre Persönlichkeit, auch wenn sie ihr Ego komplett abgelegt haben. Sie existieren nur noch in rein geistiger Energie und in reinem Licht. Das Channeln von Aufgestiegenen Meistern ist etwas Wundervolles, auch wenn es zu Beginn etwas Übung erfordert. Denn ihre Energie ist meist hochfrequent und kompakt zugleich. Es ist etwas schwierig, dies zu beschreiben. Wenn man ihre Energie mit der von einem Engelwesen vergleicht, ist die des Engels viel leichter. Dies mag auch daran liegen, dass Aufgestiegene Meister eine gewisse Individualität besitzen. Engel und andere ähnliche Wesenheiten sind dagegen weniger individuell, sie gehören eher zu einer Gruppe.

Aufgestiegene Meister sind auch die wenigen Wesenheiten in der Geistigen Welt neben den Geistführern und verstorbenen Menschen, die in den Channelings in der Ich-Form sprechen. Sobald wir von der neunten Dimension aufwärts wandern, sprechen die Geistigen Wesen nämlich fast immer in der Wir-Form. Dies ist auch immer ein guter Bewertungshinweis für ein Channeling. Du kannst, wenn jemand einen Engel in der Ich-Form durch sich sprechen lässt, davon ausgehen, dass entweder die Person des Mediums durchgekommen ist oder Aspekte der eigenen Seele gechannelt werden, nicht aber der Engel. Zu Beginn deiner Praxis wirst du merken, dass das Channeln in einer mittleren Trance gar nicht so einfach ist, weil das eigene Denken immer wieder durchkommen kann und sozusagen die Leitung stört.

Es gibt eine kleine Gruppe von Aufgestiegenen Meistern und Meisterinnen, die ich regelmäßig channele. Dazu gehören Ananda Moyi Ma, die auch eine meiner Geistführerinnen ist, Paramahansa Yogananda und auch Jesus, wenn wir ihn zu den Aufgestiegenen Meistern zählen wollen. Am häufigsten ist es jedoch

Ananda, die beispielsweise auch in meinen Trance-Healing-Sitzungen eine wichtige Rolle spielt. Dabei geht es im Unterschied zum Channeln nicht vordergründig darum, Informationen zu übermitteln, sondern Heilung aus der Geistigen Welt zu übertragen. Das Trance Healing ist eine wunderbare Art, sich auf die Geistige Welt einzustimmen und die gemeinsame Arbeit zu üben. Denn auch die Geistige Welt benötigt eine gewisse Anpassungsphase an unsere Energie. Wir sind nicht die Einzigen, die Schritte auf den jeweils anderen zugehen müssen, damit der Austausch funktioniert. Die Geistige Welt im Gesamten hat ein großes Interesse daran, dass wir Menschen uns entwickeln, denn wir sitzen letztlich alle im selben Boot. Ihr Weiteraufstieg hängt auch von uns ab und umgekehrt.

An dieser Stelle möchte ich dich etwas näher mit Ananda Moyi Ma bekannt machen, die vielleicht auch dich auf deinem spirituellen Weg begleiten wird, wenn du dies wünschst. Sie begleitet sehr viele inkarnierte Menschen. Als Mensch war sie eine sehr bekannte spirituelle Lehrerin in Indien. Sie verfügte über die Gabe, spontan in Trance zu fallen und sich mit dem Göttlichen in Form von Vishnu oder Shiva zu verbinden und von ihm Botschaften, Yoga-Übungen, Mantras und Meditationen zu erhalten. So war sie in der Lage, die unterschiedlichsten Gottheiten durch ihren Geist hindurchfließen zu lassen, zudem galt sie auch als Wunderheilerin.

Erzählungen zufolge verweilte sie, nachdem sie ihren Körper und ihren Geist mit geistiger Energie aufgeladen hatte, drei Jahre in der »großen Ruhe«, die wir auch als Trance bezeichnen können. Sie sprach kaum, handelte wenig und saß meist einfach nur da, ohne etwas zu essen. Sie wurde zu einem reinen Geistwesen, noch während sie im Körper war, lange bevor ihre Seele sich von ihrem Körper trennte. 1982 dann verließ sie diese Erde.

Ihre Lehren waren geprägt von Liebe und Zuneigung zu allen Lebewesen. Diese Gefühle kann man auch in den Channelings ganz deutlich spüren. Sie ist eine Art Zufluchtsenergie für jeden spirituell Suchenden, egal welcher Religion und welcher Abstammung. Ich erkenne in ihr auch meine Oma wieder, die ihr wie aus dem Gesicht geschnitten ähnlich sieht. Vielleicht gibt es da eine Art von Seelenverwandtschaft, was der Grund dafür sein könnte, dass ich sie channele.

Ich möchte dir mit diesem Kapitel einen Überblick über die unterschiedlichen Dimensionen der Geistigen Welt geben und kann dabei natürlich nicht allzu sehr ins Detail gehen. Aber du kannst, wenn du es möchtest, auf dem Weg des Channelns mehr über sie erfahren. Darum geht es ja hier: wie du all diese Wesen heilsam und sicher channeln lernen kannst. Dafür ist es äußerst wichtig zu wissen, welche Wesenheiten dabei überhaupt durchkommen könnten und wie sie einzuordnen sind.

Lichtwesen, Lemuria und Atlantis

Neben den unterschiedlichen Aufgestiegenen Meistern gibt es noch eine Vielzahl anderer Wesenheiten, die die neunte Dimension füllen. Würde ich alle anführen, die allein ich (bzw. ich und meine Schüler, Klienten und Wegbegleiter) kennengelernt habe, ergäbe dies wahrscheinlich ein eigenes Buch. Wir durften schon unglaublich vielen Lichtwesen begegnen, die ähnlich wie die kosmischen Wesenheiten des Bewusstseins einfach nur aus Licht, aus bloßem Sein bestehen. Man kann davon ausgehen, dass die meisten keine Persönlichkeit (wie die Aufgestiegenen Meister) haben, da sie ja auch nie inkarniert waren und somit auch nicht die Möglichkeit hatten, Charakterzüge zu entwickeln.

Meist hören sie sich in den Channelings sehr ähnlich an, und ihre Durchgaben sind sehr gehaltvoll. Das Empfinden eines individuellen oder separaten Seins, wie wir es auf der Erde im Extremen spüren, fehlt ihnen komplett, was wahrscheinlich auch der Grund dafür sein könnte, dass sie sich so selig und glücklich anhören. Die Gespräche mit ihnen sind eine Wohltat für Gemüt und Herz. Meist beziehen sich ihre Informationen auf das Aufgabengebiet, das sie innehaben. Viele, die wir in den Channelings übermitteln durften, berichten davon, dass sie Informations- oder Energieträger sind. Meist geht ihre Aufgabe sogar noch weiter ins Transformieren und Verwandeln von Energie, was sehr wichtig ist, wenn Frequenzen aus der Geistigen Welt beispielsweise auf die Erde treffen sollen. Denn seit die spirituellen Kolonien Lemuria und Atlantis unsere Erde verlassen haben, hat sich die Frequenz hier grundlegend geändert.

Lemuria und Atlantis finden wir ebenfalls in der neunten Dimension, zusammen mit Meistern und Göttern oder Natur-Wesenheiten wie beispielsweise Einhörnern. Über diese beiden Zeiten bzw. Kulturen gibt es unzählige Meinungen und Erzählungen. Was ich dir hier weitergeben möchte, sind die Infos, die wir von meinem Höheren Selbst Elohijm erhalten haben.

Wir, als die Erde und die gesamte Menschheit, wären womöglich heute nicht da, wo wir sind, hätte es Lemuria und Atlantis, Hochkulturen von enormer spiritueller Größe und einem reichen Wissen, nicht gegeben. Wir haben ihnen viele unserer geologischen, wissenschaftlichen und spirituelle Entwicklungen zu verdanken. Es geht bis heute eine unvergleichliche Faszination von den Erzählungen rund um Lemuria und Atlantis aus, obwohl es natürlich wissenschaftlich gesehen nicht bewiesen werden kann, dass es sie jemals gegeben hat. Vielleicht war es aber auch Teil des göttlichen Plans, es zu vermeiden, dass das Wissen um diese Dinge für jeden verfügbar gemacht wird. Das ist zumindest eine Botschaft, die wir immer wieder erhalten. Denn Wissen in den falschen Köpfen kann wie eine Waffe sein.

Es muss in unserer Zeitrechnung vor etwa 15 000 Jahren gewesen sein, als Lemurianer begannen, sich auf der Erde anzusiedeln. Der Auftrag kam natürlich vom Rat der Weisen, zu einem Zeitpunkt, an dem man merkte, dass die Menschen sich auf der

Erde nicht ganz so geschickt entwickelten, wie man es sich gewünscht hatte. Man wollte durch Lemuria und später dann auch Atlantis von innen einwirken, ohne den Menschen von außen oder gegen seinen Willen zu beeinflussen. Der Mensch hatte also immer die Wahl.

Die Lemurianer, ursprünglich aus der Geistigen Welt stammend, besaßen sehr viel Wissen über die Gesetzmäßigkeiten des Universums und nutzten es, um ein Höchstmaß an Harmonie und Einklang zwischen den Menschen und der Natur herzustellen. Dazu wurde die Kraft von Kristallen genutzt, um heilende und harmonisierende Energieströme zu lenken. Auch ihre Künste wie die Malerei, die Bildhauerei, die Musik waren Ausdruck ihrer Seele.

Atlantis kam etwas später zur Erde und war gewissermaßen eine mit Lemuria verwandte Welt, aber auch von Grund auf sehr unterschiedlich. Die Wesen von Atlantis besaßen enorme Kräfte des Geistes und erforschten seine Möglichkeiten. Sie waren also viel stärker wissenschaftlich orientiert als die Lemurianer und beschäftigten sich intensiv mit Technologie und Magie.

Die Zeit der Kolonien von Atlantis und Lemuria währte anscheinend nicht sehr lange, und die Wesenheiten begannen schnell zu ahnen, dass etwas nicht stimmt. Es gelangte ein Impuls dunkler Mächte auf die Erde und siedelte sich dort an, was zu Ungereimtheiten zwischen den Menschen und den Kolonien führte. Das ging so weit, dass sogar Lemuria und Atlantis, die schon immer zusammengearbeitet hatte, jetzt gegeneinander antraten. In Atlantis wollte man nun alleiniger Herrscher der Erde sein, und es kam zum Krieg mit Lemuria, das dann beschloss, die Erde zu verlassen und zurück in die Heimat, die neunte Dimension zu gehen. Viele blieben aber zurück, da sie unter den Menschen Freunde gefunden und es bereits zu Kreuzungen zwischen Lemurianern und Menschen gekommen war. Das alles hinterließ solch eine tiefe Wunde in den Herzen, und vielleicht liegt der Schmerz dieser Zeit noch in uns allen verborgen.

Nachdem Lemuria die Erde verlassen hatte, schaffte Atlantis es nicht, allein mit sich und den Menschen glücklich zu sein, es kam immer mehr zu Unstimmigkeiten. Auch Atlantis beschloss nun, die Erde zu verlassen, und hoffte auf friedlichere Zeiten, wenn man wieder zu Hause »unter sich« war. Einige Atlantiker gingen auch in das Innere der Erde.

Die Erde scheint schon immer einige Tücken und Herausforderungen bereitgehalten zu haben. Lemuria und Atlantis jedenfalls nahmen alles an Materiellem mit, was sie auf der Erde aufgebaut hatten. Was sie aber nicht mitnehmen konnten, war der Samen der Liebe, des Wissens und der Schönheit, den sie in den Herzen der Menschen gesetzt hatten. Wir alle tragen in uns das Licht dieser Hochkulturen und schöpfen noch immer aus dem Wissen, das sie uns einst übermittelt haben.

Heute scheint ein Teil von Atlantis und Lemuria, im Guten, aber auch im Schlechten, wieder aufzuerstehen. Atlantiker waren die ersten, die mit Genen und Atomwaffen experimentierten – und wir tun es heute auch. Doch es taucht auch verstärkt Heilwissen aus beiden Kulturen auf, so wie auch die Kommunikation mit Einhörnern und Delfinen eine Neubelebung erfährt. Wir haben dies den Seelen unter uns zu verdanken, die sich an ihre Abstammung erinnern und/oder direkt aus der Geistigen Welt von Lemuria bzw. Atlantis abstammen und ihr Wissen erneut auf die Erde bringen. Ihr Mitgefühl und ihre Liebe zu uns seien grenzenlos, so hieß es in einem Channeling mit einer Lemurianerin. Doch sie seien damals mit allem auf der Erde überfordert gewesen, am meisten mit der Dualität, die hier herrscht.

Sowohl Lemurianer als auch Atlantiker sind sehr offen für Channelings und können sehr gesprächig sein, weil sie sich vielleicht auch ein wenig dafür verantwortlich fühlen, was heute auf unserer Erde passiert: Naturkatastrophen, Menschenrechtsverletzungen, Kriege und Krankheiten. Sie wollen uns, meist auf eine ganz humor- und liebevolle Weise aufzeigen, wie wir uns unserer göttlichen Natur wieder bewusst werden und mehr und mehr die Bereitschaft finden können, uns der göttlichen Quelle wieder zu öffnen. Die folgende Meditation verbindet dich mit ihren Kräften, und du wirst fähig sein, sie zu channeln, also ihre Energie zu kanalisieren und ihre Botschaften zu empfangen.

Eine Heilreise nach Lemuria und Atlantis

– Stell sicher, dass du für die kommenden dreißig Minuten ganz ungestört für dich sein kannst, an einem Ort, wo du dich sicher und geschützt fühlst. Der Raum sollte etwas abgedunkelt sein. Mach es dir in einer liegenden Position bequem, und deck dich zu. Du solltest in dieser Position deinen gesamten Körper entspannen können.

– Schließe deine Augen, und atme ein paar Mal tief ein und aus. Nun halte das nächste Mal, wenn du eingeatmet hast, den Atem kurz an, und atme dann erst vollständig aus. Du atmest also ein, hältst den Atem für zwei bis drei Sekunden an und atmest dann lange und kraftvoll aus. Stell dir vor, dass du mit der Ausatmung alle überflüssigen Anspannungen im Körper ausatmest. Das fühlt sich befreiend und gut an. Wieder einatmen, anhalten … und ausatmen. Mach das noch vier- oder fünfmal so.

– Nun lass deinen Atem ruhig und tief weiterfließen, ohne ihn zu beeinflussen. Du merkst, dass sich dein Körper bereits entspannt hat und dass du es genießen kannst, ihn noch mehr zu entspannen. Deine Gesichtsmuskeln sind weich und locker, die Muskulatur an deinem Nacken, in den Schultern und Armen ist ganz entspannt. Du fühlst ein warmes weiches Gefühl in deiner Brust und im Bauch, und diese Gefühle dehnen sich bis in deinen Rücken und dein Gesäß aus. Deine Beine sind ganz angenehm schwer und entspannt, so wie deine Füße.

– Während sich dein Körper noch tiefer entspannt, erlaubst du nun deinem Geist, voll und ganz bei dir zu sein. Alle Geräusche um dich herum sind vollkommen belanglos, das Einzige, was zählt, sind Entspannung und Heilung, die du nun erfahren darfst. Sollten irgendwelche Geräusche um dich herum entstehen, werden sie dich keineswegs stören oder irritieren, ganz im Gegenteil, sie werden dich noch mehr und noch tiefer entspannen.

– Nun zähle innerlich von 10 bis 1, und wenn du bei 1 angekommen bist, wirst du dich so entspannt und gelöst fühlen wie seit Langem nicht mehr. Dein Körper wird komplett entspannt sein, dein Geist offen, frei und wach. Du wirst in der Lage sein, jenseits von Raum und Zeit zu reisen.

– 10 ... 9 ... 8 ... 7 ... 6 ... 5 ... 4 ... 3 ... 2 ... 1.

– Nun stell dir vor, dass du eine schöne und prunkvolle Treppe nach oben gehst. Diese Treppe führt dich jenseits von Raum und Zeit, wo auch Lemuria und Atlantis liegen. Es ist ein Ort der Liebe, des Friedens und auch dein Heilzentrum.

– Nun stehst du vor einer Tür, die bereits offen steht, und gehst durch sie hindurch. Schon stehst du inmitten eines wundervollen Gartens – so hast du dir das Paradies vorgestellt: wohlduftende Blumen, kräftiges Grün der Blätter und Bäume, zwitschernde Vögel und andere liebevolle Tiere. Es geht dir gut an diesem Ort, es fühlt sich für dich wie ein Nachhausekommen an.

– Etwas abseits vom Garten erhebt sich ein großes Gebäude, das dich ein wenig an die Tempelanlagen im alten Griechenland erinnert, mit massiven Mauern und Pfeilern. Der Anblick erweckt in dir ein Gefühl von Erhabenheit und Glück. Du läufst auf den Tempel zu und siehst, dass dort ein wohlwollendes Wesen auf dich wartet, gleich am Eingang zum Tempel. Dieses friedvolle und reine Wesen wird dich nun begleiten, für die Dauer der Meditation und, wenn du es wünschst, auch darüber hinaus. Es ist ein Wesen von Atlantis.

– Es nimmt dich an der Hand, und ihr betretet gemeinsam die Tempelanlage. Schon seid ihr in einem Innenhof. Du siehst noch einige andere Menschen und Wesen dort. Dein Begleiter spricht zu dir, vielleicht in Worten oder gedanklich. Er erklärt dir, dass dies ein Teil von Atlantis ist. Du wurdest hierher eingeladen und fühlst dich geehrt, nun hier sein zu dürfen.

– Das Wesen führt dich zu einem Raum an einer Seite vom Innenhof der Tempelanlage – an der Tür steht dein Name geschrieben. Das ist dein ganz persönliches Heilzimmer, und zusammen mit deinem Begleiter trittst du nun hinein.

– Schau dich ein wenig um. Wie sieht dein Zimmer aus? Auf jeden Fall steht dort ein Bett, auf das du dich legst, und das wohlwollende Wesen setzt sich an den Bettrand. Du siehst, dass über dir Kristalle in der Luft schweben, etwa über deinem Bauch. Oben an der Decke gibt es eine Öffnung, und von dieser Öffnung her strömt nun Licht ein – das reinste und schönste Licht, das du jemals gesehen hast. Es ist das Licht aus Lemuria.

– Das Licht trifft auf die Kristalle, wird von ihnen aufgenommen und in verschiedenfarbigen Strahlen wieder abgestrahlt: direkt auf deinen Körper. Es fließen Lichter in unterschiedlichen Farbfrequenzen auf deinen Körper, vor allem dort, wo du der Heilung bedarfst. Zugleich erhältst du Einblicke in das Wesen von Lemuria, du kannst in diese Welt eintauchen. Und du erkennst in diesem Moment auch, dass Atlantis und Lemuria ganz eng miteinander verwoben sind.

– Während die Heilungsstrahlen noch immer deinen Körper berühren und mit Licht auffüllen, wendest du dich nun an deinen Begleiter. Vielleicht kannst du ganz konkrete menschliche Züge erkennen, vielleicht aber auch nur Licht. Das spielt keine Rolle – du kannst mit ihm kommunizieren. Stell die Fragen, die du auf dem Herzen hast, und du wirst Antworten erhalten, entweder in Worten oder gedanklich. Bleib entspannt und gelassen, alles geschieht zu deinem Wohle. Es kann auch sein, dass das Wesen direkt durch dich sprechen möchte, lass auch dies geschehen in dem Wissen, dass alles zu deinem Besten passiert.

– Nun zieht sich das Licht langsam wieder zurück – deine Heilung ist für diesmal abgeschlossen. Dein Begleiter umarmt dich, bevor ihr gemeinsam den Raum verlasst, denn nun heißt es Abschied nehmen. In seiner Umarmung fühlst du Liebe, Frieden und Vertrauen – es ist wie ankommen.

– Wieder im Vorhof schaust du dich um. Nimm dir dafür so viel Zeit, wie du möchtest.

– Nun wollen wir die Tempelanlage verlassen und laufen wieder in den Garten zurück. Er hat sich nicht verändert, er ist noch immer so wunderschön wie zuvor. Du genießt es, an diesem Ort zu sein, so glücklich und erfüllt und auch voller Vorfreude auf dein Leben, ein gesundes, glückliches und erfülltes Leben, ganz deinen Vorstellungen und deinem Seelenplan entsprechend. Es ist deine Realität, die du erschaffen hast, und du kannst es kaum erwarten, dein weiteres Leben zu leben.

– Du verlässt den Garten und bist nun wieder bei der Treppe, die du hinaufgegangen warst. Jetzt geht es nach unten, und mit jeder Stufe wirst du etwas wacher und bewusster. Alles, was du auf dieser Reise erlebt hast, ist dir noch klar im Gedächtnis, und du bist dankbar für diese Erfahrungen.

– Ich werde nun von 1 bis 10 zählen, und wenn ich bei der 10 angekommen bin, wirst du wieder ganz im Hier und Jetzt sein. Du wirst dich erholt, erfrischt, klar und innerlich absolut zentriert fühlen.

– 1 ... 2 ... 3 ... 4 ... 5 ... 6 ... 7 ... 8 ... 9 ... 10.

Engel und Erzengel

Engel und Erzengel verehren wir Menschen schon seit Hunderten von Jahren. Sie sind die Boten Gottes und in fast allen Kulturen anzutreffen. Engel sind immer an unserer Seite. Fast alle

Kinder können Engel sehen und verbringen sehr viel Zeit mit ihnen. Auch wenn wir sie später nicht mehr bewusst wahrnehmen, sind sie dennoch da. Aber sie respektieren unseren freien Willen in einem Höchstmaß und greifen deshalb nie unaufgefordert in unser Leben ein.

Das Wort »Engel« leitet sich vom griechischen Begriff *angelos* ab, was so viel wie »Bote« oder »Gesandter« bedeutet. Engel sind die Boten des Göttlichen, feinstoffliche Geistwesen ohne physischen Körper. Sie dienen der Umsetzung des göttlichen Plans, waren nie inkarniert und haben nie die Bewusstheit der göttlichen Einheit verlassen. Für sie kann es manchmal schwer nachvollziehbar sein, wie sehr wir Menschen aufgrund von in ihren Augen banalen Dingen leiden.

Die Erzengel sind jene, die Gott am nächsten sind und ihm seit Anbeginn der Zeit dienen. Erzengel leiten die Engel und unterstützen sie. Das Präfix »Erz«, das dem Wort Engel vorangestellt wird, macht dies deutlich: Es ist abgeleitet von *arché*, »Herrschaft«.

Zu den Erzengeln zählen Metatron, Michael, Gabriel, Raphael, Zadkiel, Uriel, Haniel, Chamuel und Jophiel. Diese Gottesboten schenken uns Kraft und Liebe und helfen uns, Ruhe und inneren Frieden zu finden. Sie unterstützen uns, Gott in uns selbst zu entdecken. Wenn wir uns ihnen anvertrauen, helfen uns Erzengel loszulassen, sie nehmen uns Kummer, Sorgen und Ängste. Außerdem lassen sie uns erkennen, was wir in den jeweiligen Lebenssituationen zu tun haben, und spenden uns Kraft, damit wir unseren Weg auch wirklich gehen können.

Ein Kontakt zu Engeln kann auch im Wachbewusstsein sehr schnell hergestellt werden: Sie sind sofort zur Stelle, wenn wir sie rufen. Anfangs können wir ihre Antworten vielleicht noch nicht bewusst wahrnehmen, da ihnen unser innerer Wächter im Wege steht. Mit der Zeit aber stellt sich eine größere Feinfühligkeit ein, und wir spüren, fühlen oder erahnen eine Präsenz in unserer unmittelbaren Nähe. Es können Gefühle der Wärme, des Wohlgefühls, der Sicherheit, des Trostes, der Annahme, der Liebe, der Kraft und Stärke in uns aufkommen.

Engel sind auch sehr offen dafür, in Channelings durch einen Menschen zu sprechen, nur sollte man dabei ein paar Dinge beachten: Engel und Erzengel bringen eine noch viel höhere Schwingung mit als beispielsweise verstorbene Menschen oder Geistführer. Gleichzeitig sind sie die Wesenheiten, die der Behauptung nach am häufigsten gechannelt werden – wobei man sich aber, wie ich bereits geschildert habe, irren kann. Sehr oft ist es nur ein Bruchteil der Energie des Engels, der übermittelt wird, oder ein Anteil des Mediums spricht. Dies kann natürlich auch sehr heilvolle Prozesse in Gang setzen, ein Engel-Channeling ist es aber nicht.

Ich habe bis heute nur ein einziges Mal einen Engel gechannelt, Erzengel Gabriel. Dies geschah auf der alljährlichen Shaumbra-Konferenz in Wien mit Saint-Germain-Channel Geoffrey Hoppe. Der krönende Abschluss des Events sollte ein Gruppenchanneling mit insgesamt vier Channels sein. Ich ging in Trance und bat innerlich um eine Wesenheit, die der Gruppe die jetzt am besten passenden Informationen übertragen könne. Wer durchkam, war Erzengel Gabriel, der mich an den Botschaften teilweise sogar teilhaben ließ, sodass ich mich im Nachhinein daran erinnern konnte. Wider Erwarten war die Energie von Gabriel eher schwer und massiv als leicht und schwungvoll. So hätte ich mir die Energie eines Erzengels nicht vorgestellt. Außerdem nahm ich meinen Körper während der halbtiefen Trance sehr intensiv wahr, was ebenfalls ungewöhnlich ist.

In weiterführenden Channelings fragten wir bei Elohijm nach, womit sich diese Schwere des Körpers erklären ließe. Sie berichtete, dass es nicht an der Energie von Gabriel lag, sondern an meiner Seelenresonanz. Ich stünde auf Seelenebene in keiner Weise mit Erzengel Gabriel in Verbindung, sondern sei an die Elohijm gebunden. Die Schwere, die ich im Körper empfand, hing damit zusammen, dass mein System auf diese Art der Energie nicht vorbereitet war und dafür auch nicht gedacht ist. Er war jedoch derjenige, der an diesem Tag durch mich sprechen wollte, und da ich ja die Erlaubnis dazu erteilt hatte, channelte ich Erzengel Gabriel.

Das ist ein wichtiger Punkt: Es ist für ein Medium einfacher und leichter, ein Wesen zu channeln, das in das eigene seelische Resonanzfeld passt. Was aber ist das genau? Um dies verständlich machen zu können, sollten wir über die Seele und insbesondere über Hybridseelen und Katalysseelen sprechen. Hier also ein etwas längerer Einschub dazu, bevor wir uns wieder dem Channeln von Engelenergien zuwenden.

Ich unterscheide zwischen drei unterschiedlichen Seelenarten bei Menschen, die sich durch gewisse Merkmale voneinander unterscheiden. Dabei soll nicht zum Ausdruck gebracht werden, dass eine Seelengruppe besser wäre als die andere. Das ist keineswegs so. Alle Seelen sind letztendlich eins und göttlich.

Die erste Gruppe von Seelen möchte ich die menschlichen Seelen nennen. Dabei handelt es sich um inkarnierte Menschenseelen, die vom Jenseits und aus unterschiedlichen Seelenfamilien abstammen. Ihre Herkunft ist also auf das Jenseits beschränkt. Sie befinden sich im Geburtenkreislauf, bis sie irgendwann den Austritt daraus schaffen. Dann gibt es für diese Seelen die Möglichkeit, auf die nächste Ebene aufzusteigen.

Die zweite Gruppe der auf der Erde inkarnierten Seelen ist die der Hybridseelen. Auf dieses Thema bin ich in meinem Buch »Aura Coaching« sehr detailliert eingegangen und möchte an dieser Stelle nur einiges daraus wiederholen.

Hybridseelen

Diesen Begriff erhielten wir in einem Channeling von Elohijm. Die Bezeichnung »hybrid« steht für etwas, was aus Unterschiedlichem zusammengesetzt ist und zweierlei Herkunft hat. Diese

Bedeutung trifft exakt auf das zu, was unter dem Begriff der Hybridseele verstanden wird. Eine Hybridseele besteht nämlich in der Tat aus zwei unterschiedlichen Seelenformen.

Eines sollten wir an dieser Stelle klarstellen: Engelwesen beispielsweise sind nicht dafür geschaffen, ein Erdenleben zu führen, und eine menschliche Seelenfamilie ist nicht darauf ausgerichtet, als Lichtwesen auf einem anderen Planeten als der Erde zu leben. Für Hybridseelen gilt beides nicht. Denn für die Hybridseele ist es sehr wohl möglich, als ein Engel auf der Erde inkarniert zu sein oder als ein Mensch eine parallele Existenz als Lichtwesen irgendwo in der Geistigen Welt zu führen.

Etwas genauer: Es war laut unserer Zeitrechnung etwa um 1920, als der Rat der Weisen beschloss, ins Erdengeschehen einzugreifen. Weder erleuchtete Meister noch Propheten hatten die Menschen bis dahin langfristig dazu bringen können, ihre Herzen zu öffnen und miteinander und im Umgang mit der Erde sorgsamer zu sein. Mit der Zeit nahmen die Kriege sogar noch zu, und es breiteten sich immer weiter Krankheiten und Armut auf der Erde aus. Es musste wirklich etwas geschehen, bevor die Menschen das Leben auf der Erde komplett zerstören und jedes Leben auf ihr unmöglich machen würden.

Dies war die Geburtsstunde der Hybridseelen, von denen es seither sehr viele auf der Erde gibt – man sagt, jeder zehnte Mensch sei eine. Der Rat der Weisen startete gewissermaßen einen Aufruf im Kosmos und in der Geistigen Welt und forderte alle Wesenheiten auf, egal ob von einem anderen Planeten oder von einer geistigen Dimension, der Erde zu helfen. Viele traten an und erklärten sich für das Experiment, auf der Erde zu wirken, bereit. Es war klar, dass es kein einfacher Weg sein würde und dass sie gezwungen wären, durch das Feld des Vergessens zu treten, bevor sie inkarnierten. Dieses Feld würde sie denken machen, dass sie »normale« Menschen sind, was sie aber niemals sein könnten. Ihnen wurde natürlich auch zugesichert, dass man sie überwachen werde, aber dass sie sich auch erinnern müssten, damit die Geistige Welt eingreifen könne, wenn es Probleme gebe.

Ein weiterer Punkt war, dass alle auch menschliche Anteile mit sich auf die Erde bringen müssten, um gleichzeitig die Gelegenheit zu haben, schweres und hartnäckiges Karma von menschlichen Seelenfamilien aufzulösen und überdies einen besseren Zugang zu den Menschen auf der Erde zu haben. Wenn sie zu 100 Prozent mit einer anders gearteten Seele inkarniert worden wären, wäre das Risiko zu groß gewesen, dass sie von der menschlichen Gesellschaft komplett abgestoßen worden wären.

Im Universum und in den Galaxien gibt es so viele unterschiedliche Formen von Wesen. Die einen sind fröhlich und gelassen, andere eher streng und zurückhaltend. Alle versuchen auf ihre ganz eigene Art und Weise, ihre Energien zum Ausdruck zu bringen. So fügte man unterschiedlichen Wesen von anderen Dimensionen, Planeten, Galaxien etc. menschliche Seelenaspekte hinzu, insbesondere auch solche, die schweres Karma trugen. Aus diesem Grund haben sehr viele der Hybridseelen auf der Erde, die sich nicht erinnern können, mit schweren Beschwerden und Krankheiten zu kämpfen. Man spricht in den Channelings auch ganz oft davon, dass sich manche Hybridseelen ganz bewusst menschliche Anteile suchten, die in ihrer Art »krank« sind, um an ihnen den Menschen aufzuzeigen, wie sie sich wieder stabilisieren können.

Ich denke, nicht mal für den Rat der Weisen war es absehbar, welch schwierigen Herausforderungen die Hybridseelen in ihrer menschlichen Inkarnation ausgesetzt sein würden. Auf der einen Seite sollten sie Menschen sein und bleiben, um den Zugang zu ihnen zu finden. Auf der anderen Seite sollten sie alles in ihrer Macht Stehende tun, um sich daran zu erinnern, weshalb sie auf die Erde gekommen waren. Dieses Experiment war also ein sehr gewagtes Unterfangen.

Nachdem sich die nichtmenschlichen Wesenheiten bereiterklärt hatten, auf unserer Erde zu inkarnieren, in der Akasha-

Chronik gelernt, menschliche Seelenaspekte übernommen und eine Familie ausgesucht hatten, ging es darum, den Übergang auf die Erde zu schaffen. Das ist ein Punkt, den man nicht geringschätzen sollte, da für die meisten Wesenheiten, die nicht von der Erde stammen, die grobstoffliche Form und die Schwingung der Erde ein krasses Gegenteil zu dem sind, was sie von ihren Heimatorten kennen. Das heißt konkret, dass die meisten Hybridseelen es eigentlich nicht schafften, in einen menschlichen Leib einzutreten, ohne Schäden davonzutragen. Viele Tode von Kleinkindern sind genau auf dieses Phänomen zurückzuführen, genauso wie Kinder, die sehr früh sterben. Sie sind oft Hybridseelen, die einfach den Übergang auf die Erdebene nicht schaffen. Sie können zum einen mit der niedrigen Schwingungsfrequenz nicht umgehen, zum anderen aber löst das Eingesperrtsein in einem physisch begrenzten Körper in ihnen extremen Stress aus. So werden diese Seelen wieder nach Hause geschickt. Die Wahrscheinlichkeit, dass du als Leserin oder Leser dieses Buches eine Hybridseele bist, ist natürlich sehr hoch. Woran kannst du das erkennen? Hier einige Anzeichen: Die Geburt und auch die vorgeburtliche Phase im Mutterleib der Hybridseele ist meist mit Komplikationen verbunden. Dies hängt in den meisten Fällen damit zusammen, dass die Anpassung an die Energie der Erde Schwierigkeiten mit sich bringt, was noch bis zur Pubertät zu Beschwerden führen kann. Wenn sie jedoch den Übergang schafft, spürt die Hybridseele von klein auf die innere Aufforderung, den Menschen und der Erde helfen zu wollen.

Hybridseelen-Kinder leiden meist unter unterschiedlichen körperlichen oder seelischen Beschwerden, ohne dass eine offensichtliche Ursache zu erkennen wäre. Zudem fühlen sie sich auf der Erde nie zu Hause und haben sich meist fordernde Eltern ausgesucht: Menschen, die viele karmische Verstrickungen tragen. Die Hybridseelen wollen ihnen auf diesem Weg helfen, sie aufzulösen.

Die meisten Hybridseelen verfügen über außerordentliche übersinnliche Fähigkeiten. Sie haben oft Heimweh bzw. Fernweh und Schwierigkeiten, sesshaft zu sein. Sie spüren in sich oft einen Drang wegzugehen, zu reisen, sich nicht an ein festes Zuhause zu binden. Dies liegt meistens daran, dass sie in ihrem Innersten spüren, dass sie nicht zur Erde gehören. Dies kann so weit gehen, dass der Mensch seinem Leben ein Ende setzen will, um wieder ganz schnell »zu Hause« zu sein. Aber sie wurden geboren, um eine spezielle Aufgabe auf der Erde zu erfüllen. Auch wenn sie nachts ständig mit ihrem Seelenursprung kommunizieren, erinnern sich nur die Wenigsten daran, woher sie wirklich stammen.

Hybridseelen haben meist Schwierigkeiten, Freunde zu finden. Sie sind einfach anders als »normale« Menschen und können Mühe haben, mit anderen eine gemeinsame Ebene zu finden. Auch gewisse gesellschaftliche Bindungen sind für sie schwer begreifbar, und der Gedanke, eine Familie bzw. Kinder zu haben, ist ihnen oft fremd oder zumindest gewöhnungsbedürftig.

Die meisten Hybridseelen, die sich noch nicht als solche erkannt haben, leiden unter Unverträglichkeiten oder Problemen mit dem Essen (Magersucht, aber auch Esssucht).

Dies waren einige der Merkmale von Hybridseelen. Natürlich müssen nicht alle diese Dinge auf dich zutreffen und du kannst dennoch eine Hybridseele sein. In meinen Aura-Sitzungen ist es immer das Erste, was ich überprüfe. Man kann es ganz deutlich in der Aura sehen, ob ein Mensch eine Hybridseele ist oder nicht. Wenn ich es weiß, kann ich viel besser verstehen, in welchen inneren Konflikten sich der Mensch befindet und was die Lebensaufgabe ist.

Eine Hybridseele trägt in sich also nie nur eine Seele von einem Ort. Jede Hybridseele ist eine Zusammensetzung unterschiedlicher Seelenaspekte von unterschiedlichen Ebenen. So kann es beispielsweise sein, dass eine Hybridseele zu unterschiedlichen Teilen ein Lichtwesen, ein Aufgestiegener Meister, ein Engel und ein Elohijm ist. Dies alles prägt dann sozusagen das seelische Resonanzfeld, und die Hybridseele kann diese Wesenheiten, die in ihrer Seele angelegt sind, viel leichter channeln als andere.

Das soll natürlich nicht bedeuten, dass eine menschliche Seele nur verstorbene Menschen channeln kann. Eine menschliche Seele kann sogar sehr gut und vielfältig channeln, nämlich die gesamte Bandbreite von Wesenheiten, denn sie ist nicht an ein bestimmtes seelisches Resonanzfeld gebunden. Hybridseelen hingegen tendieren meist zu einer Gruppe von Wesenheiten, da sie mit dieser seelisch verbunden ist. Beide Seelenarten haben ihre Vor- und Nachteile, wir können aber jederzeit das Beste aus dem machen, was wir sind.

In den letzten zwanzig Jahren übrigens inkarnierten vor allem viele männliche Hybridseelen. Die Geistige Welt versuchte dadurch, die neue Energie auch in die Arbeitswelt, die ja vor allem in den Management-Ebenen sehr männerdominiert ist, zu bringen. Ich betreue heute viele Jugendliche, die in einer Lebenskrise stecken und nicht verstehen, wieso sie hier auf der Erde sind. Das ist sehr auffällig.

Seit etwa 2013 inkarnieren keine Hybridseelen mehr. Denn der Rat der Weisen hat eingesehen, dass die Schwierigkeiten, denen Hybridseelen auf der Erde begegnen, sie bei der Erfüllung ihrer Aufgabe zu sehr blockieren. Der Erfolg, den sich der Rat der Weisen durch die Hybridseelen versprochen hatte, stellte sich nicht ein. Aber dennoch scheint es möglich, dass sich Hybridseelen, die sich ihrer Aufgabe nicht bewusst sind, wieder daran erinnern. Sie können zu »erwachten Hybridseelen« werden. Sie fühlen dann in sich die Bestimmung zu helfen und zu heilen und beginnen, nach ihrem Seelenplan zu leben.

Die Katalysseelen

Es werden aktuell komplett neuartige Seelen geboren, die sogenannten Katalysseelen. Zu ihnen erhalten wir erst seit Kurzem Informationen. Die Geburt dieser Seelen hat auch erst im Jahr 2013 begonnen und sich 2014 verstärkt. Sie sind die Nachfolger der Hybridseelen, die ja nicht mehr inkarnieren. Es scheint, als würde der Rat der Weisen mit den Katalysseelen das zu verbessern versuchen, was bei den Hybridseelen nicht so gut klappte. Ob das gelingt, wird die Zeit zeigen. Die Hybridseelen haben nur in einem sehr geringen Maße ihre Mission zur Errettung der Erde und der Menschheit erfüllen können, weswegen man nun also die Katalysseelen ins Leben gerufen hat.

Es steckt bereits im Namen: Es sind Seelen, die wie Katalysatoren für die Evolution der Erde wirken. Sehr starke, mutige und kraftvolle Seelen, die ihren Seelenplan bewusster, schneller und klarer wahrnehmen sollen als Hybridseelen. Katalysseelen treten erst nach der Geburt des Kindes in den Leib ein. Bis zum Zeitpunkt der Geburt teilt sich das Kind die Seele mit der Mutter. Somit findet ein einfacherer Übergang der nichtmenschlichen Wesen in die Erdatmosphäre statt. Sie müssen nicht den Umweg über die körperliche Entwicklung gehen, sondern treten dann ein, wenn der Körper komplett und bereit ist. So sinkt auch die Gefahr, dass die Kinder im Mutterleib sterben, weil die energetische Belastung zu hoch ist.

Man hat ein eigenes Portal für die Katalysseelen erschaffen, das das Feld des Vergessens umgeht bzw. außer Kraft setzt. Das heißt, diese Kinder sind sich ab der ersten Sekunde ihres Lebens bewusst darüber, wer sie sind und woher sie kommen.

Viele der Katalysseelen stammen aus dem Inneren der Erde, wo sich die bereits beschriebene hoch entwickelte Zivilisation befindet. Der Übergang vom Inneren der Erde auf die Oberfläche ist natürlich ein viel leichterer, und das Feld des Vergessens wird nicht passiert. Auch wieder ein großer Vorteil der Katalysseelen gegenüber den Hybridseelen.

Die Katalysseelen-Menschen werden sich durch ihr Aussehen und ihr Auftreten von den anderen Menschen abzeichnen. Wie genau diese Menschen aussehen werden, wissen wir noch nicht, aber man geht in der Geistigen Welt davon aus, dass ihr Körper anderen Gesetzmäßigkeiten unterworfen ist. Sie bringen von

Haus aus ein sehr stabiles und intaktes Schutzschild mit, das von feinstofflichen Kristallen verstärkt wird, die an bestimmten Körperstellen platziert sind. So sind sie gegenüber äußeren schädlichen Einwirkungen geschützt. Auch werden ihr Licht und ihre Reinheit in ihren Augen sichtbar sein, und sie werden eine sehr enge Verbindung zur Natur haben. Sie besitzen zudem einen völlig neuen genetischen Code und verfügen über ein sehr starkes Immunsystem. Bei den Hybridseelen ist das teilweise sehr schwach gewesen, auch ein Grund für ihr häufiges Kranksein.

Es gibt einen weiteren großen Unterschied zwischen den Hybrid- und den Katalysseelen. Als Hybridseele konnte man nur geboren werden. Zu einer Katalysseele kann man hingegen auch noch im Laufe des Lebens werden – als menschliche Seele ebenso wie als Hybridseele. Dies findet bereits seit 2012 statt. Es kommt dabei zum Eintritt von Seelenaspekten der Engel und anderer lichtvoller Geistwesen in die Seele eines Menschen, während dieser sich in einem Zwischenzustand befindet. Das kann während einer Nahtoderfahrung oder einer sehr schweren Krankheit stattfinden. In seltenen Fällen findet der Eintritt auch nachts statt, wenn das Bewusstsein des Menschen ein bestimmtes Entspannungslevel erreicht hat. Man wird dann sozusagen über Nacht zu einer Katalysseele. Dies findet aber immer nur nach Einwilligung (meist unbewusst bzw. in anderen Dimensionen) statt, die unbedingt eingeholt werden muss, bevor der Katalysanteil in die Seele eintreten darf. Somit finden neue Wesensformen den Weg zu uns, ohne den meist sehr beschwerlichen Übergang durch die Geburt durchleben zu müssen. Diese Wesensformen wollen uns helfen, die Erde auf die neue Energie umzustellen.

Die Katalysseelen sind noch sehr jung, und unsere Erfahrungen und Berichte dazu noch spärlich. Ich bin aber voller Hoffnung, dass die Katalysseelen einen weiteren und wichtigen Fortschritt für die Menschheit erreichen werden. Sie verfügen laut unserer Channelings über viele Aspekte von Atlantis, vor allem von den Atlantikern, die das Innere der Erde bewohnten. Sie zeichnen sich durch ihr enormes wissenschaftliches und technisches Wissen aus und sind in der Lage, dies mit der Energie der Liebe und des Bewusstseins zu verbinden.

Was das Channeln betrifft, werden Menschen mit einer Katalysseele so ähnlich wie Hybridseelen die Wesen und Energien, die ihrem seelischen Resonanzfeld entsprechen, leichter channeln können als andere. Womöglich werden sie sogar auf einer bewussteren Ebene und sogar im Wachbewusstsein channeln können. Dies werden wir erfahren, wenn die Katalysseelen herangewachsen sind und wir mit ihnen arbeiten konnten. Und damit du auch das weißt: Ich persönlich bin eine Hybridseele, die erwachen durfte, und keine Katalysseele.

Engel channeln

Nun hast du ein Bild davon, warum man gewisse Wesen leichter channeln kann als andere. Das seelische Resonanzfeld ist entscheidend. Damit gehen wir zurück auf die Ebene der Engel, zu denen deine Schwingung vielleicht passt – oder auch nicht.

Die Botschaften der Engel sind vor allem in unserer heutigen Zeit der Transformation auf vielen Ebenen sehr wichtig. Keine Wesenheit strahlt mehr Liebe und Mitgefühl aus als die Engel, ihre Energie vermag Berge zu versetzen. Ich empfehle dir von Herzen, mit der Energie der Engel zu arbeiten. Du kannst sie für die persönliche Entwicklung so vielfältig nutzen. Sie wird dir helfen, dich selbst, deine geistige Wesensart und auch die Geistige Welt besser zu verstehen.

Manchmal sind wir traurig, dass wir sie nicht bildhaft vor uns sehen können, und vergessen, dass es im spirituellen Sinne kein Sehen mit den anatomischen Augen geben kann. Alles, was wir sehen und was uns als fest und materiell erscheint, ist eine Illusion. Benötigen wir unbedingt Beweise, um zu glauben? Wir können nicht von Engeln erwarten, dass sie sich uns zeigen, nur damit wir beginnen, an sie zu glauben. Der Glaube und das Vertrauen müssen immer zuerst da sein, dann werden immer mehr »Beweise« folgen.

Nun lass uns versuchen, einen Engel bzw. ein Wesen aus der göttlichen Ebene der Engel zu channeln. Es geht auch dabei vor allem darum, die Wesensenergie durch dich wirken zu lassen und auf die Erde zu lenken. Das Sprechen wird mit Sicherheit folgen, wenn die Zeit reif ist.

Während ich dir die einzelnen Ebenen vorstelle, aus denen sich Botschafter für Channelings zeigen können, gebe ich dir auch unterschiedliche Channel-Methoden an die Hand, die bei dir unterschiedlich gut funktionieren werden. Irgendwann wird sich die Technik für dich herauskristallisieren, die sich am besten für dich anfühlt und mit der du am besten in der Lage bist, die Energien zu kanalisieren.

Die folgende Übung ist eine komplette Anleitung für das Channeln eines Engels. Es empfiehlt sich wieder, sie mit einem Guardian durchzuführen, der dich anhand des folgenden Textes anleitet.

Engel-Channeling

- Setz dich in einer aufrechten Haltung auf einen Stuhl mit einer Lehne. Bring beide Füße fest auf den Boden. Wenn du weißt, dass du ab einer bestimmten Entspannungstiefe dazu tendierst, nach vorn oder zu den Seiten zu kippen, solltest du dich lieber hinlegen.

- Setze innerlich eine Intention, indem du aussprichst, dass du dich nun mit der Engelebene verbinden möchtest.

- Stell dir nun vor, dass du in einer Lichtsäule sitzt. Licht ist um deinen ganzen Körper herum. Es füllt dich von innen und außen auf, und du spürst seine schützende

Kraft. Die Lichtsäule aus goldener Energie reicht weit bis in das Innere der Erde hinein, direkt in das Herz der Erde. Du gleitest ganz sanft mit diesem Licht nach unten bis in den Kern der Erde. Du bemerkst dabei, wie stabil und kraftvoll die Lichtsäule ist und wie gut sie dich schützt. Im Herzen der Erde angekommen, kannst du sehen, wie fest die Lichtsäule mit dem Kern der Erde verwoben ist. Du siehst, dass deine Lichtsäule mit dem Herzen der Erde verbunden ist, und nun findet ein liebevoller Austausch zwischen dir und der Erde statt. Die Erde schenkt dir grün-violettes Licht, das deinen Geist und deinen Körper positiv auflädt.

– Nun verlässt du das Innere der Erde wieder, und durch deine Lichtsäule gleitest du geschmeidig und sanft nach oben zur Ebene der Engel und der engelhaften Wesen. Du erlaubst jetzt einfach, dass dein Bewusstsein und dein Denken die irdische Ebene verlassen und aufsteigen. Das Licht verstärkt sich, je weiter du nach oben gleitest, und verwandelt sich immer mehr vom goldenen zu einem weißen Ton. Du siehst, wie stark die Lichtsäule ist.

– Jetzt gleitest du immer schneller und immer höher nach oben. Es fühlt sich wundervoll befreiend an. Du lässt alles, was zur Erde gehört, hinter dir. So fliegst du direkt auf eine Lichtquelle zu, und je näher du ihr kommst, umso mehr kannst du erkennen, dass in dem Licht ein Engelwesen auf dich wartet. In diesem Moment fühlst du dich so weit und frei wie noch nie zuvor. Du atmest dieses Licht des Engels tief ein und füllst dich mit der Liebe auf, die von dem Engel entströmt.

– Nun bist du eins mit dem Engel und seinem Licht, und das Licht fließt direkt durch dein Wesen und deine

Lichtsäule auf die Erde. Es fließt auch in deinen Körper, der auf der Erde ist. Du erlaubst dem Licht, deinen Körper komplett aufzufüllen. Alles Heilvolle soll jetzt durch dich geschehen dürfen. Du lässt die Energie fließen, du lässt alles passieren, was passieren mag.

– Der Engel wird vielleicht versuchen, durch dich zu sprechen. Es wird sich so anfühlen, als würden Gedanken in deinem Kopf aufsteigen, die du nicht gedacht hast. Lass es geschehen, und lass den Engel durch dich sprechen. Es kann sein, dass er wichtige Botschaften für dich und die Menschen hat.

– Lass dir Zeit, und bleibe so lange, wie du möchtest, in der Energie des Engels.

– Wenn sich seine Energie in dir abschwächt, beginne langsam wieder nach unten zu gleiten, durch die Lichtsäule hindurch. Du siehst um dich herum dieses wundervolle Licht, stark und rein. Dein Herz füllt sich damit auf. Du schaust nach unten und kannst deinen Körper sehen. Du siehst, wie sich dein Kronenchakra wie eine wundervolle Blume geöffnet hat. Durch diese Öffnung gleitest du ganz sanft wieder in deinen Körper hinein. Du fühlst jetzt noch deutlicher, wie viel Licht du mit dir auf die Erde und in den Körper gebracht hast.

– Beginne nun vermehrt deinen Körper zu spüren, und atme tief und bewusst ein und aus. Deine Sinne öffnen sich jetzt immer mehr und mehr allem, was um dich herum ist, und du kehrst mit deiner Aufmerksamkeit zurück in deinen Körper und in deinen Raum. Lass dir unbedingt Zeit mit dem Öffnen deiner Augen. Öffne sie erst dann, wenn du dich so weit fühlst.

Dies ist also eine andere Form des Channelns, eine innere Reise sozusagen. Lass uns die einzelnen Schritte der Channel-Technik mit der Lichtsäule durchgehen, damit du für deine Praxis genauer verstehst, was da passiert.

Intention: Du setzt dir am Anfang ein bestimmtes Ziel. In unserem Fall ging es um das Channeln eines Engelwesens, du hättest aber auch einen Aufgestiegenen Meister oder jemand anderen wählen können. Diese Methode ist nicht nur für das Channeln von Engeln anwendbar, sondern ist eine ganz allgemein mögliche Channel-Form. Du solltest immer eine klare Intention haben, die entweder auf das Channeln eines Wesen gerichtet ist, das für dich die hilfreichsten und besten Infos und Energien vermitteln kann, oder auf ein bestimmtes Wesen, zu dem du den Kontakt konkret erbittest. Je nachdem, was dir dein Gefühl sagt bzw. nach welchen Informationen du suchst.

Lichtsäule: Als Erstes verbindest du dich über die Lichtsäule mit dem Kern der Erde. Das wird dich erden, und es installiert gleichzeitig einen Schutz für dein gesamtes System. Dieser Schutz ist wichtig, damit du dich tief entspannen kannst und die Gewissheit hast, dass sich nur Lichtvolles mit dir verbinden kann.

Reise nach oben: Nachdem du dich geerdet und geschützt hast, trittst du die Reise nach oben durch die Lichtsäule an. Du solltest dabei nicht hetzen und mit der Zeit dein eigenes Tempo entwickeln. Auf dieser Reise nach oben wird nämlich auch sukzessive deine Schwingung erhöht. Je höher du wanderst, umso mehr lässt du dein bewusstes Denken und deine Persönlichkeit hinter dir.

Verbindung mit dem Wesen: Wenn du weit genug nach oben gereist bist, wirst du entweder eine lichtvolle Gestalt oder eine bestimmte, etwas andersartige Energie erkennen. Manche Menschen können ganz klare Formen sehen, andere spüren die Präsenz, bevor sie eins mit ihr werden. Wenn du in diese Energie eingehst, wird es sich für dich so anfühlen, als würde sich alles, was du über dich und die Erde weißt, auflösen. Es ist ein Gefühl von absoluter Freiheit und Weite, schwer zu beschreiben. Alles, was menschlich und irdisch ist, scheint sich von dir zu lösen.

Channeling: Nun beginnt das eigentliche Channeling. Die Phase zwischen der Verbindung mit dem Wesen und dem eigentlichen Channeling kann sehr unterschiedlich sein. Gib dir und dem Prozess so viel Zeit, wie notwendig ist. Es gibt keine Eile. Wenn es so weit ist, gelangt über die Lichtsäule die Energie des Engels (oder des anderen Wesens) nach unten zur Erde und insbesondere in deinen Körper. Er wird mit heilvollen Schwingungen angefüllt.

Sprechen: Wenn sich die Energie bis zu einem bestimmten Grad in dein System integrieren konnte, kann sich das Sprechen einstellen. Dazu kommen wir gleich noch etwas genauer.

Rückkehr in den Körper: Wenn die Energie nachlässt, machst du dich auf den Rückweg. Du gehst die Lichtsäule wieder hinab und zurück in deinen Körper. All die gechannelte Energie wirkt in dir und auf der Erde weiter.

Seraphim

Engel und Erzengel sind uns Menschen recht nah und kommunizieren auch im Wachbewusstsein mit uns. Mit Seraphim zu arbeiten erfordert hingegen immer einen veränderten Bewusstseinszustand. Die Seraphim gehören der höchsten Himmelsordnung an. Sie sind die Engel des allerhöchsten Lichts, das auch für die Schöpfung mitverantwortlich ist. In der Bibel werden sie als Wesen mit sechs Flügeln beschrieben, so wie auch ich sie in Meditationen erlebt habe. In den letzten Jahrzehnten sind sehr viele Menschen als Hybridseelen inkarniert, die Seelenanteile aus der Ebene der Seraphim mit auf die Erde brachten. Wenn wir Seraphim channeln wollen, müssen wir auf der Leiter der Geistigen Welt natürlich noch ein ganzes Stück weiter nach oben steigen. Damit steigt auch spirituelle Energie und ihre Schwingung. Das heißt, das Channeln braucht definitiv eine längere Vorbereitungs- und Übungsphase. Dabei geht es nicht darum, dass du als Geistwesen für diese Energie nicht bereit sein könntest, sondern es geht um die Gesundheit deines Körpers und deines menschlichen Geistes. Wenn wir Geistwesen channeln, muss auch unser Gehirn mitarbeiten und die Unmengen an Daten in eine Form bringen, die für uns verständlich ist. Wenn dies nicht funktioniert, wird zwar nicht gesprochen, aber die Energie des Geistwesens meist dennoch übertragen.

Ich erlebe es oft, dass in meinen Channelings Menschen, die in der Nähe von mir sitzen, Phänomene wie Hitze, Kälte oder Kribbeln spüren, noch bevor das Geistwesen durch mich zu sprechen beginnt. Meistens spüre ich die Präsenz des Wesens bereits Stunden vor dem Channeling. Das ist auch eine Form der anfänglichen Anpassung der Energien.

Wenn du Erfahrungen gesammelt hast, kannst du aber durchaus auch die Seraphim zu einem Kontakt einladen. Wenn er nicht zustande kommt, dann ist es eben noch nicht so weit. Für ein Channeling der Seraphim kannst du die letzte Übung wie beschrieben verwenden, nur mit dem Unterschied, dass du deine Intention auf die Seraphim lenkst und die Reise nach oben noch weiter hinauf führen wird.

Elohijm

Nun nähern wir uns immer mehr den höchsten Dimensionen in der Geistigen Welt wie dem Höheren Selbst und »Gott«. Eine Ebene liegt aber noch dazwischen, mit der ich selbst am meisten vertraut bin und die ich auch am häufigsten kontaktiere: die zwölfte Dimension der Elohijm.

Elohijm ist in der hebräischen Bibel die Mehrzahl von »Gott«, vor allem in seinem schöpferischen Aspekt. Elohijm sind die kraftvollsten Engel und Verkörperungen des Göttlichen in seiner reinsten Form. Sie tragen eine unglaublich starke Schwingung, aus der auch alles erschaffen werden konnte.

Elohijm arbeiten direkt mit Gott zusammen und sind die einzigen Wesenheiten, die Gott sehen können. Sie wurden erschaffen, um den gesamten Schöpfungsprozess zu leiten, weswegen man sie auch Schöpferengel nennt. Sie sind sozusagen die rechte Hand Gottes. Heute gehören zu ihren Aufgaben insbesondere der Schutz von Lebensräumen für diverse Wesenheiten und die Einhaltung des kosmischen Plans und der Ordnung. Ihr Wirken bezieht sich daher nicht nur auf die Erde, sondern auf alle Universen. Das wichtigste Wirkprinzip der Elohijm sind Wahrheit und Liebe.

Anders als Engel oder Seraphim besitzen Elohijm keine Flügel und keine festgesetzte Form ihrer Wesensart. Sie können sich wundervoll an äußere Bedingungen anpassen und sich sogar sehr menschenähnlich zeigen, wenn dies erforderlich ist. Wenn ich Elohijm channele, erhalte ich ab und an ein paar Eindrücke von einem Lichtwesen mit dem reinsten und hellsten Licht, das möglich ist.

Wenn Elohijm sprechen, dann tun sie dies nur in der Wir-Form, da ihnen das Gefühl der Individualität vollkommen unbekannt ist. So agieren sie in ihren Tätigkeitsbereichen auch immer in der Gruppe. Ursprünglich war es von »Gott« nicht angedacht, eine Verbindung zwischen Menschen und Elohijm herzustellen.

Dies sieht heute aber ganz anders aus. Seit geraumer Zeit treten auch die Elohijm als Lehrer für uns Menschen auf. Immer mehr Menschen inkarnierten in den letzten Jahren zudem als Hybridseelen mit Seelenanteilen aus der Ebene der Elohijm und tragen somit ihr Licht direkt auf die Erde.

Ich habe es bei den Elohijm das erste Mal erlebt, dass Channelings konkret ihren eigenen Wahrheitsgehalt bewiesen. Auf der Shaumbra-Konferenz in Wien beispielsweise wurde eine Frau von Elohijm mit Namen aus der Gruppe von etwa fünfhundert Menschen auf die Bühne gerufen, als ich mich in Voll-Trance befand. Ich persönlich hatte diese Frau nie zuvor gesehen und wusste auch ihren Namen, der kein gängiger war, nicht. Elohijm sprach nun davon, dass sie einen Ball voll mit Ärger und Wut in ihrem Bauch hätte und dass sie ihr helfen würde, diesen Ball zu entfernen. Meine Hand wurde auf ihren Bauch geführt und blieb dort für einige Momente liegen, während mein Körper wegen starker Energieschübe zuckte. Ich bekam natürlich von all dem nichts mit, konnte es aber im Nachhinein über die Aufnahmen erfahren. Die Frau erzählte mir zudem später, dass in dem Moment, wo meine Hand sie berührte, heftige Hitzeschübe durch ihren Körper gegangen waren und ihr unaufhaltsam Tränen flossen. Wie die Frau sagte, hatte sie kurz vor Beginn des Channelings wegen einer Erkrankung im Bauchbereich um Hilfe aus der Geistigen Welt gebeten. Ihre Gebete wurden anscheinend erhört.

Hier haben wir das Beispiel eines Channelings, das definitiv beweist, dass höhere Mächte mit im Spiel waren. Denn wie wäre es mir sonst möglich gewesen, eine Person, die ich nicht kannte, namentlich auf die Bühne zu rufen und mich um ihre Erkrankung zu kümmern? Dies sind Momente in meinem Leben als Channel, die mich sehr berühren. Denn ich spüre, dass auch die Elohijm uns so nahe sind und dass auch sie uns helfen wollen.

Ein weiteres Beispiel von einem Channeling mit Elohijm stammt von einem Wochenendseminar in Otting. Diese Wochenenden dort fanden bereits seit drei oder vier Jahren statt, und jedes Mal waren die Events Monate im Voraus ausgebucht. So war es auch diesmal. Dann aber mussten vor Seminarbeginn etwa 50 Prozent der Leute aus den unterschiedlichsten Gründen absagen, und gleichzeitig meldeten sich in kürzester Zeit neue Teilnehmerinnen und Teilnehmer an. Da merkte ich schon, dass die Geistige Welt etwas Besonderes geplant hatte, und die Bestätigung dafür kam durch ein Channeling am zweiten Seminartag im Knaubenhof.

Nachdem Jeffrey mich in den tiefen Trance-Zustand gebracht hatte, rief er ein Wesen an, das der Gruppe am meisten dienlich sein und die wichtigsten Informationen übermitteln konnte. Das Wesen, das sich meldete, war Elohijm. Wir freuten uns darüber, da sie wunderbar kommunizieren kann und präziseste Infos übermittelt, insbesondere von Dingen und Menschen, von denen ich persönlich nichts weiß. So können wir sicher sein, dass die Botschaften aus einer höheren Quelle stammen. Worum ging es nun bei diesem Channeling? Hier ein Ausschnitt.

Frage: »Bevor wir unsere Fragen an dich stellen, liebe Elohijm, möchte ich ganz gern wissen, ob du Informationen für uns hast.«

Elohijm: »Wir möchten mit einem Punkt beginnen, der im Moment sehr wichtig ist. Wir sind nun bei euch, obwohl wir eigentlich keine Zeit dafür haben. Denn die Erde, wie wir Elohijm sie erdacht und erschaffen haben, ist nicht mehr die gleiche, und es gibt viel zu tun, sie wieder ins Gleichgewicht zu bringen. Es sind viele unschöne Dinge passiert, die wir so nicht erwartet hatten. Schmerz ist für uns etwas, das wir nicht kennen, aber wenn wir die Erde anschauen, fühlen sogar wir Schmerz und Trauer.

Im Moment gibt es ein sehr wichtiges Thema, das das Wasser auf eurer Erde betrifft. Die Wassermoleküle der Erde befinden sich in einem starken Ungleichgewicht, und das beeinflusst den menschlichen Körper und sogar den genetischen Code. Ihr benötigt zum Leben Wasser, aber es gibt kein Wasser mehr, das im

Gleichgewicht ist und der Gesundheit dienlich. Es ist für uns sehr schmerzvoll, dies zu sehen, denn Wasser war eines der ersten und kostbarsten Dinge, die wir erschufen. Euer Wasser war für uns Magie und so, wie man es hier auf eurem Planeten auffinden konnte, einzigartig im Weltall. Das Wasser wird nun in seiner Form mehr und mehr zerstört. Wasser ist ein Lebenselixier, und im Moment verliert es seine Kraft. Jede/-r Einzelne hier in dieser Gruppe hat eine Mission, und wir haben euch hier zusammengebracht, da ihr alle mindestens einen zehnprozentigen Seelenaspekt eines Wasserwesens in euch tragt. Was wir jetzt tun werden, ist, dass wir diesen Seelenaspekt des Wassers in euch aktivieren, dann werdet ihr über Berührung in der Lage sein, Wasser, egal in welcher Form, zu stabilisieren und auszugleichen. Auch wenn ihr Menschen berührt, werden sich diese auf Anhieb gut fühlen, weil ihr das Wasser im Körper über die Berührung harmonisiert. Diesen Prozess nennen wir Water Transition.«

Nach diesen Worten wurde jeder Einzelne aufgefordert, nach vorn zu mir zu treten, und Elohijm aktivierte diese Fähigkeit der Water Transition durch eine Berührung der Mitte des Brustbeins. Somit waren diese Teilnehmer in der Lage, fortan über Berührungen das Wasser auszugleichen. Außerdem kam die Botschaft durch, dass jede bewusst ausgeführte Berührung bzw. Begegnung eines Menschen mit der Natur und dem Wasser heilvoll und ausgleichend sein kann, ganz gleich ob eine Aktivierung wie beschrieben stattfand oder nicht.

Bei einem weiteren Channeling, das auf Malta stattfand, wurde uns noch klarer übermittelt, dass jeder nun die Aufgabe habe, bewusster und auch achtsamer mit dem Wasser auf unserem Planeten umzugehen. Jeder sei in der Lage, das Wasser durch heilvolle und positive Gedanken zu harmonisieren und auf diese Art und Weise der Erde jeden Tag etwas Gutes zu tun. Dies sei nun unsere Verantwortung, und die Geistige Welt erwarte unsere Unterstützung. Sandjiban lieferte hierzu noch einen Code in

Form einer Zahlenreihenfolge. Diesen Code solle man innerlich sprechen, wenn man mit Wasser in Berührung komme. Der Prozess der Water Transition würde dadurch beschleunigt werden.

Dieser Code ist leider mittlerweile unwirksam geworden, wie auch viele andere, die wir zu bestimmten Themen erhalten hatten. Dies liegt an den starken und schnellen energetischen Veränderungen auf unserem Planeten. Nichts hat mehr längeren Bestand. Heilvolle Gedanken aber kann natürlich jeder weiterhin dem Wasser zufließen lassen.

Elohijm erwähnte während des Channelings im Knaubenhof noch etwas anderes: Es hatte vor Seminarbeginn eine Einstimmung unserer Systeme auf das Wasser gegeben, und dafür war es wichtig gewesen, dass wir sozusagen ruhiggestellt wurden. Viele aus der Gruppe berichteten in der Tat von einer Müdigkeit im Vorfeld, einige sogar davon, dass ihnen aus keinem ersichtlichen oder medizinisch feststellbaren Grund Gliedmaßen anschwollen. Spannenderweise hatte ich mir etwa eine Woche vor Seminarbeginn den Fuß verstaucht und musste mit meinem Sportprogramm pausieren. Die Info, die uns Elohijm übergab, erklärte somit einiges. Es war wichtig, dass auch ich mir während dieser Zeit der Einstimmung Ruhe gönnte.

Für mich als Medium sind die Elohijm eine wichtige Quelle der Verbindung zur Geistigen Welt, und ich fühle mich mit ihnen auf eine wundervolle Art und Weise verbunden. Dies mag wohl auch daher rühren, dass Elohijm einen Seelenaspekt von mir darstellt, dass ich also zu denen gehöre, die einen Anteil von Elohijm in sich tragen. Mit der folgenden Meditation kannst auch du den Elohijm begegnen und dabei erfahren, wie nah du ihnen bist. Du wirst ihre wunderbare Energie direkt auf die Erde channeln können.

Elohijm begegnen

- Nimm dir für die Begegnung mit den Elohijm dreißig
  bis vierzig Minuten Zeit, und stelle sicher, dass du nicht
  gestört wirst und zur Ruhe kommen kannst. Der Raum
  sollte gut gelüftet sein und Stille um dich herum bieten.

- Mach es dir in einer bequemen Sitzhaltung oder im
  Liegen bequem und schließe deine Augen. Sprich
  innerlich:»Ich trete jetzt in einen heiligen Raum zur
  Begegnung mit den Elohijm ein.«

- Nachdem du dies gesprochen hast, richtest du deinen
  Blick mit geschlossenen Augen nach oben zur Stirnmitte. Versuche für die gesamte Dauer der Meditation
  die Augen in dieser Position zu halten.

- Nun beginnst du mit einer Atemübung. Zähle innerlich
  von 1 bis 4, und atme währenddessen ein. Halte den
  Atem dann ebenso lange, und atme aus, während du
  wieder von 1 bis 4 zählst. Danach hältst du den Atem
  wieder für 4 Zähleinheiten an. Mach das für insgesamt
  vier Durchgänge.

- Also einatmen 1, 2, 3, 4, Atem halten 1, 2, 3, 4, ausatmen 1, 2, 3, 4, Atem halten 1, 2, 3, 4 und dann wieder
  von vorn.

- Nun lässt du den Atem ganz frei und entspannt weiterfließen. Stell dir vor, dass du von goldenem Licht umgeben wirst. Es ist überall und umarmt dich mit einer
  angenehm weichen Energie. Nun beginnt das goldene
  Licht über den Solarplexus in deinen Körper hineinzu-
  fließen. Dein Bauch, Becken und deine Beine füllen

sich mit dieser wundervollen Energie an. Das Licht
fließt nach oben in dein Herz, und dein Herz beginnt
sich zu öffnen und wärmer zu werden. Vom Herzen aus
fließt die goldene Energie nach oben in deinen Hals
und in den Kopf hinein. Das goldene Licht verlässt über
den oberen Teil deines Kopfes den Körper und fließt
nach oben zum Scheitel-Chakra, ein paar Zentimeter
über dem Kopf. Dort angekommen, fließt das Licht
wieder über den Kopf in den Körper hinein, über Hals
und Herz zurück in den Bauch und dann wieder nach
oben, bis sich ein schöner und gleichmäßiger Energiekreislauf gebildet hat. Dieser Kreislauf reinigt den
Energiekörper und deinen Kanal zum Channeln der
Elohijm-Energie.

– Lass die Energie einfach weiter zirkulieren, und beobachte sie. Nach ein paar Minuten wirst du merken, wie
sich der Kreislauf der Energie in deinem Körper verlangsamt und immer ruhiger wird. Die goldene Energie
ist jetzt voll und ganz mit deinem System verwoben,
und du bist bereit für die Begegnung mit den Elohijm.

– Stell dir vor, dass von deinem Scheitel-Chakra ausgehend eine Treppe nach oben in Richtung Universum
führt, eine Treppe aus Licht und feinen Schwingungen.
Du gehst diese Treppe nun hinauf. Dein Ego, dein
Denken und dein Körper bleiben auf der Erde, während
du energetisch nach oben gehst. Schritt für Schritt
kommst du den Elohijm näher, und irgendwann wird die
Treppe enden, und du wirst bei den Elohijm ankommen.

– Was du hier sehen und erleben wirst, wird sich deutlich
anders anfühlen als die Energie von Engeln, stärker
und kraftvoller, aber auch zugleich sehr liebevoll.

Erwarte keine Engelformen, die Elohijm bestehen einfach nur aus Licht. Vielleicht werden sie sich dir auch in einer eher menschlichen Form zeigen. Sei ganz erwartungslos, und lass es geschehen.

– Die Elohijm lieben es, Menschen Unterweisungen zu geben. Bitte sie um Botschaften, und lausche ihnen aufmerksam. Vielleicht passiert es nun auch, dass sie direkt durch dich sprechen. Lass es einfach geschehen.

– Wenn deine Begegnung mit den Elohijm endet, steigst du die Treppe wieder nach unten und kehrst in deinen Körper zurück. Nun wiederholst du die Atemübung, die du schon zu Beginn der Meditation praktiziert hast. Währenddessen kannst du die Augen wieder in eine natürliche Position bringen.

– Kehre dann in deinem eigenen Tempo zurück ins Hier und Jetzt, und notiere dir die Durchgaben der Elohijm, außer du hast einfach nur ihre Energie gespürt.

Das Höhere Selbst

Hätte ich vor etwa zwei Jahren zu diesem Thema ein Kapitel geschrieben, hätte es womöglich komplett anders ausgesehen. Denn von dem Wissen, über das ich heute verfüge, hätte ich damals nicht mal träumen können. Vieles erscheint mir aber nun sinnvoll und harmonisch, und viele meiner Fragen, die mich ein Leben lang beschäftigt hatten, haben sich durch neuere Botschaften aus Channelings klären lassen. Ich hoffe, dass die folgenden Ausführungen auch für dich die Klarheit bringen, die du vielleicht lange gesucht hast.

Eines aber noch, bevor wir loslegen: Viele von den Dingen, die ich hier offenbaren möchte, waren damals, als ich die Informationen erhielt, unglaublich und unfassbar. In meinem Herzen aber spürte ich, dass sie wahr sind. Heute, nachdem ich unzählige Beweise für die Botschaften erhalte haben, kann ich jeden einzelnen Satz, den ich hier schreibe, mit voller Überzeugung bestätigen. All diese Informationen wurden durch zahlreiche Channelings durch mich selbst und andere bestätigt.

Also: Die menschliche Seele erlebt seit etwa einhundert Jahren eine extrem intensive Entwicklung, und viele Menschen, die heute auf der Erde leben, besitzen nicht mehr eine rein menschliche Seele, sondern, wie wir gesehen haben, eine Hybridseele oder eine Katalysseele. Wenn sich ein Mensch in Absprache mit seinen Geistführern, himmlischen Begleitern und dem Rat der Weisen dazu entschließt, auf der Erde zu inkarnieren, dann ist es nicht ein Individuum, das diese Entscheidung fällt, sondern es sind mehrere menschliche Seelenanteile aus einer speziellen Seelenfamilie. Das heißt konkret, wenn ich eines Tages sterben sollte und ins Jenseits komme, wo alle anderen menschlichen Seelen beheimatet sind, werde nicht ich mich bewusst dazu entscheiden, nochmals zu inkarnieren, sondern ein Kollektiv aus unterschiedlichen Seelenanteilen aus meiner Seelenfamilie. Wenn ich eine hundertprozentige menschliche Seele bin, dann wird der neue Mensch aus unterschiedlichen Seelenanteilen aus der menschlichen Seelenfamilien »zusammengestellt« werden. So inkarniert er dann auf der Erde und versucht, das Karma der Seelenfamilie abzubauen und so wenig wie möglich neues Karma zu erzeugen. Die menschlichen Seelen wandern demnach zwischen Erde und Jenseits (das heißt siebter Dimension) hin und her, und dies so lange, bis die Seelenfamilie sich ausreichend weiterentwickelt hat. Bei Hybridseelen und Katalysseelen sieht es anders aus, wie wir gehört haben. Sie inkarnieren meist nur ein einziges Mal in einer bestimmten Seelenkombination auf der Erde.

Wir bereits gesagt, können sich einer Hybridseele große Möglichkeiten beim Channeln eröffnen, wenn sie sich dessen bewusst wird, dass sie unterschiedliche Seelenanteile in sich trägt und nur ihre Erinnerung daran wachzurufen braucht. Meine Erfahrung hat mir gezeigt, dass Menschen mit einer Hybridseele nicht die besseren Channeler sind, sondern einfach die schnelleren. Bei einem Menschen mit einer menschlichen Seele kann es zwar etwas länger dauern, den bewussten Verstand zur Seite zu schieben. Wenn dies jedoch geschehen ist, steht einem inspirierenden Channeling nichts im Wege, zumal dieser Mensch eine größere Bandbreite an Wesen zu sich einladen kann.

Nun erklärt es sich auch, wieso es mir beispielsweise leichter fällt, Elohijm zu channeln als Erzengel Gabriel. Elohijm ist ein wichtiger Seelenaspekt von mir. Da sie die ranghöchste Position von all meinen Seelenanteilen innehat, könnte man sie auch als mein Höheres Selbst bezeichnen. Aber das Höhere Selbst schließt noch viel mehr ein. Was versteht man genau darunter?

Wie der Name schon sagt, bist du *selbst* dieses Höhere Selbst, dein individueller göttlicher Funke, dein persönlicher Anteil am Göttlichen. Es handelt sich dabei also nicht um ein äußeres Wesen, einen Geistführer oder Engel, sondern um dein innerstes wahres Sein. Niemand weiß besser über deinen Seelenplan und über das, was für dich und deinen Entwicklungsweg das Beste ist, Bescheid.

Jeder Mensch hat ein Höheres Selbst. Es begleitet ihn nicht nur auf ein einziges Leben beschränkt, sondern durch alle Inkarnationen hindurch. Man kann sich diese Instanz wie eine Art Spiegelbild der Seele in »Gott« oder dem letztendlichen Prinzip vorstellen. Dieses Prinzip kannst du auch All-Eines, Liebe oder Licht nennen. Auch wenn in unserem Schaubild das Höhere Selbst als eine Instanz im Außen, also in der Geistigen Welt, dargestellt ist, gibt es nur einen einzigen Ort, wo man das Höhere Selbst finden kann: in sich selbst. Es macht also nicht viel Sinn, es außerhalb oder oberhalb von sich zu suchen.

Oft aber fehlt dem Menschen der Zugang zum Höheren Selbst, die Verbindung zur eigenen Essenz ist gestört. Wusstest du, dass du nur etwa 20 Prozent der Kraft und Energie deines Bewusstseins nutzt? Im Idealfall sind es vielleicht ein paar Prozentpunkte mehr, aber die meisten Menschen leben zu nahezu 80 Prozent aus ihrem Ego und ihrer menschlich beschränkten Realität heraus. Vielleicht bist du dir einfach noch nicht bewusst darüber geworden, dass es da eine höhere Instanz in dir gibt, die jenseits von Raum und Zeit existiert und in der Lage wäre, dein Leben in ein vollkommen glückliches und erfülltes Sein zu verwandeln.

Es gibt weitaus mehr Realitäten als die, die wir hier auf der Erde kennen und leben. Wir verbringen unser Dasein in einem linearen Zeitkontinuum und sind durch unsere physische Form örtlich gebunden. Ein ganz wichtiger Teil unseres Selbst ist diesen irdischen Gegebenheiten aber nicht ausgeliefert – er ist unendlich, frei, ungebunden und vollkommen glückselig und erfüllt. Es ist dein Höheres Selbst. Es ist sogar in der Lage, dich auf Anhieb von allen seelischen und körperlichen Beschwerden zu heilen, und das in Sekundenschnelle.

Ich durfte bereits oft in meiner Praxis erleben, wie sich Menschen durch die Kraft ihres Höheren Selbst heilen und ihren Lebensplan in die eigene Hand nehmen konnten. Aufbauend auf anderen Techniken der Heilung, in denen ich ausgebildet wurde, entwickelte ich daher auch die Methode des Higher Self Healing, die du gleich noch kennenlernen wirst.

Erst neulich gab es den Fall einer Frau, die mich aufsuchte, weil sie eine ergänzende Therapie für ihr Leiden finden wollte. Ein immer wiederkehrender Brustkrebs hatte ihr alle Lebensfreude und Gelassenheit genommen, und sie war auf der Suche nach dem Sinn ihres Daseins und ihres Leidens. Für mich war ab der ersten Minute klar: Sie brauchte direkte Antworten und Heilung von ihrem Höheren Selbst.

Während des Higher Self Healing dann erzählte mir das Höhere Selbst (das durch die Klientin sprach), dass sie von ihrem

Seelenplan abgekommen sei und ihr Leben als Opfer verbringe und nicht als die helfende Seele, als die sie auf die Erde gekommen war. Ihre Aufgabe sei es, Menschen, insbesondere Kindern zu helfen und ihnen einen Weg zu einem glücklichen Leben aufzuzeigen. Stattdessen würde sie ihre Tage als Sklavin ihres Partners verbringen. Der Krebs in ihrem Körper sei einfach ein Zeichen, dass sie nicht mehr auf ihrem Seelenweg wandelte. Sollte sich dies aber ändern, gebe es auch keinen Grund mehr dafür, dass der Körper mit Widerstand gegenüber dem Leben reagiert. Die Worte des Höheren Selbst waren sehr klar und direkt, und sie begann, sein Botschaften zu integrieren und ihr Leben zu transformieren. Heute geht es ihr rundum gut, sie fühlt sich gesund und glücklich und durfte auf ihrem Seelenweg ein ganzes Stück voranschreiten.

Mich freut es unglaublich, wenn ich Zeugin von solch schönen Erlebnissen mit dem Höheren Selbst werden darf. Mich erstaunt es auch immer wieder, wie kraftvoll und mächtig diese Instanz ist. Es ist fast so, als hätte man den direkten Draht zu Gott. Denn in der Tat ist das Höhere Selbst einer jeden Person etwas, was man als identisch mit »Gott« ansehen könnte. Jedes Höhere Selbst weiß alles über alle Vorgänge, Wesen und Leben im Universum und in der Geistigen Welt. Das heißt, man könnte über das Höhere Selbst einer Person auch alles über jede andere Person erfahren.

Alle Höheren Selbste sind miteinander verbunden und im Grund eins. Es gibt keinerlei Trennung auf dieser Ebene. Anders als andere geistige Wesen kann das Höhere Selbst alle erforderlichen Informationen liefern, wenn es dies will und als wichtig erachtet. Es kam schon relativ häufig vor, dass es Informationen verweigerte, weil es der Überzeugung war, dass die Person für dieses Wissen noch nicht bereit sei oder es noch Entwicklungsschritte bedürfe, bevor diese Informationen übermittelt werden könnten. Teilweise werden Botschaften auch nicht weitergegeben, weil es heißt, dass wir gewisse Dinge erleben müssen, um uns auf der Seelenebene zu entwickeln. Und hiermit kommen wir auch zu dem grundlegenden Unterschied zwischen Seele und Höherem Selbst.

Das Höhere Selbst muss sich nicht entwickeln, da es bereits auf dem höchsten Level der Entwicklung ist. Die Seele hingegen, als Manifestation unterschiedlicher Seelenaspekte, inkarniert in einen gewissen Lebensraum und hat in den meisten Fällen noch einiges zu lernen. Die Abkürzung wäre zu erkennen, dass man das vollkommene und allwissende Höhere Selbst ist. Dann wäre alles Suchen im spirituellen Sinne beendet. Dies könnte man auch als Erleuchtung bezeichnen.

Wie sieht es aber nun mit einer medialen Verbindung zum Höheren Selbst aus? Natürlich ist es möglich, dass eigene oder das Höhere Selbst von einer anderen Person zu channeln. Wenn man das eigene Höhere Selbst channelt, verwende ich ganz gern den Begriff des Higher Self Healing, denn es geschieht dann immer auch Heilung. Bei dieser Methode, die ich entwickelt habe, versetze ich die Person, die mit dem eigenen Höheren Selbst in Verbindung gehen möchte, in eine tiefe Trance und bitte das Höhere Selbst herbei. Es spricht meist in der Wir-Form und hört sich neutral und frei von Persönlichkeit an. Denn anders als einen Engel oder Geistführer kann man das Höhere Selbst nicht als individuell bezeichnen. Im Higher Self Healing geschieht enorm viel Heilung für die Person selbst, für ihre Familie und ihr Leben. Das Höhere Selbst kann Aufschluss darüber geben, wieso gewisse Dinge im Leben so laufen, wie sie eben laufen, und was der Mensch selbst an der Situation ändern kann.

Man kann auch eine Verbindung zum Höheren Selbst einer anderen Person herstellen, das ist dann ein Channeling im engeren Sinne. Ich biete das in meiner Praxis auch an und lasse das Höhere Selbst der Klienten dann durch mich sprechen. Leider kann ich vorab nicht garantieren, dass das Höhere Selbst auch mitmacht, denn bei manchen erlaubt es das Höhere Selbst nicht, dass durch eine andere Person gesprochen wird. In so einem Fall kommen dann meist andere Wesenheiten oder mein Höheres Selbst durch, das ja, wie wir gehört haben, auch alle Informationen über jemand anderen übermitteln kann. Das Höhere Selbst der anderen Person muss damit aber einverstanden sein.

Ich werde dir die Verbindung mit dem Höheren Selbst hier auch praktisch erklären, da diese Verbindung, wenn sie einmal aufgebaut ist, auch deine Channel-Aktivitäten bezüglich anderer Wesenheiten enorm unterstützen wird. Das Channeln des eigenen Höheren Selbst ist ohnehin die Königsdisziplin des Channelns, da es keine höhere und machtvollere Instanz als diese gibt. Du kannst dir das so vorstellen, als würdest du bei den ersten Malen eine Art Leitung zum Höheren Selbst hin aufbauen. Diese Leitung durchläuft das gesamte Universum und auch die Geistige Welt. Je stärker, breiter und stabiler diese Leitung zu deinem Höheren Selbst ist, umso leichter wird es dir auch fallen, andere Wesenheiten und Energien zu channeln. Die Verbindung zum Höheren Selbst ist sozusagen deine wichtigste Vorbereitung auf heilsames Channeln für dich und deine Mitmenschen. Gleichzeitig stellt die Verbindung zum Höheren Selbst für dich auch eine Art von energischem Schutz dar. Du wirst anhand eines Source-Codes dann auch in der Lage sein, dich sogar im Wachbewusstsein direkt mit dem Höheren Selbst zu verbinden und Informationen aus dieser Quelle herunterzuladen. Dies wird deine gesamte spirituelle Entwicklung auf ein ganz neues Level bringen.

Das Higher Self Healing

Wenn wir unsere Erfahrungen auf der Erde machen, erleben wir alle zuweilen Phasen der Frustration und des Leidens. Vielleicht haben wir sogar das Gefühl, einen wichtigen Punkt im Leben zu übersehen. Gerade dann kann es unglaublich hilfreich sein, mit deinem Höheren Selbst zu sprechen, denn es sieht auf sehr klare

Weise all deine Entwicklungsmöglichkeiten in den Erfahrungen, die du gerade machst. Mit der Hilfe des Höheren Selbst kannst du wahrhaft sehen, was geschieht und aus welchen Gründen. Durch deine Verbindung zu ihm kannst du deine Möglichkeiten für persönliches Wachstum maximieren und diese sogar für mehr Freude und Lebensqualität zu nutzen. Dann werden vielleicht sogar irgendwann keine schmerzvollen Erfahrungen mehr nötig werden, um den nächsten Entwicklungsschritt zu gehen.

Ich empfehle dir, das Higher Self Healing mit einem Partner durchzuführen, der dich anleitet und auch die Konversation mit deinem Höheren Selbst führt und deine Fragen stellt. Solltest du die Übung allein durchführen, wird es kaum möglich sein, dem Höheren Selbst Fragen zu stellen. Natürlich können aber dennoch wichtige Informationen übermittelt werden, an die du dich nach der Trance erinnerst.

Das Wichtigste ist wieder einmal, das Ego, den inneren Wächter und auch das bewusste Denken »lahmzulegen«. Die Führung muss dem Höheren Selbst übergeben werden, das den Körper als Kommunikationsmedium, als Kanal nutzt.

Auch für das Higher Self Healing nutzen wir die Entspannungsinduktion, die du bereits kennengelernt hast, wir nutzten sie hier nahezu bei jeder der Übungen. Sie wirkt über unterschiedliche Visualisierungen und Traumreisen, die dir helfen sollen, dich zu entspannen – die Reise an einen schönen Ort oder die Visualisierung der Lichtsäule oder der Treppe. Dadurch schaffst du es zudem auch, die rechte Gehirnhälfte zu aktivieren. Die Metaphern, die genutzt werden, gehören zur Sprache der rechten Gehirnhälfte. Dabei ist es nicht wichtig, ob du etwas glaubst oder nicht, du musst einfach nur so tun, als ob, oder dir vorstellen, dass das Ganze ein Traum oder einfach eine Fantasievorstellung ist. Schon wird die rechte Gehirnhälfte aktiviert, und genau das brauchen wir, um die Dimension des Supra-Bewusstseins, wo das Höhere Selbst beheimatet ist, betreten zu können. Diese Dimension können wir nicht mit unseren menschlichen

Sinnen wahrnehmen, da unser Körper in den Dimensionen der Erde verhaftet ist.

Auch wenn du dich mit deinem Höheren Selbst verbinden möchtest, lautet deine wichtigste Aufgabe, dich rauszuhalten und den Prozess einfach geschehen zu lassen. Dadurch kann die maximale Entspannung erreicht werden. Du brauchst dich einfach nur zu entspannen. Es ist gewissermaßen so, als ob du schlafen gehst. Alles, was du erlebst, geschieht in deiner Vorstellungskraft. Das alles muss nicht mal der Logik folgen – je weniger logisch, desto besser. Wenn du das Gefühlt hast, dass du am Fantasieren bist oder dir das Ganze nur ausdenkst – kein Problem. So funktioniert die rechte Gehirnhälfte. Spiel einfach mit.

Hilfreich kann es sein, wenn du dir vorab Gedanken darüber machst, wie oder wo du am besten entspannst. Dies kannst du dann in deine Entspannungsinduktion als Visualisierung einbauen.

In der Trance fühlt sich der Körper meist so an, als ob er schläft, aber der Geist ist hellwach und vollkommen bei Bewusstsein. Und auch wenn du das Gefühl hast, dass dein Körper tief schläft, wirst du zeitweise in der Lage sein, zu sprechen.

Um die Entspannung und auch die Verbindung zum Höheren Selbst zu vertiefen, setze ich bei mir selbst und meinen Klienten einen Source-Code ein. Das kann ein Wort, eine Zahlenkombination, ein Bild oder ein Symbol sein, das man vom Höheren Selbst als eine Art Schlüssel erhält – du bittest einfach darum, wenn du dich mit dem Höheren Selbst verbindest. Man kann ihn bei der Induktion einsetzen, indem man ihn spricht (innerlich oder laut) bzw. vor dem inneren Auge sieht. Wenn du mit einem Partner zusammenarbeitest, kann auch er den Code einsetzen. Jedes Mal, wenn dieser Code benutzt wird, wird er noch kraftvoller werden, du wirst bald sogar im Wachzustand deine Verbindung zum Höheren Selbst spüren können.

Meinen Source-Code erhielt ich von Elohijm, als ich das erste Mal mit ihr in Verbindung trat. Er lautet Ocean. Das heißt nun, jedes Mal, wenn ich dieses Wort ausspreche oder den Ozean vor meinem inneren Auge sehe, spüre ich meine Verbindung zum Höheren Selbst. Es fühlt sich dann wie ein sanftes Kribbeln am ganzen Körper an, auch eine leichte innere Vibration ist da. Dann ist es mir möglich, direkt zu meinem Höheren Selbst und auch manchmal zu Elohijm zu sprechen. Ich nehme ihre Antworten danach als Gedanken in meinem Kopf wahr.

Wenn dir das passiert, wirst du dich anfangs fragen, was davon echt ist und wirklich einer höheren Quelle entspringt. Dies musst du zu Beginn gar nicht beantworten können, denn diese Frage stammt aus deinem Ego, das alles bewerten und beurteilen möchte. Lass sie einfach im Raum stehen und probiere es immer wieder aus. Je öfter du den Code einsetzt, umso mehr Vertrauen in seine Wirkungsweise wirst du aufbauen.

In einem professionellen Higher Self Healing findet ein ausführliches Gespräch mit dem Klienten statt, in dem man ihn zum einen über die Methode aufklärt, zum anderen aber auch etwas von ihm und seiner Lebensgeschichte erfährt. Das baut Vertrauen in beide Richtungen auf und wird vor allem dann wichtig, wenn der Klient im Rahmen des Higher Self Healings in ein früheres Leben geführt wird. Dies passiert relativ häufig und kann auch auftreten, wenn du für dich die Verbindung zum Höheren Selbst suchst.

Ich nenne diese Form der Verbindung gern die »Hintertür«, denn dass Höhere Selbst beschließt, nicht direkt mit der Person in Verbindung zu treten, sondern über einen Umweg, also über ein oder mehrere frühere Leben. Der Klient erlebt so gewisse frühere Situationen ein weiteres Mal und soll sie erfühlen, bevor die Verbindung und die eigentliche Heilung stattfinden können. Dies passiert häufig auch dann, wenn wichtige Lernergebnisse der Seele aus früheren Leben im jetzigen Sein vergessen oder verdrängt wurden. Dann findet sozusagen unter der Regie des Höheren Selbst eine Rückführung statt. Manchmal verwendet das

Höhere Selbst ein früheres Leben auch nur, damit der Mensch in einen Zwischenzustand gelangt – kurz nach dem Tod oder kurz vor der Geburt. Dies sind Momente, in denen die Seele für einen kurzen Moment in das Höhere Selbst eingeht, bevor die Reise ins Jenseits oder ins Diesseits angetreten wird.

Wenn du deine Verbindung zum Höheren Selbst über meine Anleitung hier im Buch herstellst, kann es vorkommen, dass eine solche Hintertür benutzt wird. Darüber solltest du dir aber erst einmal keine Gedanken machen, sondern darauf vertrauen, dass dein Höheres Selbst die optimale Methode zur Verbindung mit dir weiß. Es will mit dir kooperieren, und dafür wird es dich unterstützen, wo es nur kann.

Anfangs glaubt man oft, dass alles nach Plan laufen wird, wenn man die Übungen Schritt für Schritt macht. Das aber ist ein Irrtum! Du solltest nie denken, dass ein Higher Self Healing abschätzbar sein könnte. In jeder Session kann alles passieren! Sei daher frei von Erwartungen, und beobachte dich selbst oder auch den Menschen, mit dem du übst. Höre mit Herz und Seele zu, auch wenn es die komischsten Dinge sind, die du jemals gesprochen oder gehört hast.

Nun möchte ich dich dazu anleiten, mit deinem Höheren Selbst in Verbindung zu treten. Es ist wieder eine Übung, die sich am allerbesten mit einem Guardian machen lässt. Er kann die folgende, recht ausführliche Anleitung sprechen und dich bei deiner Verbindung unterstützen.

Higher Self Healing

– Zieht euch an einen ruhigen und geschützten Ort zurück. Wähle dann eine entspannte Position im Sitzen oder Liegen. Der Guardian liest nun die Texte und leitet an.

–»Ich bitte dich nun, dir folgende Dinge vor deinem inneren Auge vorzustellen: Sieh eine gelbe Blume … ein blaues Auto … einen Hund … und eine Katze … Sieh einen Baum mit vielen Blättern und wie der Wind durch die Blätter bläst. Kannst du das Rascheln der Blätter hören?« (Der Guardian kann sich Feedback einholen, ob die Visualisierung funktioniert oder nicht.)

–»Damit hast du jenen Teil deines Geistes genutzt, mit dem wir heute arbeiten werden. Es ist der Teil des Geistes, der Bilder und Erinnerungen speichert. Der Teil, der nachts aktiv ist, wenn du schläfst. Der Teil des Geistes, der mit Symbolen arbeitet. Mit diesem Teil des Geistes werden wir heute arbeiten.

– Für die Dauer der Session wird es keine Sorgen oder Probleme für dich geben. Es gibt nichts, worüber du dir nun Gedanken oder Sorgen machen müsstest. Also entspann dich jetzt, und fühle, wie es ist, dass es nichts gibt, worüber du dir Sorgen machen müsstest. Genieße das Gefühl, wie sich jetzt Entspannung in deinem Körper ausbreitet. Jegliche Anspannungen im Körper lösen sich jetzt einfach auf, sie lösen sich einfach auf, sie lösen sich einfach auf. Wir benötigen sie jetzt nicht. Es ist ein Luxus, jetzt so sehr und so tief entspannen zu dürfen. Einfach eine kleine Auszeit nehmen vom Alltag. Wenn du nach der Session erwachst, wirst du dich absolut erfrischt und erholt fühlen. Es wird sich wundervoll anfühlen. Jedes Mal ab heute, wenn du solch eine Session durchführst, wird es für dich eine absolut angenehme Erfahrung sein.

– Wenn du irgendwelche Geräusche im Raum oder außerhalb dieses Raumes hören solltest, wirst du

wissen, dass das vollkommen natürliche Geräusche
sind, die dich nicht zu kümmern brauchen. Sie werden
dich auf keine Weise stören. Ganz im Gegenteil, sie
werden dich sogar noch tiefer entspannen.

– Nun bitte ich dich, dir eine wundervolle goldene Pyramide vorzustellen, die von Licht durchflutet ist. Wunderschön. Die Pyramide leuchtet und schimmert in einem
wundervollen goldenen Ton. Stell dir nun vor, dass sich
diese Pyramide jetzt über deinen Körper bewegt, bis
sie ihn ganz umhüllt. Rundherum wirst du jetzt von
der Pyramide eingehüllt und geschützt. Sie ist dein
Schutz. Die Pyramide und das weiße Licht sind eine
sehr starke universelle Kraft. Sie schützen dich vor
allem. Die Pyramide wird die ganze Zeit um deinen
Körper herum aufgebaut bleiben. Nichts kann dir
wehtun oder schaden, weder geistig noch körperlich.
Du bist geschützt, du bist sicher. Du weißt das, und
du fühlst das.

– Du wirst auf deiner Reise auch von deinen Engeln,
Geistführern und anderen lichtvollen Wesen begleitet
werden. Wisse das, und spüre, wie gut beschützt du
bist.

– Jetzt bitte ich dich, dir einen wunderschönen Ort deiner
Wahl vorzustellen. Einen Ort, der für dich der schönste
auf Erden ist. Dort gibt es keine Probleme, keine
Sorgen. Es kann ein Wald sein, ein Strand oder irgendetwas anderes. Was auch immer für dich am passendsten ist und dir am schönsten erscheint. Kannst du solch
einen Ort finden?

– Erzähl mir ein wenig davon.«

- (Der Guardian hört sich nun an, wie es dort aussieht, wie es riecht, wie es sich dort anfühlt …)

- »Es gibt keine Probleme und Sorgen an einem Ort wie diesem, wunderschön. Hier gibt es nur Frieden und Ruhe. Kannst du von dort aus den Himmel sehen?«

- (Der Guardian wartet auf ein Ja.)

- »Schau nach oben in den Himmel, und such nach einer großen weißen Wolke. Hast du sie gefunden?«

- (Der Guardian wartet auf ein Ja.)

- »Ich werde dich jetzt gleich um etwas bitten, das vielleicht im ersten Moment etwas komisch klingen wird. Ich bitte dich, dass du nach oben auf diese Wolke zuschwebst und dich auf die Wolke setzt. Klappt das?

- Erzähl mir, wie fühlt es sich an, auf einer Wolke zu sitzen? Du brauchst dir keine Sorgen zu machen, dass dich die Wolke nicht halten kann. Sie kann es, denn es ist eine magische Wolke. Erzähl mir, wie fühlt es sich dort oben an?«

- (Lass den Channeler reden.)

- »Für manche Menschen fühlt es sich auf der Wolke wie auf Baumwolle oder auf Federn an. Die Wolke wird dich fest und stabil halten, auch wenn sie sich absolut weich anfühlt. Wenn du möchtest, kannst du dich auch richtig in die Wolke hineinkuscheln, als wäre sie ein weiches

Bett mit einer Wolldecke. Das fühlt sich so schön, sicher und angenehm an. Du wirst immer mehr eins mit der Wolke, als würdest du mit der Wolke verschmelzen, als würde sich dein Körper auflösen.

– Die Wolke und du, gemeinsam fliegt ihr durch die Lüfte. Sicher und beschützt und angenehm zugleich. Ihr schwebt immer weiter und höher, immer weiter und höher. Über die Wälder, Dörfer, Städte und Berge hinweg. Die Wolke kann dich sogar in der Zeit wegtragen, in eine andere Zeit. Und der Ort, wohin du nun auf deiner Wolke getragen wirst, ist ein Ort der Regeneration und Erholung. Du kannst dich dort ausruhen und es dir einfach mal gut gehen lassen. In der Zwischenzeit wird sich dein Höheres Selbst in deinen Körper laden, aber das braucht dich nicht zu kümmern. Du bleibst an diesem Ort der Erholung, und wenn es so weit ist, wirst du wieder zurückkommen oder sanft von mir zurückgeholt werden.

– Ich zähle nun von 1 bis 6.

– 1: Ich fordere nun das Höhere Selbst von … (Name des Mediums) auf, sich mit dem Körper von … (noch einmal der Name) zu verbinden.

– 2: Höheres Selbst, tritt nun als weißes Licht mit den heilenden Schwingungen der Liebe über das Kronen-Chakra ein. Jedes Organ und jede Zelle wird durchflutet.

– 3: Das Höhere Selbst verbindet sich jetzt mit allen Informationen im Körper und in der DNA.

- 4: Das Höhere Selbst verbindet sich mit dem Gehirn, den Stimmbändern und dem Nervensystem.

- 5: Der gesamte Körper schwingt mit diesen Energiewellen.

- 6: Das Höhere Selbst hat jetzt Zugang zu allen Körpersystemen, einschließlich der Stimme.

- Nun geht es darum, geschehen zu lassen. Es wird sehr viel Heilenergie fließen, und vielleicht wird das Höhere Selbst durch dich sprechen. Das Wichtigste ist und bleibt aber das Geschehen-Lassen und das Genießen der heilvollen Schwingungen.«

- (Pause.)

- »Nun kannst du innerlich nach dem Source-Code fragen. Frage direkt dein Höheres Selbst nach diesem Code für Entspannung und eine tiefe Verbindung zum Höheren Selbst, wann immer du sie benötigst. Du wirst den Code augenblicklich erhalten. Es kann sein, dass du dir eines inneren Bildes oder eines Wortes gewahr wirst. Manche Menschen erhalten den Code nicht auf der bewussten Ebene und erinnern sich erst daran, wenn sie aus dem Channeling zurückkehren.«

- (Pause.)

- »Nach einer gewissen Zeit wirst du fühlen können, dass sich die Energien in dir abschwächen. Das ist das Zeichen für dich, wieder zurückzukehren. Bist du so weit?«

- (Warte auf ein Ja.)

- »Nun bitte ich dein Höheres Selbst, sich wieder zurückziehen an den Ort, an den es gehört. Innerlich kannst du ihm nun danken, mit viel Liebe und Demut. Danke ihm für die Hilfe, die dir zuteilwurde.

- Ich möchte, dass sich alle Wesenheiten aus diesem Leben und anderen Leben, aus dieser Dimension und anderen Dimensionen, mit denen wir jetzt gesprochen haben, nun auch zurückziehen an den Ort, der ihr Zuhause ist. Wir danken für ihre Hilfe und für die Energien und Informationen, die übermittelt wurden.

- Jedes Channeling wird für dich immer eine angenehme Erfahrung sein. Nichts von all dem, was geschah, wird dich bedrücken, sondern alles wird dich erheben und erleuchten. Nichts wird dich körperlich, mental oder seelisch belasten.

- Jetzt kehren dein Bewusstsein und deine Persönlichkeit wieder zurück ins Hier und Jetzt und integrieren sich vollständig in deinem Körper. Jetzt sind deine Persönlichkeit und dein Bewusstsein wieder vollständig in deinem Körper. Du erinnerst dich daran, dass das Jetzt für dich das Wichtigste ist.

- Gleich werde ich von 1 bis 10 zählen. Wenn ich bei der 10 bin, wirst du hellwach sein und dich wunderbar erholt fühlen.

- 1, 2: Der Atem geht tiefer und schneller, das Blut zirkuliert stärker und wärmer in deinem Körper.

- 3, 4: Das Körperbewusstsein kehrt zurück. Deine Arme und Beine sind deutlich spürbar.

- 5, 6: Du nimmst die Geräusche im Raum wahr und auch die draußen. Du kannst dich wieder im Hier und Jetzt orientieren.

- 7, 8: Du wirst immer wacher und wacher.

- 9, 10: Jetzt bist du hellwach und einfach wunderbar erholt.«

- Nach dieser Übung sollte sich das Medium genügend Zeit nehmen, um alles nachwirken zu lassen. Wenn das Höhere Selbst durch es gesprochen hat, sollte es sich Notizen dazu machen oder den Guardian dazu befragen. Vielleicht habt ihr auch ein Aufnahmegerät mitlaufen lassen und könnt jetzt die Aufzeichnungen anhören.

Das Higher Self Healing steht mit dem Channeln sehr stark in Verbindung, auch wenn es nicht direkt als Channeln bezeichnet werden kann. Ich hoffe aber, dass ich dir an dieser Stelle einen Eindruck davon verschaffen konnte und du praktisch damit arbeiten kannst. Es wird dein Leben wirklich heilen.

Deine Channel-Praxis

Ich möchte dir in diesem Kapitel noch einmal ganz konkrete Tipps zum Channeln geben. Vielleicht wollen wir uns zunächst bewusst machen, wie viele Wegen wir schon kennengelernt haben, um uns auf das Channeln vorzubereiten und dann auch tatsächlich zu channeln. Die Vorbereitungsphase ist äußerst wichtig, und deswegen haben wir uns mit ausgleichenden Methoden beschäftigt, die auf das Energiesystem wirken. Auch der innere Wächter ist sehr wichtig, wenn es dir darum geht, den Verstand zur Seite zu schieben, sodass die Geistige Welt immer besser für dich spürbar wird.

Wenn du das Buch bis hierhin gelesen hast, hast du dich sicherlich auch bereits von der fixen Vorstellung gelöst, dass Channeln immer nur bedeuten muss, dass du in Trance bist und Wesen durch dich sprechen. Channeln kann auch im Wachbewusstsein stattfinden, und Botschaften können sich dir in Form von Gedanken in deinem Kopf zeigen oder spürbar werden. Voraussetzung dafür ist, dass du dich von deinem bewussten Denken lösen kannst. Alle bereits angeführten Übungen dienen dazu, dies zu trainieren.

Beim Channeln ist deine Intention ausschlaggebend dafür, welches Wesen durch dich spricht bzw. dir Energie sendet. Dabei kannst du zwischen drei Herangehensweisen unterscheiden, je nachdem, ob du für dich, eine andere Person oder eine Gruppe channelst:

– Es geht um ein Channeling für dich selbst, und du möchtest ein bestimmtes Wesen channeln aufgrund eines Gefühls oder weil es dir um ein bestimmtes Thema geht, das sich in der Zuständigkeit von diesem Wesen befindet. Wenn dies so ist, sprichst du diese Punkte in deiner Intention aus.

– Es geht um ein Channeling für dich persönlich oder eine Gruppe. Du wählst die »offene« Option und bittest um den Kontakt zu einem Wesen, das für dich bzw. für die Gruppe das jetzt passendste und hilfreichste ist.

– Wenn es sich um ein Channeling für eine andere Person handelt, kannst du als Erstes versuchen, das Höhere Selbst dieses Menschen bzw. einen Seelenanteil von ihm zu channeln. Hierfür könntest du eine Intention in dieser Form sprechen: »Ich bitte um das Höhere Selbst von ... (Name der Person) oder einen zu ihm/ihr gehörigen Seelenanteil. Auch bin ich offen für alle anderen wohlwollenden geistigen Wesen, die der Person jetzt in ihrer Situation am besten und schnellsten helfen können.«

Wenn du für jemand anderen channelst, ist es nicht zwingend erforderlich, dass dieser während des Channelings anwesend ist. Was aber unbedingt vorliegen muss, ist die explizite Erlaubnis dieser Person, für sie zu channeln. Es ist dann auch wichtig, dass du die Fragen des anderen an sein Höheres Selbst bzw. an das zu channelnde Wesen kennst bzw. deinem Guardian übergibst. Hier ein möglicher Weg, wie das Channeln für eine andere Person zusammen mit Guardian ablaufen könnte:

Channeln im Auftrag einer anderen Person

– Nimm dir für das Channeling genügend Zeit, und stell sicher, dass dein Guardian und du nicht gestört werden und zur Ruhe kommen können. Der Raum sollte gut gelüftet sein und Stille um euch herum bieten. Empfehlenswert ist auch ein Aufzeichnungsgerät, vor allem dann, wenn die Person, für die gechannelt wird, nicht anwesend ist. So kann sie das Channeling im Nachhinein anhören.

– Mach es dir im Liegen bequem, und schließe deine
Augen. Sprich innerlich: »Ich trete jetzt in einen heiligen
Raum zur Begegnung mit dem Höheren Selbst von …
(Namen der Person) ein.«

– Nachdem du dies gesprochen hast, richtest du deinen
Blick mit geschlossenen Augen nach oben zur Stirnmitte. Versuche für die gesamte Dauer des Channelings
die Augen in dieser Position zu halten.

– Nun beginnst du mit einer Atemübung. Zähle innerlich
von 1 bis 4, und atme währenddessen ein. Halte den
Atem dann ebenso lange, und atme aus, während du
wieder von 1 bis 4 zählst. Danach hältst du den Atem
wieder für vier Zähleinheiten an. Mach das für insgesamt vier Durchgänge. Gern darf dich auch dein Guardian dabei anleiten.

– Also einatmen 1, 2, 3, 4, Atem halten 1, 2, 3, 4, ausatmen 1, 2, 3, 4, Atem halten 1, 2, 3, 4 und dann wieder
von vorn.

– Nun lässt du den Atem ganz frei und entspannt weiterfließen. Stell dir vor, dass du von goldenem Licht
umgeben wirst. Es ist überall und umarmt dich mit einer
angenehm weichen Energie. Nun beginnt das goldene
Licht über den Solarplexus in deinen Körper hineinzu-
fließen. Dein Bauch, Becken und deine Beine füllen
sich mit dieser wundervollen Energie an. Das Licht
fließt nach oben in dein Herz, und dein Herz beginnt
sich zu öffnen und wärmer zu werden. Vom Herzen aus
fließt die goldene Energie nach oben in deinen Hals
und in den Kopf hinein. Das goldene Licht verlässt über
den oberen Teil deines Kopfes den Körper und fließt

nach oben zum Scheitel-Chakra, ein paar Zentimeter über dem Kopf. Dort angekommen, fließt das Licht wieder über den Kopf in den Körper hinein, über Hals und Herz zurück in den Bauch und dann wieder nach oben, bis sich ein schöner und gleichmäßiger Energiekreislauf gebildet hat. Dieser Kreislauf reinigt den Energiekörper und deinen Kanal zum Channeln des Höheren Selbst von der anderen Person.

– Lass die Energie einfach weiter zirkulieren, und beobachte sie. Nach ein paar Minuten wirst du merken, wie sich der Kreislauf der Energie in deinem Körper verlangsamt und immer ruhiger wird. Die goldene Energie ist jetzt voll und ganz mit deinem System verwoben, und du bist bereit für das Channeln.

– Stell dir vor, dass von deinem Scheitel-Chakra ausgehend eine Treppe nach oben in Richtung Universum führt, eine Treppe aus Licht und feinen Schwingungen. Du gehst diese Treppe nun hinauf. Dein Ego, dein Denken und dein Körper bleiben auf der Erde, während du energetisch nach oben gehst. Schritt für Schritt kommst du dem Höheren Selbst näher, und irgendwann wird die Treppe enden, und du wirst bei dem Höheren Selbst ankommen. Es kann aber auch sein, dass du dort oben ein anderes Wesen triffst, das dir für die Person wertvolle Informationen und Energien übergeben kann.

– Du tauchst jetzt völlig ein in diese Energie, die dort präsent ist. Die Energie füllt dich von innen heraus an, so darf das Channeln beginnen. Das Wesen lenkt die Energie so stark in dein System, dass es jetzt durch dich sprechen und wirken kann. Lass es vertrauensvoll geschehen.

- Zu irgendeinem Zeitpunkt wird die Energie beginnen, sich zurückzuziehen. Dann steigst du die Treppe wieder nach unten und kehrst in deinen Körper zurück. Nun wiederholst du die Atemübung, die du schon zu Beginn praktiziert hast. Währenddessen kannst du die Augen wieder in eine natürliche Position bringen.

- Kehre dann in deinem eigenen Tempo wieder zurück ins Hier und Jetzt, und notiere dir unbedingt die Durchgaben, außer du hast einfach nur die Energie gespürt.

- Ist die Person, für die du gechannelt hast, anwesend, könnt ihr abschließend über die Botschaften sprechen. Oder du lässt ihr die Aufnahme zukommen, damit sie weiß, was gesagt wurde. Die Energie, die übertragen wurde, hat sie aber in jedem Fall erhalten.

Vielleicht fragst du dich, aus welchen Beweggründen man überhaupt ein Channeling für eine andere Person durchführen sollte. Dafür kann es verschiedene Punkte geben:

- Der andere steht an einem wichtigen Wendepunkt in seinem Leben und benötigt zusätzliche, unterstützende Informationen, um die passende Entscheidung zu treffen.

- Es gibt ein karmisches Muster, das die Person immer wieder einholt und das Leben und Glück erschwert.

- Es gibt Beschwerden und Krankheiten, die mit Medizin und/ oder Alternativmedizin nicht geheilt werden konnten – das Höhere Selbst oder ein Seelenaspekt bzw. ein geistiges Wesen könnten in der Lage sein, eine Heilung direkt über den Channeler zu bewirken, oder sie geben hilfreiche Tipps, wie Heilung eintreten kann.

Es gäbe noch viele weitere Punkte, die das Leben eines Menschen beeinflussen und zu denen ein Channeling wichtige Impulse liefern könnte. Etwas äußerst Wichtiges gilt es immer zu beachten: Auch wenn wir channeln und erlauben, dass Impulse aus der Geistigen Welt uns weiterhelfen, sind wir selbst immer noch diejenigen, die die Entscheidungen in unserem Leben treffen müssen. Ein Channeling sollte nie dazu einladen, passiv zu werden und sich bestimmen zu lassen, auch wenn es Geistige Wesen sind, die uns anleiten. Die Botschaften und Energien dienen lediglich dazu, eine gewisse Richtung kennenzulernen und zu fühlen – ob man den Weg beschreitet, muss man dann allein für sich entscheiden.

Das Sprechen beim Channeln

Fürs Channeln und manchmal auch für das Higher Self Healing gibt es noch einen weiteren wesentlichen Punkt anzureißen: das stimmliche Verbalisieren der Botschaften. Viele Menschen haben vor dem Sprechen während des Channelings Respekt oder sogar Berührungsängste. Vielleicht ist der Gedanke, dass etwas anderes durch einen spricht, ungewohnt. Das braucht es aber gar nicht sein. Letztlich tun wir etwas Ähnliches ständig, wenn wir sprechen und dann sozusagen unser eigenes Geistwesen channeln. Natürlich ist uns die Energie des gechannelten Wesens nicht so vertraut wie unser eigenes Geistwesen, aber vom Prinzip her ist es das Gleiche. Alle Informationen, die während des Channelings gesprochen werden, sind in ihrer Grundsubstanz Energie, es sind formlose energetische Gebilde, wenn wir es so nennen wollen. Erst unser Geist und unser Denkorgan machen es zu Worten und Konzepten, die Menschen verstehen können. Das Geistwesen, das gechannelt wird, greift also auf im Denkorgan des Channelers vorhandene Worte, Begriffe und Konzepte zurück, auch auf welche, zu denen der Mensch im Wachzustand keinen Zugang hat.

Für mich ist es immer wieder sehr erstaunlich zu hören, was für ein gutes Englisch Elohijm spricht, wenn ich sie channele – so könnte ich das nie, weil mein Englisch nicht gut ist. Es geschah sogar einige Male, dass ich in einer für keinen Anwesenden verständlichen Sprache channelte. Auf Bitte Jeffreys hin wurde dann zum Englischen gewechselt, was die Kommunikation natürlich sehr erleichterte.

Das Wichtigste beim Sprechen ist es zuzulassen, dass durch einen selbst hindurch gesprochen wird. Viele Menschen fühlen sich durch Gedanken blockiert, die sagen: »Das bilde ich mir doch bloß ein. Die Gedanken in meinem Kopf gehören doch zu mir. Ich verstehe meine Gedanken nicht und trau mich nicht, sie zu formulieren.« Solche Ideen werden das Sprechen beim Channeln natürlich verhindern und sind ein Zeichen dafür, dass sich die Persönlichkeit und das bewusste Denken des Mediums nicht genügend weit in den Hintergrund begeben haben. Wenn du so etwas bemerkst, wäre es hilfreich, die Phase zu verlängern, in der du durch die Lichtsäule nach oben gehst. Oder du intensivierst das Rückwärtszählen von 10 bis 1, wenn du mit der Methode arbeitest, die du bei der »Reise ins Universum« (Seite 197) kennengelernt hast.

Ein weiterer Grund, wieso beim Channeln manchmal nicht gesprochen werden kann, ist ein blockiertes Hals-Chakra. Dieses fünfte Chakra ist der energetische Ort der Kommunikation, und seine Unausgeglichenheit kann dazu führen, dass der Mensch seine eigenen Gefühle und Gedanken nicht kommunizieren kann. Zudem wird das Chakra dann von all dem Unausgesprochenen befleckt. Das Gleiche geschieht, wenn der Mensch sich selbst in

Bezug auf seine Gefühle und Bedürfnisse belügt. Das treffe ich häufig bei Frauen an, da sie eher dazu tendieren, sich für andere aufzuopfern und sich selbst zu vernachlässigen. Geäußerte Unwahrheiten bringen das Hals-Chakra energetisch aus dem Gleichgewicht. Man kann all dem entgegenwirken, wenn man nach bestem Wissen und Gewissen die Wahrheit sagt und die eigenen Bedürfnisse und Gefühle klar kommuniziert, auch gegenüber sich selbst. Die eben nochmals erwähnte Übung »Reise ins Universum« beinhaltet auch eine Reinigungstechnik für die Chakras, die du nutzen kannst, wenn du dein Hals-Chakra ausgleichen willst. Auch bestimmte Yoga-Übungen sind dafür sehr effektiv. Dazu findest du genauere Anleitungen in meinem Buch »Yoga Siddhis«.

Weitere Wege für mediale Botschaften

Wenn vom Channeling die Rede ist, stellt man sich meist einen Menschen vor, der in einem meditativen oder tranceähnlichen Zustand Botschaften aus anderen Dimensionen empfängt. Genau so habe ich das Phänomen hier ja auch beschrieben. Wie sieht es aber mit Durchgaben aus, die nicht in dieser üblichen Form, sondern auf eine vollkommen andere Art und Weise geschehen? Mir fallen hierzu als Erstes Künstler und Musiker ein, die ihre Werke oftmals aus anderen Sphären hervorholen. Ich bin mit der Begeisterung für Kunst und Kultur groß geworden und wusste schon immer, dass beispielsweise Musik etwas Göttliches sein kann und dass Komponisten und Interpreten häufig Medien sind. Viele Künstler sind für mich Vermittler, eine Brücke für die Energien zwischen dem Diesseits und den anderen Ebenen. Jeder Künstler tut dies auf seine ganz individuelle Weise, und viele berühren damit die Herzen, geben Hoffnung, Freude und Inspiration. Viele Künstler, und dabei nicht nur in der Musik, vollbringen ihr Werk in einem veränderten Bewusstseinszustand und werden zu einem Kanal für das Göttliche.

Ich schreibe schon seit sehr vielen Jahren Gedichte. Diese entstehen nicht auf Anhieb oder unter Druck, sondern immer dann, wenn ich Muße zum Schreiben habe. Meist geschieht das spät am Abend, wenn ich bereits etwas müde bin. Die Gedichte schreiben sich dann eigentlich selbst. Ich spürte schon oft, dass es nicht ich war, die diese Gedichte schrieb, sondern eine andere Energie, die über mich kam. Dies jedoch nicht forcierend oder ergreifend, sondern sehr weich und angenehm. Im Rahmen eines Channelings beauftragte ich meinen Partner Jeffrey damit, Elohijm doch bitte mal zu fragen, was es denn mit diesen Gedichten auf sich habe. Die Antwort kam prompt und sehr klar: Ich channelte Rumi. Dschalal ad-Din Muhammad Rumi, wie er mit komplettem Namen heißt, der persische Mystiker, der etwa um 1200 herum gelebt hat. Er ist der Urvater des Sufismus, einer tiefgründigen Philosophie, losgelöst von jeglicher Religion. Sufis bezeichnen sich selbst als die »Geliebten«, die der bedingungslosen Liebe zum Göttlichen verfallen sind und ihr Sein nach diesem Prinzip ausrichten. Nachdem ich diese Information hatte, erkannte ich in den Gedichten, die meiner Feder entstammten, eine ganz eindeutige Note von Rumis Werken.

Ich möchte dir mit diesem Beispiel verdeutlichen, welch mannigfaltige Möglichkeiten es gibt zu channeln. Das Spektrum dessen, was in weiterem Sinne zum Channeln gezählt werden kann, ist so unglaublich groß. Viele Menschen wissen gar nicht, dass sie channeln, dass sie Energien aus höheren Ebenen weitergeben. Denn das ist ja mit »Channeln« gemeint. Ganz oft erhalten wir zum Beispiel Botschaften in Unterhaltungen, die wir führen, oder bei Konzerten, denen wir lauschen. Channel-Botschaften finden sich auch in vielen Filmen, die in unseren Kinos laufen. Aus verlässlichen Quellen wissen wir auch, dass für viele Science-Fiction-Filme Channelings verwendet werden. Das ist auch der Grund, wieso uns Menschen gewisse Szenen, Worte oder Kunstwerke so tief berühren, ohne dass wir es auf Verstandesebene verstehen. Meist erinnert es uns an unsere eigene Göttlichkeit, und genau dies sollte ein »echtes« Channeling ja bewirken, ein Gefühl des All-Eins-Seins, von Erleuchtung und Göttlichkeit. Für mich ist es das größte Kompliment, wenn Menschen durch meine Arbeit sich selbst in ihrer vollkommenen Göttlichkeit sehen können.

Kann man aber merken, dass man in diesem weiteren Sinne gerade channelt? Diese Frage ist leider nicht eindeutig zu beantworten, da das sehr stark vom Wesen und von der Energie abhängig ist, die gechannelt wird. In den meisten Fällen sind die Empfindungen beim Medium sehr dezent. Denn wie wir gehört haben, dürfen feinstoffliche Wesen nicht einfach in unser System eindringen und uns als Kanal benutzen, es sei denn, wir geben ihnen die ausdrückliche Erlaubnis dafür. Ein wenig anders sieht es jedoch bei Menschen aus, die auf einem spirituellen Selbstfindungsweg sind und sich als einen ständigen Kanal für das Göttliche verstehen und so auch leben. Bei ihnen kann es sein, dass höhere Wesen sie auch ohne vorherige direkte Abstimmung als Channel benutzen. Es gibt aber einen grundlegenden Unterschied zu aktiv durchgeführten Channelings: In diesen spontanen Channelings werden immer nur sehr geringe Mengen von Energie durchgegeben. Teilweise so minimal, dass das Medium es nicht mal richtig mitkriegt. Genau das ist mir ja passiert, als ich beim Gedichteschreiben Rumi channelte.

Ganz gleich, auf welche Weise man channelt, der Verstand tritt in den Hintergrund. Es entstehen Dinge, man spricht Worte oder führt Handlungen aus, ohne wirklich involviert zu sein. Es wirkt eine Energie, die man als Medium erst einmal nicht deuten kann. Beim bewussten Channeln können hingegen viele Phänomene entstehen, die auf einen Einfluss von etwas außerhalb unserer Dimensionen hindeuten. Wir hatten über Temperaturveränderungen, Geräusche und Ähnliches schon gesprochen.

PRÜFKRITERIEN
FÜR EIN CHANNELING

Heute gibt es so viele Menschen, die channeln und Botschaften aus anderen Dimensionen übermitteln. Wie aber sieht es mit der Glaubwürdigkeit dieser Channelings aus? Wie kann man für sich als Zuhörer entscheiden, ob das Channeling »echt« ist. Fragen wie »Ist die Wesenheit negativer oder positiver Natur, woher kommt sie, und ist die Botschaft wichtig?«, finde ich äußerst wichtig. Und natürlich musst du sie, wenn du mit deiner Praxis beginnst, auch bezüglich deiner eigenen Channelings stellen.

Meine Hauptintention beim Channeln für andere Menschen oder mich selbst ist es, ein Maximum an Nutzen und hilfreichen Informationen zu liefern. Die wichtigste Frage lautet daher, ob das Channeling dem Menschen dienlich ist oder nicht. Das heißt gleichzeitig, dass das Channeling neuen Input für die spirituelle Entwicklung der Beteiligten bereitstellen sollte. Ich erlebe es selbst sehr häufig, dass in vielen Channelings immer nur die gleichen Infos übermittelt werden. Natürlich kann auch das hilfreich sein, aber ich denke, dass wir in unseren Tagen starker Transformationsprozesse auf der Erde Impulse benötigen, die uns möglichst schnell auf ein neues Level bringen.

Des Weiteren sollte es in jedem Channeling darum gehen, Menschen mit ihrer eigenen göttlichen Essenz zu verbinden und eine Verlinkung zwischen dem Hier und dem Dort zu schaffen bzw. zu stärken, da sie ja bereits existent ist. Jede Botschaft sollte das Gefühl der Anbindung an Gott oder ein kosmisches Prinzip auslösen. Es sollte nie darum gehen, dass anstehende Herausforderungen für den Betreffenden »wie von Zauberhand« gelöst werden, sondern um Impulse, die es ihm ermöglichen, die Verantwortung für sein spirituelles Wachstum in die eigenen Hände zu nehmen. So sollten in Channelings auch ganz konkrete Handlungsvorschläge für die eigene Weiterentwicklung gegeben werden. Dann wird der Mensch ermächtigt – er wird zu dem, was er wirklich ist: Gott in einer menschlichen Form. Oder denkst du wirklich, dass Gott den Ratschlag von Geistwesen benötigen würde? Sicher nicht.

Somit kristallisiert sich ein weiteres Prüfkriterium für die Qualität eines Channelings heraus: In welchem Ausmaß stimmt die erhaltene Botschaft mit meiner Intuition überein und mobilisiert in mir Wissen und Kräfte, um aktiv und bewusst meinen Seelenplan zu erfüllen?

Eine letzte Frage, die man sich in Bezug auf jedwedes Channeling stellen sollte, ist diese: Harmonieren die medialen Durchgaben mit meiner Hingabe an das höchste Bewusstsein oder nicht?

Ein weiteres Kriterium sind natürlich die Botschaften selbst. Wenn geistige Wesen aus höheren Ebenen zu uns sprechen, ist es immer erhebend, ermächtigend und ehrlich. Sie behandeln alle Menschen gleich und räumen jedem die Möglichkeit ein, für sich die Einheit mit Gott zu erfahren. Wenn in einem Channeling die Rede davon ist, dass nur eine gewisse Gruppe von Menschen diese Erfahrung machen könne, kann man eigentlich davon ausgehen, dass es sich nicht um ein echtes Channeling handelt. Auch haben natürlich Aufforderungen, anderen Leid anzutun, in einem Channeling nichts zu suchen. Taucht so etwas auf, ist es kein Channeln.

Von diesen Prüfkriterien ausgehend, können wir für uns bewerten, ob eine äußere Quelle der Inspiration oder Heilung durch ein Channeling unserem spirituellen Weg dienlich ist oder nicht.

Wir sollten aber auch erkennen, dass es für unseren Weg, der sich vor allem durch Freiheit ausdrückt, nicht hilfreich sein kann, sich von Botschaften abhängig zu machen. Alles, was in einem Channeling erhalten wird, sollte für uns ermächtigend sein. Denn letztendlich wollen wir ja aus uns selbst heraus spirituell wachsen. In der spirituellen Szene, vor allem in den stark esoterischen Kreisen, ist leider der Trend gegeben, gewisse Abhängigkeiten zuzulassen. Für mich wäre es äußerst unangenehm zu wissen oder zu spüren, dass Menschen ihr Leben einzig und allein auf meinen Channelings aufbauen. Dennoch gibt es immer wieder Medien und Channeler, die sektenartige Zusammenkünfte ins Leben rufen. Dort wird dann gern behauptet, dass diejenigen, die den Weg in diesen Kreis gefunden haben, die spirituellsten Menschen auf der Erde seien, die Welt-Erretter. Aber wir sind alle gleich und sitzen alle im selben Boot. Wenn man dies nicht erkannt hat, ist man alles andere als spirituell. Menschen glauben zu machen, dass sie etwas »Besseres« sind, nur weil sie zu einer gewissen Gruppe gehören, finde ich schlichtweg grausam. Natürlich gibt es mediale Quellen, die uns helfen können, die Richtung unseres Daseins klarer zu sehen. Aber wenn man ein Channeling für sich in Anspruch nimmt, sollte es immer eine Ergänzung zur eigenen inneren Führung sein und nie als ausschließliche Wegweisung angesehen werden. Dies würde zu einer Abhängigkeit führen, die die gesamte spirituelle Entwicklung blockieren würde.

Wird ein »echtes« Geistwesen gechannelt?

Wie kannst du sehr schnell und effektiv herausfinden, ob wirklich ein Geistwesen gechannelt wird oder nicht? Da wäre als Erstes die Sprache. Unsere Sprache ist für die meisten Wesenheiten sehr ungewöhnlich und eher ein Hindernis in der Kommunikation als ein Hilfsmittel. Wir hören in den Channelings immer wieder, dass wir ja eine so minderentwickelte Kommunikation hätten und unser Wortschatz so beschränkt und unpassend sei. Das Englische spricht die Geistwesen meist noch am ehesten an, weshalb beispielsweise Elohijm immer nur auf Englisch kommuniziert. Zwar versteht sie auch Deutsch, aber ihre Durchgaben macht sie fast ausschließlich auf Englisch.

Auch deutsch- oder anderssprachige Medien channeln oft auf Englisch. Das liegt vielleicht auch daran, dass englisch mittlerweile so »universell« ist. Es heißt dann oft, dass es eine Voraussetzung dafür sei, dass das Medium selbst des Englischen mächtig ist. Es kann aber auch sein, dass das im Wachzustand gar nicht zutrifft, dass der Mensch die Englischkenntnisse sozusagen als eine Art Karma in diese Inkarnation mitgebracht hat. Dann kann das Wesen, das gechannelt wird, dieses Wissen im Medium wachrufen. Es muss aber angelegt sein, sonst ist es nicht möglich.

Im Rahmen einer Rückführung, die meine Schwester vor etwa zehn Jahren an mir durchgeführt hat, erlebte ich einen Seelenanteil, der zu Zeiten der Sumerer gelebt hatte. Ich war die Amme einer Prinzessin, und meine wichtigste Aufgabe bestand darin, sie zu beschützen. Dieser Aufgabe wurde ich aber nicht gerecht und man verhängte die Todesstrafe über mich. In dieser Session kam es immer wieder vor, dass Worte gesprochen wurden, die eindeutig aus einer uns unbekannten Sprache stammten. Im Nachhinein stellte sich heraus, dass dies die Sprache der Sumerer war. Das heißt, ich war in der Sitzung in der Lage, sumerisch zu sprechen, weil diese Sprache durch diese frühere Inkarnation bereits in meinem Geistsystem angelegt war. In Trance kann aber nicht jeder jede x-beliebige Sprache sprechen, denn die Geistwesen können immer nur auf das im Geist vorhandene Repertoire von Wissen und Können zurückgreifen.

Wenn geistige Wesen wie Engel oder Lichtwesen, die noch nie auf der Erde inkarniert waren, sprechen, hört sich das meist sehr erhebend und leicht an. Es wird dann nicht in verschachtelten

Sätzen gesprochen, sondern in einfachen Worten, die aber unter die Haut gehen können. Die Stimmlage des Mediums ist oft verändert, zudem gibt es häufig Sprechpausen, die für einen Menschen eher unnatürlich wären.

Es sollte dich auch nicht irritieren, wenn ein Geistwesen mal Witze macht oder sich selbst ins Lächerliche zieht. Humor ist etwas, das sehr viele Wesenheiten besitzen. Auch das lässt Channelings zu so belebenden Events werden. Meist wird einfach sehr viel gelacht, was auch ein Hinweis auf den Ursprung des Wesens sein kann. Denn alle uns wohlgesonnenen Wesenheiten, die mit dem Göttlichen zusammenarbeiten, tragen unendlich viel Freude in sich. Du brauchst dabei nur an den Dalai Lama zu denken. Auch er ist spontan, freundlich und voller positiver Energie. Mit Sicherheit gibt es auch Wesenheiten, wie beispielsweise gewisse Mitglieder des Rates der Weisen, die kaum Späße machen und sich ernst anhören. Aber man spürt immer, dass sie wohlmeinend und freundlich sind.

Der Trance-Zustand des Mediums

Auch der Zustand des Mediums während des Channelns gibt Aufschlüsse über die Art und Qualität der Sache. Für mich ist die Weise, wie ein Medium in den Zustand des Channelns hinein- und wiederhinausgeht, und welche Phänomene im Außen dabei entstehen, am wichtigsten. Ich habe bis heute noch kein professionelles Channel- bzw. Tief-Trance-Medium gesehen, das innerhalb von zwei Atemzügen oder von Sekunden in Trance gegangen wäre. Es braucht, ganz gleich wie »weit« man auf diesem Gebiet ist, eine gewisse Einstimmungsphase. Dies hat nicht nur mit der Anpassung des Körpers an die veränderte Energie zu tun, sondern auch mit der Anpassung des Wesens an die irdischen Gegebenheiten. Für die meisten der Geistwesen, die durchkommen, ist es fast schon als Stress zu bezeichnen, sich auf das Schwingungsniveau der Erde zu bringen. Das klingt für uns Menschen etwas deprimierend, aber so ist es nun mal. Wenn wir in unseren Körpern sind, nehmen wir diese Frequenz als normal wahr. Für Geistwesen aber fühlt es sich hier sehr dicht und kompakt an.

Sobald sich der Körper des Mediums und die Frequenz des Wesens auf einem harmonischen Niveau eingependelt haben, werden gewisse geistige und auch körperliche Funktionen vom Geistwesen übernommen. Dies dient ausschließlich dem Wohl des Mediums und hilft ihm dabei, die Energie besser aufzunehmen und weiterzugeben. Denn das Medium übermittelt ja meist nicht nur die Botschaften über die Sprache, sondern auch die Energie über den eigenen Körper.

Ich spüre dabei eigentlich nichts Außergewöhnliches, weil ich mich zu dem Zeitpunkt bereits in einer tiefen Trance befinde. Doch ist dies mal nicht der Fall, fühlt es sich einfach schön und irgendwie kribbelnd an. Das hängt natürlich auch vom gechannelten Wesen ab, aber es gilt sicher für einen Großteil der Wesenheiten und auch für das Höhere Selbst. Gewisse Körperfunktionen wie Atmung oder Puls können sich verändern.

Es kann sich aber schon deutlich früher etwas tun. Die Zeit vor einem Channeling kann von der Geistigen Welt bereits für die Einstimmung genutzt werden. Ich spüre oft bereits am Morgen gewisse Veränderungen an mir, wenn für den Abend ein Gruppen-Channeling geplant ist. Ich fühle mich wach und entspannt zugleich. Man könnte diesen Zustand auch als süße Müdigkeit bezeichnen, wobei mir aber nicht nach Schlafen ist. Manchmal kommt dann noch ein ganz leichtes inneres Vibrieren dazu – ein Zeichen dafür, dass sich die geistige Energie bereits in meinen Körper lädt. Auch habe ich meist den ganzen Tag über sehr wenig Hunger, der dann nach der Session aber sehr schnell wieder einsetzt.

Das Eintreten in die Trance fühlt sich meist wie eine warme Umarmung an, die mir versichert, dass es nun an der Zeit ist loszulassen. Dabei empfinde ich immer wieder starke Veränderungen meiner Körpertemperatur. Wenn ich später aus dem Channeling zurückkehre, geht es mir sehr gut. Der Körper braucht aber meist seine Zeit, um wieder richtig wach zu werden. Diese Zeit sollte man ihm unbedingt gönnen. Nach dem Channeling ist es auch empfehlenswert, sich zu erden. Das geht am schnellsten und einfachsten durch nahrhaftes Essen.

Während wir jetzt eher über für das Medium subjektive Phänomene gesprochen haben, gibt es im Außen Veränderungen, die für alle Anwesenden spürbar sind. Die Temperatur im Raum beginnt sich oft zu ändern. Sie kann dabei auch stark schwanken. Geräusche treten auf, und es kann sogar zu einem leichten Beben der Erde kommen. Dies hatten wir einst bei einem Channeling, das ich für meine Familie zu Hause machte. Es fühlte sich wie ein leichtes Erdbeben an, als sich das Geistwesen mit mir verband.

Das Auftreten objektiv wahrnehmbarer Phänomene kann also ein weiterer sehr wichtiger Hinweis auf die Qualität des Channelings sein. Denn beim Übertragen von innerem Wissen beispielsweise kann es nicht zu derartigen energetischen Ausschlägen kommen. Dazu kommt es nur, wenn überdimensionale Verbindungen aufgebaut werden, die unterschiedliche Welten zusammenführen.

Manchmal erschrecken die Menschen davor, da sie solche Phänomene nicht kennen und nicht zuordnen können. Ich kann aber garantieren: Wenn auf eine professionelle Weise und achtsam gechannelt wird, geschieht ausschließlich Heilung für alle Beteiligten. Die Geistwesen wollen alles andere, als uns Leid zuzufügen. Viele haben Mitleid mit uns, weil sie sehen, unter welch schwierigen Bedingungen wir heute auf der Erde leben. Ich denke und fühle es jedes Mal, wenn ich channele: dass die Wesenheiten Liebe und Licht bringen wollen. Schrecken und Leid begegnen wir auf der Erde zur Genüge.

Nichtsdestotrotz gibt es auch Wesenheiten, die nicht wohlmeinend sind und die wir als »negativ« oder »böse« bezeichnen würden. Auch damit wollen wir uns hier kurz befassen und insbesondere herausfinden, ob es denn überhaupt »böse Wesen« gibt und ob diese vom Menschen gechannelt werden können.

Können dunkle Wesenheiten gechannelt werden?

Ich bin mit den Geschichten von bösen Geistern, Dschins und Dämonen aufgewachsen, denn der Glaube an solch niedere Wesenheiten hat in meinem familiären Kulturkreis eine lange Tradition. Man sprach sehr oft von Flüchen und anderen für den Menschen sehr schädlichen Ritualen, die Dämonen heraufbeschwören können. Ich war aber bis zum Alter von zehn Jahren keinem solchen Wesen begegnet und wollte dem Ganzen keinen Glauben schenken. Meine Großmutter hatte immer gesagt, dass Gott und die Engel mich beschützen würden und es für mich nichts gebe, was ich fürchten sollte. Da sie für mich die wichtigste Bezugsperson im Leben war, glaubte ich ihr das auch.

Dennoch wurde ich eines Tages mit solch einer niederen Fremdenergie konfrontiert, und ich begegne heute auch in meiner Praxis immer wieder Menschen, die von derartigen Energien befallen sind. Es gibt tatsächlich Energien, die ich als sehr unterentwickelt bezeichnen würde und die nicht darauf ausgerichtet sind, uns in unserem Leben zu unterstützen, sondern die eher das Gegenteil im Sinn haben. Es gibt Wesen, die uns das Leben sehr schwer machen können. Das Erlebnis, das ich diesbezüglich als Zehnjährige hatte, habe ich unter anderem bereits im »Aura Coaching« beschrieben. Damals war Nacht für Nacht eine Frau an meinem Bett erschienen, die mich bedrohte. Ich wurde aus dem Bett geworfen, und mein Körper rotierte über dem Boden, bis ich mit Zittern und Herzrasen aus diesem Albtraum erwachte. Ich entwickelte Herzrhythmusstörungen und konnte mich nicht mehr allein im Haus aufhalten, ich hatte ständig das Gefühl, dass ich von jemandem beobachtet wurde. Eine Hellsichtige schließlich sagte, dass ich ein offenes Auge im Herzen trüge und jenseits aller Dinge blicken könne, so wie sie es tue. Sie sagte, dass ich viele Kräfte in mir hätte, die andere Menschen und die Welt heilen helfen könnten. Es gebe aber auch Mächte, die diese Potenziale, die manche Menschen aufgrund ihres seelischen Ursprungs in sich tragen, an sich ziehen wollten. So war auch diese Frau nachts in meinem Zimmer eine Fremdenergie, die geschickt wurde, um mich zu manipulieren und mir meine Kräfte zu entziehen. Mithilfe von Schutzgebeten, die aufgeschrieben unter mein Kopfkissen gelegt wurden, konnte ich schließlich befreit werden. In der kommenden Nacht erschien eine junge Frau mit einer Glatze, die solch ein Licht und eine Schönheit ausstrahlte, wie ich es zuvor noch nie gesehen hatte. Sie blickte mich an und sagte: »Nun ist es vorbei.« Alles fühlte sich leicht und lichtdurchflutet an, und ich wusste innerlich, dass ich einem Engel begegnet war.

Ich bin dieser »bösen« Frau aus meinen Träumen nie wieder begegnet. Heute weiß ich, dass es eine Fremdenergie war, die von mir Besitz ergreifen wollte, als sie mich als Kind in einem ungeschützten Zustand vorfand. Solche Fremdenergien sind Wesenheiten, die vom menschlichen Geist erschaffen wurden: wenn jemand einem anderen Schaden zuzufügen will, aus Neid oder Missgunst beispielsweise. Auch kann man sich selbst mit einer Fremdenergie belegen, wenn man selbstzerstörerische Gedanken hegt. Wenn diese oft und intensiv genug gedacht werden, können sie sich manifestieren.

Diese Energien, die wir als böse oder schlecht einstufen, stammen also nicht aus dem äußeren Universum oder der Geistigen Welt. Können sie aber gechannelt werden? Die Voraussetzung dafür, dass ein Wesen durch einen Menschen gechannelt werden kann, ist seine feinstoffliche Form. Wenn dies bei dem negativen Wesen der Fall ist, müsste ein Channeling eigentlich möglich sein, oder?

Wie sieht es dabei mit dem Medium aus? Wir können nur Wesenheiten channeln, wenn wir eine Resonanz zu ihnen in uns tragen. Das heißt ganz platt: »Böse Energien« kann man nur channeln, wenn man selbst »böse« ist.

Es ist aber zugleich so: Wenn jemand in sich negative Absichten hegt und der Welt und sich selbst nichts Gutes wünscht, passiert etwas, das die Fähigkeit des Channelns stark herabsetzt. Die eigene Schwingung senkt sich nämlich drastisch ab. Um eine feinstoffliche Wesenheit egal welcher Natur channeln zu können, braucht man aber eine hohe Schwingung, weil diese über die Durchlässigkeit des Mediums für die Energie bestimmt.

Das alles heißt Folgendes: Es kann gar kein negatives Wesen gechannelt werden, weil das Medium dazu in Resonanz stehen müsste – und wenn es dies täte, hätte es eine viel zu niedrige Schwingungsfrequenz, um überhaupt channeln zu können. Somit kann man es als unmöglich bezeichnen, einen Dämonen oder dergleichen zu channeln.

Es ist aber definitiv möglich, dass ein Mensch sein eigenes Inneres, das vielleicht »böse« Anteile hat, sprechen lässt. Dies kann natürlich auch in einem Trance-Zustand passieren, und dann wird Wissen aus dem Unterbewusstsein hervorgeholt. Es ist kein Channeling, aber es ähnelt ihm von außen betrachtet.

Besessenheiten

Wie sieht es aber nun mit Menschen aus, die von negativen Energien befallen werden? Filme wie »Der Exorzist« rufen in uns das blanke Entsetzen hervor, und wir fragen uns: Ist es wirklich möglich, dass eine »böse« Energie von einem Menschen Besitz ergreift und ihn »böse« Dinge tun lässt? In der Medizin würde man einen solchen Zustand als geistige Störung bezeichnen, aber liegt dahinter nicht noch mehr verborgen? Ich habe lange überlegt, ob ich dieses Thema hier anführen sollte oder nicht. Da ich aber immer wieder mit diesen Fragen konfrontiert werde, möchte ich es kurz anschneiden.

Wenn wir von dämonischen Besetzungen sprechen, befinden wir uns nicht mehr auf dem Gebiet des Channelns. Denn dabei ist es immer in erster Linie das Medium, das den Kontakt zu einem geistigen Wesen sucht. Das heißt, es läuft alles in Regie des Mediums ab und nur dann, wenn das Medium für das Channeling offen und bereit ist. Somit ist das Channeln eine bewusste Entscheidung des Mediums. Bei einer Besetzung durch eine negative Energie kann davon nicht die Rede sein. Teilweise werden die Menschen, oft auch Jugendliche und Kinder, über Nacht spontan von einer negativen Energie befallen, ohne dies gewollt zu haben. Es passiert gegen ihren Willen, und sie sind dem Wesen ausgeliefert.

Solche Energien kann man überall finden, und man sollte sich daher gut schützen. Ein automatischer Schutz über unsere Aura ist gewährleistet, wenn es uns gut geht. Das heißt, der beste Schutz vor jeder Art von Fremdenergie sind physische und mentale Gesundheit und allgemeines Wohlergehen. Fühlen wir uns hingegen nicht in unserer Kraft, ist die Gefahr größer, dass wir von negativen Energien geplagt werden – es sei denn, wir schützen uns auf bewusste Art und Weise. Dies kann man mit bestimmten Ritualen oder Visualisierungsübungen bewerkstelligen, wie sie unbedingt auch zu Beginn eines Channelings angewandt werden. Im Buch hier hast du die goldene Pyramide und die Lichtsäule dafür kennengelernt. Denn wenn wir uns entspannen und öffnen, sollten wir auch immer einen Schutz vor anderen Energien installieren, die das Channeling stören könnten.

Menschen, die von sogenannten bösen Geistern und Dämonen besetzt sind, sind es nur, weil sie zu schwach waren, psychisch, physisch und mental. Aus dieser Perspektive kann man der Medizin Recht geben: Eine Besetzung hat viel mit einer psychischen Störung zu tun, aber hätte es die nicht gegeben, wäre man auch nicht zu einer Angriffsfläche für diese negativen Energien geworden. Gesundheit auf psychischer, mentaler und auch körperlicher Ebene ist und bleibt der beste Schutz vor bösen Energien. Genau das Gleiche geschieht ja eigentlich auch, wenn wir organisch krank werden: Es nistet sich eine negative Energie in einem geschwächten Organ ein. Der Unterschied zur Besetzung ist nur der, dass nicht der Geist davon betroffen ist, sondern eine Körperregion. Wer einmal von einer Besetzung betroffen ist, braucht professionelle Hilfe (mehr Informationen findest du auch in meinem Buch »Aura Coaching«).

Warum gibt es »Böses«?

Warum kam es überhaupt dazu, dass der menschliche Geist Böses erschaffen konnte, und gibt es im Universum oder in anderen Galaxien Wesen, die wir als böse bezeichnen würden? Dies sind Fragen, die ich in Channelings sehr häufig stelle, aber eine eindeutige Antwort habe ich bis heute darauf nicht erhalten. Ein Mitglied des Rates der Weisen sprach diesbezüglich einmal unseren freien Willen an. Es sei neuartig gewesen, dass man Wesen erschaffen habe, die als Individuum wählen konnten, was sie mit den Geschenken, die Gott ihnen gab, tun können. Vielleicht wollte man herausfinden, ob diese von Gott erschaffenen Wesen es von allein hinbekommen würden, sich daran zu erinnern, was ihr Ursprung wirklich ist. Ein Teil der Menschheit sei erwacht, und mit jedem Tag stiege ihre Zahl an, aber es gebe noch viel zu viele Menschen, die den zwei mächtigsten Dämonen auf unserer Erde ausgeliefert seien: Angst und Unwissenheit.

Angst sei für die Mehrzahl der Wesenheiten im Universum vollkommen unbekannt, und die Geistige Welt kenne diesen

Geisteszustand überhaupt nicht. Wir Menschen bezeichnen Angst als ein Gefühl oder eine Emotion. In den Channelings wird Angst jedoch als eine mentale Krankheit beschrieben, eine ungünstige Einstellung auf mentaler Ebene. Diese habe dann natürlich auch Auswirkungen auf unser Gemüt, die Gefühle und Körperreaktionen. Der Ursprung der Angst sei aber der menschliche Geist. Auch wenn dies ursprünglich nicht angedacht war, haben wir Angst durch unsere Geschichte hindurch entwickelt, um etwas zu bedecken, das noch viel tiefer in uns verwurzelt liegt: die Unwissenheit.

Dabei geht es nicht um Nicht-Wissen im gewöhnlichen Sinne, sondern um das fehlende Wissen bezüglich des eigenen Ursprungs. Wir sind unwissend darüber, dass wir aus Licht und Liebe bestehen und uns nie etwas geschehen kann. Identifizieren wir uns nur über unseren Körper, der zusammen mit dem Geist unser Ego hervorbringt, sind wir im Grunde nichts anderes als verlorene Seelen. Die eigene Vollkommenheit und Göttlichkeit zu leugnen, indem man nur das eigene Ego nährt, ist der größte Betrug eines Menschen an sich selbst und der Welt. Wir sehen es ja tagtäglich, was Menschen in der Lage sind zu tun, um ihr eigenes Ego-Reich, das aus Geld und selbstsüchtigen Bedürfnissen besteht, zu schützen. Dort werden tatsächlich Dämonen erschaffen, und sie gelangen über den egobehafteten Geist nach Außen und bringen folgenreiche unterentwickelte Energien in die Welt.

Als »spirituell unterentwickelt« bezeichnen geistige Wesen diese negativen Energien denn auch und nie als »böse«. Wer sie erschafft, stehe einfach auf einem sehr niedrigen Level seiner spirituellen Entwicklung und agiere aus Unwissenheit und Angst heraus und nicht aus höheren Motiven. Wenig harmonische Energien gibt es auch im übrigen Universum und in anderen Galaxien, nur mit einem großen und wichtigen Unterschied: Kosmische Wesen handeln nie bösartig, werden nur ungehalten, wenn man Leid antun möchte. Und genau dies tun wir, indem wir unsere Erde mit jedem Tag etwas mehr kaputt machen. Die

Zerstörung unserer Atmosphäre und des gesamten energetischen Gürtels hat immense Auswirkungen auf alle Ebenen des Universums. Dies ist auch der Grund dafür, wieso in den vergangenen Jahrzehnten so oft außerirdische Wesenheiten bei uns vorbeischauten. Sie wollen uns unbedingt davon abhalten, die Zerstörung unserer Welt voranzutreiben. Sie senden uns immer wieder Signale und Botschaften, sei es auf mentaler Ebene oder beispielsweise auch mit den Kornkreisen, die sich jedes Jahr mehrere Male zeigen. Aber auch da reagiert der Großteil der Menschheit komplett falsch, schaut weg und will die Botschaften nicht erkennen.

Für uns ist es heute wichtig, den Weg vom Ego zum Herzen zu schaffen. Ich denke, solange es Menschen gibt, die nicht nur dem Ego verfallen sind, wird es auch mit unserer Erde weitergehen. Und je schneller es mehr werden, umso leichter wird es für uns alle, für die Tiere und Pflanzen, für die Landschaften, die Meere und die gesamte Erde.

Zusammenfassend kann ich sagen, dass es für den wohlmeinenden Channeler, der gut Acht gibt auf sich und seine Motive hinter dem Channeln und sich an die hier im Buch dargestellten Richtlinien des professionellen Channelns hält, nichts zu befürchten gibt. Es liegt immer an jedem selbst. Je mehr wir Menschen es schaffen, unseren Geist zu kontrollieren und rein zu halten, umso weniger negative Energien wird es auch auf der Erde geben. Besetzungen werden dann immer seltener werden. Nicht nur aus diesem Grund sollten wir noch heute beginnen, uns auf höhere Energien und unsere eigene Lichtnatur einzulassen. Wenn wir dies tun, öffnen wir uns für heilsame Botschaften, die uns auf unterschiedlichste Art und Weise erreichen können.

Zum Abschluss

Nun nähern wir uns dem Ende unserer gemeinsamen Reise. Jetzt beginnt dein Weg, dein ganz persönlicher Weg der Begegnung und Kommunikation mit der Geistigen Welt. Du bist nun mit ausreichend Hintergrundwissen ausgestattet und hast bereits praktische Erfahrungen auf dem Gebiet des Channelns sammeln dürfen.

Für mich war schon immer klar: Alles, was aus der Geistigen Welt empfangen wird, ist rein und gut, und so ist auch das Channeln in seiner Essenz eine wundervolle Methode zur Verbindung mit geistigen Ebenen. Etwas anderes gilt aber ebenso: In den Händen von unbewussten Menschen kann sich jede noch so heilvolle Methode in etwas verwandeln, was nicht mehr heilsam wirkt. So wurde und wird das Channeln immer wieder zu missbräuchlichen Zwecken verwendet. Ich hoffe, dass dir dieses Buch helfen wird zu erkennen, was echtes Channeln ist und was nicht, und dass es dich dabei unterstützen kann, es selbst im allerbesten Sinne für dich und die Welt einzusetzen.

Gechannelte Botschaften sollten nie eine Einladung in die Passivität und Stagnation sein, sondern das genaue Gegenteil. Das Channeln kann und sollte dich zu einer selbstbestimmten Lebensweise führen und ein Werkzeug darstellen, mit dem du deine Verbindung zum Höheren Selbst und zu »deinem spirituellen Zuhause« stärkst. Wir reden viel zu oft von »anderen Ebenen«, als wären es für uns unerreichbare und nicht vertraute

Orte, dabei kennen wir diese Orte sehr genau, auch wenn unser Verstand dem widerspricht, da er uns allein an das irdische Sein binden will.

Es ist ja nichts verkehrt oder schlecht am irdischen Sein. Es stellt für uns Menschen die wunderbare Möglichkeit dar, unsere Fesseln zu sprengen und wahre Freiheit zu erlangen, indem wir unsere Göttlichkeit erkennen. Aus diesem Grund suchten wir uns diese Inkarnation aus, und alles, was uns im Leben begegnet, soll uns helfen, das Göttliche in uns selbst zu leben.

Das Channeln kann in den unterschiedlichsten Lebenssituationen und für alle möglichen Themen eingesetzt werden. Leider tendieren wir dazu, die Geistige Welt erst dann einzubeziehen, wenn es uns schlecht geht und wir nicht weiterwissen. Dabei sollten wir die Beziehung zu diesen Ebenen eigentlich immer pflegen und zu etwas machen, das uns tagtäglich stärkt. So wird uns auch viel schneller geholfen werden, wenn wir vor einem Problem stehen.

Ich beschäftige mich seit sehr vielen Jahren auch mit dem Buddhismus. Er hat mein Sein stark geprägt. Das erste Mal, als ich während eines Klosteraufenthalts den Begriff »Buddhanatur« hörte, ging ich mit diesem Begriff sehr stark in Resonanz. Mein ganzer Körper begann zu vibrieren. Ich erkannte, dass in diesem Wort, dass in der Buddhanatur auch Gott, Jesus und das Höhere Selbst enthalten waren. Es gab da keinen Unterschied. Buddhanatur bezeichnete einfach nur eine weise und liebevolle Energie, die Aspekte in sich trägt, die für unseren menschlichen Verstand nicht begreifbar sind. Eine Energie, die das gesamte Universum und jedes einzelne Atom durchdringt. Sie existiert auch in diesem Moment in allem, was ist, und somit auch in dir. Du kannst deine Channel-Praxis dieser Essenz in dir widmen, und sie wird allen Lebewesen zugutekommen, da wir alle eins sind. Gemeinsam können wir Befreiung im spirituellen und menschlichen Sinne erfahren und die Erde auf das nächste Level der Transformation bringen.

Ich glaube daran, dass wir unsere Erde in einen Ort des Friedens und der Liebe verwandeln können. Es ist für uns alle an der Zeit, von alten verlebten Mustern abzulassen und uns höher schwingenden Energien zu öffnen. Ich hoffe, dass dir dieses Buch Impulse dafür geben konnte, denn genau aus diesem Grund habe ich es geschrieben.

Danksagung

Nun, da wir am Ende unserer Reise angekommen sind, möchte ich dir meinen Dank aussprechen. Ich danke dir für deinen Mut und deine Offenheit, dem Ruf der Geistigen Welt zu folgen und den wunderbaren Wesen der feinstofflichen Welten dein Herz zu öffnen. Ohne dich könnten und dürften sie hier auf unserer Erde nur sehr wenig bewirken. Du aber, als Kanal für geistige Energien, bist in der Lage, Heilung an dir selbst, an anderen und auch an der Erde zu vollbringen.

Ich bin mir sicher, dass wir beide, du und ich, etwas gemeinsam haben: unseren Glauben daran, dass bereits ein einziger Mensch durch seinen Bewusstseinswandel etwas Heilvolles auf der Erde bewirken kann, was dann allen Lebewesen und der Natur zugutekommt. Unser gemeinsamer Glaube daran, dass wir unsere geliebte Erde mithilfe von geistigen Schwingungen erhalten können, macht uns stark. Dafür danke ich dir.

Ich möchte mich außerdem bei all jenen Menschen bedanken, die meinen Weg begleiten und mich in meinem spirituellen Wirken unterstützen. Im Besonderen möchte ich Ana und Andy danken, die mich von Anbeginn meiner Arbeit unterstützt und immer an mich geglaubt haben. Danke, ihr seid sehr wertvolle Menschen für mich. Auch Roy Martina ist einer der Menschen in meinem Leben, deren Sein und Wirken mich in dem, was ich bin und tue, bestärkt haben. Vielen Dank, lieber Roy.

Es wäre für mich nicht möglich, meinen Seelenweg zu gehen, ohne die Menschen in meinem Leben, die mich mit ihrer bedingungslosen Liebe immer wieder auffangen und tragen. Meinen geliebten Eltern gilt mein größter Dank, da sie von der ersten Sekunde meines Lebens an immer für mich da waren und nie daran gezweifelt haben, dass meine Botschaften an die Welt verkündet werden dürfen. Ein Dank auch an meine Schwestern Öznur und Özlem. Ihr seid für mich Engel in Menschengestalt, und ich bin unendlich dankbar, dass wir unseren Lebensweg gemeinsam beschreiten dürfen.

Ich möchte mich bei Jeffrey bedanken, der mich in den dunkelsten Stunden meines Lebens mit dem Licht seines Herzens aufgefangen hat und mich daran erinnerte, dass ich eine Aufgabe auf dieser Erde habe. Ich bin mit dir verbunden jenseits von Raum und Zeit, und diese Verbindung ist das größte Geschenk, das mir die Geistige Welt hat machen können. Danke.

Mein größter und innigster Dank gilt der Geistigen Welt und allen meinen Begleitern auf den feinstofflichen Ebenen. Ich danke euch dafür, dass ihr mich mit eurer Liebe und eurer Präsenz immer wieder tragt und mir immer neue Wege zeigt, wie ich einen kleinen Beitrag dazu leisten kann, diese Erde zu einem heilen und heilvollen Platz werden zu lassen.